隱形牢籠

MONITORED

Business and Surveillance
in a Time of Big Data

監控世代下，誰有隱私、
誰又有不受控的自由？

王曉伯、鍾玉玦 ——— 譯

彼德・布隆 PETER BLOOM

本書獻給英國公開大學（Open University）人民與組織系的每一位同仁——感謝你們容許我暫時當你們的老大哥，還有和你們共同改變世界的機會。

各界讚譽

我在拙著《隱性反骨》掛名「哲學型資安人」，也積極參與反對數位身分證的公民運動，以及行政院規劃數位發展部的討論。收到這本書後，便不由自主地一頁接著一頁看完。現今是數位時代，從智慧家電、手機、社群媒體，一直到數位身分證等等，都嚴重威脅每個人的隱私與安全。大部分人都知道金錢的重要，但對決定人類未來世界的關鍵角色——資料，卻一無所知。這本書解釋並探討現代隱私安全的現在與未來的問題，身處網路社群媒體的資訊時代，對於數據與隱私有所恐懼，希望尋求指引的讀者，從中可得到一些安身立命的啟示。

——李忠憲，成大電機系教授兼資通安全研究與教學中心主任在數據監控的問題日趨嚴重的今天，本書突出了一個值得我們進一步省思的關鍵現象：在這樣的監控中，使用者並非單純的受害者，毋寧地，我們是自願想要成爲一種「好數據主體」。這正是本書必讀的原因之一。

——曹家榮，世新大學社會心理學系助理教授

資本主義的厲害之處在於讓你甘願消費、甘願勞動、甘願被監控，過程中，你以爲充滿自主，殊不知這些甘願來自於精密的設計，讓你像宗教信仰一樣，毫無保留地掏心掏肺，在數位時代更是如此。

——管中祥，中正大學傳播學系教授

TCP／IP（網際網路協議套組）確立五十年以來，人類對於數位媒體的應用想像，歷經了幾個翻轉。從最佳宣傳工具，到人力人工取代物，再到監控老大哥。這不是科技帶來的，而是人類最原始的欲望在科技物上的運作。核心議題終究是榨取哪一群人以取得資源，又是哪一群人搜刮大多數利益。本書說明，這是對人性的追問，亦是對權力的警覺。

——劉慧雯，政治大學新聞系系主任

目次

〔序言〕

全面監控

網飛（Netflix）在二〇一七年推出一部科幻驚悚片《直播風暴》（*The Circle*），該片衆星雲集，包括湯姆·漢克（Tom Hanks）、艾瑪·華森（Emma Watson）與約翰·波耶加（John Boyega）。電影描述一個令人不寒而慄的未來反烏托邦情境——大數據與社交媒體能夠在任何地點與任何時間追蹤任何人，進而衍生出一種新形態的暴政。此一駭人的情境看來也許遙不可及，但其實已在反映現實的發展。根據《衛報》（*Guardian*）指出，臉書（Facebook）前總裁西恩·帕克（Sean Parker）曾提出警告，表示該平台「眞的會改變你的社會關係、人際關係……只有老天爺知道它對我們孩子的大腦做了些什麼」。雖說《直播風暴》有一典型好萊塢式的快樂結局，但是我們的未來可就不一定了。

「極權主義 4.0」的威脅正快速興起與擴大，這是隨同現今由大數據、人工智慧與數位通訊所帶動的「工業4.0」高科技革命而來。這與《一九八四》的老大哥（Big Brother）有所不同，這種完全控制的最新嘗試，將透過穿戴式科技、去個人化演算法與數位審計軌跡而來。每一個人都被全面分析與記錄，他們的每一個動作都被監控，他們的每一種喜好都被掌握，他們的生活會經過計算而能夠預測。然而問題來了——誰是此一現代極權主義的幕後推手？也許更確切的應該是問，是誰或是什麼會因這樣全面監控的社會而受益？同時，有誰或什麼不會受到這樣的監控呢？爲什麼？

要回答這些問題，首先，必須重新審視我們對「會計」（accounting）的了解。會計傳統上指的是金融會計，這不足爲奇，因爲二十一世紀的經濟主要就是由金融所推動。不過此一名詞同時也意指收集與分析人們的資訊，尤其是用來收集有關我們意念與行動的技術。因此，如同會計作爲金融工具，用來量化與解釋一間企業的獲利，社會會計技術則是透過收集民眾個人與分享的資訊來分析他們的行爲。

這樣的認知至關重要，有助我們更加了解會計新技術的擴散——尤其是與大數據、社交媒體、人工智慧相關的技術——如何改變民眾受到社會控制的方式，以及這樣的情況是如何獲得強化。一方面，新科技使得我們在各個領域更容易被追蹤——從家庭生活到職場乃至任何事情；另一方面，政治與經濟菁英似乎能祕密從事交易，幾乎不須受公衆監督或爲人所知。此外，資金的移動與其影響力的擴散也發生在相對晦暗的環境下，隱藏在深奧的金融模型與複雜的會計策略的背後，其主要目的是閃躲，而不是接受監督。重要的是，金融與社會會計正加速整合，根據經濟價值最大化的目的而收集與分析民衆的能力大增。本書旨在揭示這些會計技術是如何使得全球多數人更加透明，同時說明掌權者與資本體系是如何從中獲利。

在現代世界中最有意思同時也最令人擔心的特色之一，正是民衆的個資容易取得與交換，從你喜愛的音樂類型到你最近需要買把新槌子，甚至你的新年新希望，你的每一件事情都受到數位監控，被企業與政府所利用。我們的思想與行動會逐步存檔，我們過去的資料會被公開使用，並且暗自用來影響我們現在與未來的抉擇。更精確地說，應該是：「當受到更多的監控時，也可以使我們與社會更具政治與道德責任嗎？」

有一件事相當明確，即是追蹤和評斷他人的生活變得更加容易。現在幾乎已可監控我們所做的每一件事，早上幾點起床，每天走路的步數，晚上看什麼電影，工作時檢查幾次電子郵件，以及我們花多少時間通勤。

這些資訊已不再屬於個人，而這些日漸增加的分享，讓世界上爲了滿足自身偷窺慾的人與商人見利可圖並加以分析。誰不會上臉書搜尋老朋友或是夥伴？誰不會用谷歌（Google）搜尋自己，或是在幾秒鐘之內查到誰曾經做過些什麼？甚至是不堪的祕密。原本被視爲隱私的個資，現今已可被一些擁有科技知識，並意圖犯罪的人輕易取得。

到了新的千禧年交替之際，不論在什麼地方，也不論這樣的情況是好是壞，所有人都變得更加透明。這種個資集體暴露於大衆之下的情況，催生出一種新形態的公民。然而言論自由、公民參與及社會責任的傳統理想並未消失（至少原則上是如此），它們被增強，有些則延伸替換爲數位道德的形式，用以規範個人與社會行爲。在數位道德下，人們需要自我管理資訊，不得用來傷害自己或他人，這就好比不要在社群媒體發表攻擊性的觀點，或是如同定期監測心率那樣基本。不過數位公民權也有黑暗的一面，它愈來愈常被用來迫使人們提高生產力、效率與市場價值，結果漸漸使得民衆對於日常活動與習慣更錙銖必較。

這些改變造就一個嶄新的問責制世界興起。我們知道大量有關自己與所屬社會的資訊，這意味著我們不得不以個人與經濟價值來行事——不論對自己還是你的員工。我們已無肥胖的理由，因爲你隨時可以用手機來計算卡路里，或者只需點個按鈕就能查詢每樣食物的營養成分。你也沒有失業的理由，因爲你可以在領英（LinkedIn）上建立帳戶，在線上以潛在的僱主爲目標來更新履歷表，並透過學習線上課程來增加自我價值。你怎麼可能不在一天之內就完成所有的工作？你所需要做的，不過是用手機下載教你「怎麼做」的應用程式，這類應用程式實際上已在協助管理你的相關事務，同時促使你的生產力最大化。

上述情境顯然有些誇大，但它們點出了須承擔完全的責任與造就承擔完全的責任，兩者間的關係日益緊密。如今一個人的失敗會被歸咎於自己缺乏意志力，或者不願意收集與成功相關的資訊。同樣重要的是，我們必須不斷監督自己的一言一行，因爲你永遠不知道自己的過去會以何種形式來傷害現在的你。《直播風暴》警示未來的我們會變得「完全透明」——你所做的每一件事情都可能公諸於世。我們在現實生活中受到完全監控，並且被「全然的監控與問責」。

◀系統性漏洞

高科技為人們帶來全面透明化的風險，諷刺的是，它也掩蓋了現代生活中另一項同樣令人困擾的威脅——幾乎完全不會受到監控以致於無須負責的權力。儘管全世界多數民眾都已直接或間接成為資訊收集的目標，而且因這些資訊所擔負的責任也日益沉重，但卻有少數特權人士能躲過這樣的監視。報紙頭條經常出現百分之一的人為了逃稅將財產偷偷移往海外的報導，這種將資本主義擴散至全球各個角落的行為，都是透過艱澀深奧的金融語言與模型所為，即使是頂尖學府畢業生也難以破解。如果說全球化把世界變小了，它同時也微妙地使這個世界的清晰度大幅降低。

就此而言，又產生了一些問題：這些新科技的目的與社會目標到底何在？增加生產力有何目的？是否有利你自己或是你的老闆？要求你持續監控身體健康，會造成何種心理影響？為什麼我們擔負著讓自己變好的責任，於此同時卻有一些體系與菁英則視同取得「免責卡」，而且他們還是最能因此獲利的一群？

尤其這些高層還能不受到日常侵入式的數位監控。很少有人會問企業執行長每天做了哪些工作，或者他們是否具有生產力。美國總統顯然可以在上班時上推特（Twitter）或是打高爾夫球，也不用擔心會被開除。媒體上掌權者的公衆形象多數可能頗具威嚴，但我們對他們的行爲與意圖卻所知甚少。這也是維基解密（WikiLeaks）與其他形式的「開源軟體」興起的原因，儘管仍有道德爭議，而且仍需討論。你也許不喜歡這樣的方式，但是，知道一位總統候選人是否支持右翼陣營以反對海外民主，或者是否祕密監控自己的人民，絕對屬於公衆利益。

就算這些高層受到數位監控，他們受監控的程度與需擔負的責任，也與一般人大不相同。衆所皆知，那些該爲金融危機負責的人不但不受追究，甚至無須爲他們的違法行爲擔責。一場幾乎毀滅全球金融體系的災難，似乎也不值得把任何一位交易員送入大牢；或者，即使有政客利用假情報來發動勞師動衆的軍事行動，也不需因此被送上法庭。

這種個人無須擔責的情況，揭示了一個更爲基本的系統性漏洞——資本主義本身對於其所引發的國際災難，得以免於擔負任何道義與社會責任。不論是對我們的環境還是全球民衆，自由市場都不必擔負任何道義上的責任，更過分的是，還會以「別無選擇」

的一貫藉口來逃避責任。因此，隨著新千禧年的到來，我們也面臨一個弔詭的現實情況——大部分民眾都會受到全面監控，而且必須爲此負責，然而自由市場系統與那些最能自其中獲利的政治和經濟菁英，卻被允許免於擔責，而且權力還更大。

◀監控的主體，無須擔責的資本主義？

本書旨在探索二十一世紀經濟與社會的一項主要矛盾——資本主義與資本家在道德與政治上愈不需要擔責，一般大眾受到的監視與個資收集也就愈嚴密。然而，此一存在於市場化現代社會中的技術政治意識形態與重度監視文化，同時卻也隱藏著一個深層的現實情況，即自由市場是無法管理的，而企業高層的行爲不但無法追蹤，更別說規範了。把個人與社會置於廣布的技術與道德「會計」計算之下，例如綜合性的表現評量、在生活中大量使用的大數據，也突顯出現代新自由主義的自相矛盾與雜亂無章。這些對每件事與每個人進行監控與規範的行動無所不在，同時也掩蓋該體系的核心問題：身在其中的菁英不必受到社會與道德上的規範。

本書針對二十一世紀的鬥爭演進提供一個全新，然而也更爲急迫的視角。它突顯「監控能力」的崛起、相關監控技術的不斷發展與使用，使得個人的一言一行都在新自由主義對提升效率、生產力與獲利能力的要求下，受到評估與批判。由此顯示現代極權主義的威脅，是來自於使民衆「全然透明」與可被控制的能力，而且這樣的能力還在不斷增長。要成爲新時代的資本家，必須具備使監控主體裡外透明的能力，同時也使他們面對無須擔責、不受控的全球資本主義時，自己反而不敢脫離控制。

儘管此一情境淒涼，不過也指出了扭轉局勢的新道路。它打開這種剝削式的監控能力，與其所代表的新自由主義毒素的挑戰之門。我們可以引導監控相關技術走向社會解放，建立一個更能反映民意的透明政府，同時支持民衆無須對資本主義擔責。這樣，才能幫助人們自由追求他們個人與集體的潛力。

或許我們當前的挑戰，是戰勝創造監控主體與無須擔責的資本主義的力量。要這麼做，必須扭轉我們向誰負責的概念。尤其是相對於提倡遵守紀律的數位公民觀念（被迫接受個資的剝削以促進他們經濟價值的最大化），更應要求管理我們生活的體系更能反映我們的需求、允許我們探索新身分與身處這個世界的生活方式；推動新科技的發展，重點不只在於「更聰明」，也要增加個人與社會的授權；限制大數據收集與分析的權力，並且確立對錯誤負責的規範，以及解放後資本家時代的社會。由此觀之，要創造一個能夠究責的體系，同時解放監控主體，不啻是一場革命。

| 第一章 |

監控主體，
無須擔責的資本主義

二〇一六年十一月八日，全美數以百萬計的公民進行了一次可能是他們一生中最重要的投票。他們當時不知道自己的國家已遭到入侵，並非遭到炸彈或軍隊的襲擊，也不是使經濟癱瘓的封鎖或有如世界末日的化學武器攻擊。這是一種新型武器，植基於二十世紀最隱密的層面與二十一世紀資訊時代最爲惡毒的科技。不論白晝還是黑夜，一股神祕勢力正在不斷滲透這個世上唯一的超級強權，利用人民的個資來對付他們。

此一攻擊的全貌直到現在才眞相大白。數據分析業者劍橋分析（Cambridge Analytica）公司自臉書收集了逾五千萬筆個資，來針對個別美國選民以獲取政治利益。[1]根據該公司前僱員透露，唐納．川普（Donald Trump）選舉陣營的執行長以他在公司內的權勢「利用軍事戰略在美國發動了一場文化戰爭，這種通常是用在地域政治衝突上的侵略性訊息戰略，驅動美國選民更加傾右」。[2]突然之間，原本看來無害，表示是否喜歡的「按讚」被武器化，成爲「有利可圖的政治工具」。[3]的確，這種「高明」的策略，用來對付像柯林頓與民主黨這樣聲勢浩大的政治機器尤其有效。川普陣營孤注一擲，以數據主導的選舉策略來爭取入主白宮，認爲這是對抗強大柯林頓陣營的最佳機會。劍橋就是被請來幫助達成目標的數據專家，他們的主要工作是建立選民的「小宇宙」，予以分類，就像美國的母親擔心他們從未投過票的孩子一樣。[4]

當然，劍橋分析所帶來的危險並不只是一場選舉，他們同時也對現代民主的生存造成威脅。該公司的其他類似策略，也是造成英國公投出現脫離歐盟的驚人結果的罪魁禍首。「這個故事可以分成三個面向，美國如何成爲一個監視之國，」根據英國一位頗爲著名的評論家指出，「英國的民主是如何受到一位美國億萬富豪隱祕但影響深遠的協調行動所顚覆，以及我們如何成爲他利用個資來攫取權力的目標。數據悄悄遭到累積、收集與儲存。誰得到這些數據，誰就擁有未來」。[5]此一最新的高科技戰場充斥陰險的電腦特務，例如「老伊頓人」（Etonian-smoothie）廣告大老奈吉爾．歐克斯（Nigel Oakes），也被稱爲川普的「大規模說服性武器」與「大數據007」。[6]

然而若是挖開表面，覆蓋在下面的眞相更令人擔心。這些攻擊行動只是冰山一角，「這類行動之所以成功，完全是因爲那些早已成名的機構——尤其是主流媒體與政黨組織——在美國與全球都已失去大部分影響力」。[7]這不僅是單純喪失信任的問題，他們同時也發現一個新世界：大數據可以用來「入侵公民」以影響其意念，或是擴大既有的不公平現象。[8]這也意謂出現一種「邪惡媒體」，利用數位科技來影響人們的思想與行爲，並透過社交媒體病毒「操弄與其相關的事情與人物」，以達到權力或財務上的目的。[9]不出所料，這些「邪惡」的技術，都與由國家安全機構或軍方資助的數據學術研究有直接關係。[10]更可怕的是，這類監視技術的威力前所未有——具有可以監控高達二十億人的潛力。[11]

這是一個現代的恐怖故事，其眞實面甚至比科幻小說還要詭異且令人憂心。它充滿了醜聞、暴行，以及需要保護個人權利與民主機制的自由派呼聲。然而其中的喧囂、憤怒與抗議，使人很容易就忽略到底眞正發生了什麼事情。在劍橋分析、川普與英國脫歐公投之前，大數據被視爲英雄而非惡人，但是這些一度被視爲最偉大成就的數位技術，現在卻遭到鄙視。頂尖的批評理論家威廉・戴維斯（William Davies）指出：

> 關於劍橋分析，至少有一件事是確定的。如果密西根、威斯康辛與賓州的四萬選民，在二〇一六年十一月八日之前對川普的看法有所轉變，轉而投給希拉蕊・柯林頓（Hillary Clinton），這家設在倫敦的小型政治顧問公司，就不會成爲報紙頭條與唐寧街聲明的主角。劍橋分析也許能夠收集個資、利用數據進行洗腦並設下糖心

陷阱，但最後如果是柯林頓獲勝，就根本不值一提了。[12]

大數據創造出一個更爲豐富、有效與「智慧」的未來，爲此，它不可能劃地自限於選舉與政治活動上。事實上，大數據已用來擬定教育政策——資料探勘（data mine）我們孩子的個性與情緒，以便在一場全球教育競賽中預測「國家生產力」。[13]

大數據的核心理念是一項承諾、一種科技「神話」與現實的結合。[14]大數據造就出一個不同於現代社會的遠景，無論變好或變壞。在這一新社會中，我們的生活完全由數據掌控。此一遠景可由產業界所創造的「數據邊疆」（data frontiers）看出來，其中所展現的大數據，是開發與利用創新製造技術的力量，但是所製造的不僅是產品，還包括全世界。[15]這些改變反映在智慧科技與分析技術上，從根本上改善我們的生活與社會。然而，這個承諾卻難以脫離意識形態與政治的影響，儘管大數據的理想包裹著速度、效率與創新的浪漫情懷，但往往只爲少數人，而非多數人提供服務。[16]

不過，或許有個更深層的問題是——有什麼不被監控，爲什麼？我們往往感嘆自己生活在一個所有人隨時都被監控的社會之中，我們所做與心中所想的每件事情，都在數位公司或政府老大哥無所不在的監視之下。這樣的恐懼卻忽略了還有多少事物隱藏在暗處，從逃漏稅、幕後交易到破壞我們的環境，大數據反而造成公衆難以了解統治我們世界與控制我們存在的人或方式的眞面目。說得更深入一些，在社交媒體、穿戴式科技與矽谷光環的白噪音下，爲了服務這種高科技文化，使得大量實體與數位勞工遭到剝削的事實被掩蓋，導致我們很容易就會忘記：

臉書所有人（owners）的財富與利潤，來自剝削人們免費的勞動力，這些使用者都是全球資訊與通訊科技勞工的一分子。數位勞工與勞工本身、使用的工具以及所製造的產品有所不同。數位勞工的確遭到剝削，雖然看來並不像遭到剝削，因爲數位勞工的剝削都隱身在與其他使用者聯繫與會面的樂趣之後。[17]

更駭人的是，我們多數人都不知道自己被拿走哪些個資，用來牟取何種利益。[18] 監控誰，還監控了什麼，也許是我們此一時代最關鍵的問題。學者肖莎娜．祖博夫（Shoshana Zuboff）最新的著作《主人還是奴隸？爲我們的資訊文明靈魂戰鬥》（*Master or Slave? The Fight for the Soul of Our Information Civilization*）就警告我們目前正處於一個重大轉折點上：

> 我們擁有決定要住在哪種世界的權力。我們可以選擇允許科技勢力來讓少數人致富，同時卻讓多數人遭到剝削，或者利用科技來散布資本主義的社會與經濟利益。我們在下一個十年所做的決定，將形塑二十一世紀剩餘的未來。[19]

完全沒錯。不過還有一些問題同樣重要：爲什麼全球大部分人口遭到監控，卻是來自一個不受監控的上層力量？我們的思想、行動與喜好持續不斷遭到監控，是如何造就一個不受監控的資本家體系？不單只是殖民與剝削我們的現實生活，這種監控文化又是如何控制我們的虛擬生活？最後，我們最終是如何成爲我們私人訂製的二十一世紀「老大哥」？

◀大數據的時代

本書的主旨是透過對現代權力發展的全新視角，在理論上與實驗上重新構建資本主義；所謂現代權力，乃是尋求控制以數據爲基礎的虛擬人口的企圖。本書將探討在現代新自由主義下，個人必須擔責，但系統卻得以免責，兩者間的矛盾關係。本書指出，在資本主義就其行爲與價值愈來愈無須擔責的同時，位於該體系下的個人卻愈來愈受到監控，而且必須就其信念與行爲擔負責任。例如精密的會計技巧，使資本家得以進行複雜到外人難一窺全貌的金融交易，同時也讓社會菁英有機會利用避稅或逃漏稅等技巧來隱藏其獲利。更重要的是，儘管存在這些問題，但大家普遍已有一個觀念，即資本主義已是根深柢固，無法改變，因此對其在經濟、社會與政治上的破壞無須擔責。在此同時，大數據與社交媒體的興起，反而使多數人的日常生活與行爲更加透明，結果造成他們必須（對他們自己，也對掌權者）擔負更多責任。

關鍵在於數位世界中權力與控制的演進。所謂的市場支配，不再受限於實體環境，而是擴張至我們的虛擬現實。資本主義已不再滿足於只是單純利用我們的勞動力，現在它要形塑並限定我們在網路空間的多重自我，利用我們不同的數據化身分（datafied identities）來編碼與牟利，並且預先在電腦化或虛擬世界中進行殖民行動。諷刺的是，它遠較以往更加依賴我們來達成其征服經濟與社會的目的。我們是資本主義的數據發掘者，被派遣來發掘新的虛擬市場與「智慧」數據，以供其從中獲利。我們必須不斷監控自我與這些多重現實，進獻給這些擁有財務特權的人。在大數據的時代下，只要不碰觸它的底線，你能盡情想像你喜歡的任何事物，成為任何一位你想成為的人。

◀監控社會？

情況已經十分明朗，在現今的時代，我們受到的監視與分析遠超過以往。儘管在過去的時代，大家對於居住的世界與人類求知若渴，然而不論是文化還是科技上的原因，都無法與追求「完全知情」的現代相比。單純而言，它跟隨啟蒙運動的傳統，一樣想了解我們的現實生活，揭開未知領域的面紗，但是，它更進一步尋求發掘並利用我們個人與人類未知面的資訊，這些數據擁有足以改變我們如何看待別人與自我存在的線索及模式。因此產生了問題：是誰在控制這些資訊，是誰在收集這些資訊，以及爲什麼要收集？美國前總統歐巴馬（Barack Obama）以喜愛科技著稱，但是連他都提出警告：「科技軌跡十分明顯，有關個人的數據會愈來愈多，而且會不斷受到他人控制。」[20]此一不斷擴大的憂慮，指出我們的生活在監控下完全遭到殖民化。所謂的大數據革命（big data revolution）正持續擴張，渴望知道我們的身分與我們下一步會怎麼做。上述的調查幾乎完全由市場所驅動，與追求生產力、效率和獲利最大化之目的有關。影響所及，「人類的存在現在只剩下少數的時刻（除了睡眠以外）還未遭到滲透，多數時刻如工作、消費或行銷，則一律遭到滲透與控制」。[21]這些最終篩選的目標進一步揭示出，過度依賴大數據會讓我們錯失多少。盡其所能、無限制地追求數據，往往很容易忽略還有其他替代方式能挑戰這些市場霸權。[22]

這種在傳統市場觀念與實作中，大量注入數據的操作被稱爲「監控資本主義」（surveillance capitalism）。個人資訊如今已成爲可利用與商品化的主要來源，這類大數據的興起也代表「形成一種高度有意爲之的新形態積累操作，我稱之爲監控資本主義。這種新形態的資訊資本主義旨在預測與改變人們的行爲，從中產生收益並控制市場」。[23]結果是人們成爲創造者、產品與消費者的三位一體。我們生產有關自己的數據，我們因而成爲數據化的產品，我們又買回這些有關我們自己的數據。因此，如臉書這樣的新資本鉅子「是現今重度個人化與資訊密集經濟的一分子，利用其用戶所帶來的數位勞動力」。[24]

利用數位勞動力的最大特點是讓人樂在其中，最終成癮。我們不時點閱、更新與檢查我們的數據化自我，手機的盛行使其幾乎成爲我們不可分割的一部分。網路上總會出現一篇篇吸引標題黨點擊的文章，更多的新資訊、電影評論與餐廳地址。每次數位接觸都使我們更加受到利用，這種隱藏在數據化自我後的經濟需求，已對我們的身心造成傷害。網路成癮與濫用，現今是已證實的病症，需要社會來預防與治療。[25]

既是如此，爲何大多數的人還樂此不疲？是什麼原因導致個人與群體覺得自己有保持連結與更新的必要？美國作家布魯斯．施奈爾（Bruce Schneier）指出：「這是一場祕密戰爭，目的是收集你的個資與控制你的世界。在半個世紀之後，人們會視今日個資與數據的操作，就如同過去古老的東西一樣，例如佃農、童工與企業。」[26]儘管如此，我們也自其中獲得由企業提供的便利性，以及來自政府的保護，這反而讓我們覺得「占了便宜」。大數據及其使用的吸引力因此大幅擴增，甚至超越未來數位烏托邦所能設想的範圍。我們樂在其中，因爲我們已視「自我追蹤爲讓我們成事的一種行爲，並使個人感受到其中的可能性、合宜性與意義」。[27]

關鍵在於對我們的監視從來沒有結束的一天，它永遠處於完成某一部分與有待完成的狀態，從來沒有一位企業執行長、政客，甚至是激進的駭客會突然停手，表示：「我們收集的個資已足夠了，我們的工作已經完成了。」他們的收集只會變本加厲。每一種新的數據集（dataset）、新資訊與新的演算法，意思皆是藉此可以收集與分析更多的資訊。在此一監控文化中有一個基本的人性因素——即是我們到頭來必須爲這樣持續不斷收集的個資負責。雖然這些資訊的收集都在暗中自動進行，但也得依賴我們不斷提供原料並爲其擴張開發新技術。此一情況反映在學者席夫．甘尼許（Shiv Ganesh）所謂的「監控個人主義」（surveillent individualism），「強調個人在監控與反監控中所扮演的角色日趨重要，監控個人主義乃是了解當代監控管理中矛盾與衝突的核心所在」。[28]我們已不只是量化自我，更精確地說，應是持續不斷量化自我。[29]

在我們眼前的是一個系統性、規律性的超大型監控文化，它的監控同時具有利用、控制、永續存在與非入侵式的特性。然而，在我們邁入監控社會的同時，卻無法知道該體系的上層人士，是否也變得愈來愈透明且爲此負責。事實上，這個監控時代反而使我們的現實生活變得更加模糊。最諷刺的是，隨著我們的身分逐漸碎裂化，成爲更微小的數據位元組（data-byte）自我，此一壓迫我們的體系卻益發形成權力懸殊的情形，造成這個過程更加牢不可破、隱身幕後，甚至不受監控。

◀監控（後）現代性

對統治的傳統理解，幾乎都是集中在個人身分和行爲的形塑與控制。它設想一個連貫性的自我，例如意識形態與其現狀，可以塑造他們的形象。然而數位時代對這樣的傳統觀點發起挑戰，這是一個多元化的多重自我相互交織的時代，我們期待能夠擁有所有的身分，而不僅限於其中一種身分，這也是後現代觀念成爲現今主流的原因之一。二十世紀「統一」自我的觀念已被快速取代，在現今時代我們見證著：

透過如種族、性別與性取向等不同身分的交織互動，形成自我的重新架構。因爲如此，身分已不再是不受經驗影響、單一而固定的現象，如今一個人的核心身分，是由多樣的社會架構與身在其中的經驗組合而成。[30]

雖然有許多原因造成這樣的轉變，不過科技的干預顯而易見。尤其是大數據、虛擬實境，電腦與機器人的不斷發展，促成身體與人格的變化——這些在過去本被視爲神聖、不可動搖的自然。換句話說，我們已不再被視爲單純的有機體，而是「科技」與「生物」相結合的組合體，在現實與幻想中「已不是大自然的一部分，而是一種邊界概念」。[31]這種相對於本質主義的哲學理論，由於科技的發展而獲得實現，帶來自我的人爲改變，促成自我的多變與多元。

有一個現象特別突出，就是「數位自我」的再啟動。拜社交媒體之賜，現在一個人可以同時植入多種身分，這是一種虛擬化身文化，精密的遊戲與數位通訊使我們能擁有多種不同的身分。[32]風靡一時的遊戲〈第二人生〉（*Second Life*）就反映出數位自我的新興世界，在此一世界中，玩家可以選擇新的身分，在線上擁有新的人生。人類學家指出，這不只是逃避主義，同時也是一種現代技術的新形態——自己動手塑造自我的能力。[33]不過這些創造出來的自我，仍會受到一個人的社會結構與背景所影響，最近的研究就顯示，「雖說〈第二人生〉在角色扮演上爲玩家提供前所未有的自由，但當地的社會結構仍然造成限制與期待，使得許多玩家都會選擇能被社會接受的身分，這樣的行爲或可解釋爲與社會的一種互動」。[34]

這些「自我」相互連結卻又互不相干，他們是一組活生生數據集的不同呈現。因此，若未完全重啟，則必須重新思考自由代理人的既定概念。新世代由倘佯於網路空間的數位自我所組成，我們共同的人性不再是理性的思考、決定與行動，而是遨遊於網路中的多重用戶。根據卡爾頓（Carlton）等人指出：「自我的數位身分、帳戶與個資，隨著與社會、公共、商業服務的接觸而不斷增加，這些身分橫跨公共事務、社會、商業、職業與個人的使用，但這種公民身分多重分化的脆弱性卻沒有被深入了解。」[35]

這些自我的核心是深埋於心底的不安全感。身分其實是來自於缺乏自信、歸屬感的需求，以及追尋「眞實自我」的渴望。早在數位時代誕生前，社會學家厄文・高夫曼（Erving Goffman）著名的「擬劇論」（dramaturgical analysis）即指出此需求。[36]他觀察到人們在公眾與私下的場合，是如何製造前台與後台的自我。現代的我們則利用數位面具，來應付個人分裂與主觀失調的感覺。[37]這種焦慮只會隨著我們日常的數位轉換而增加，尤其是在科技快速改變的時候。[38]總而言之，虛擬化身時代不但帶來刺激，也造成不安。[39]

我們的數位自我，隨著虛擬現實的興起而不斷加強。我們成爲數位文化的公民，並且變得社會化，我們透過網路、分裂與自我隱藏，以一種高科技的形式存在著。[40]我們日益擁抱「我們是數據」的想法，而我們離開網路後等於沒有自我，只不過是連結之外的遺跡。[41]我們已沒有明顯的前台與後台，只有數位平台，我們可以在上面展現自我或隱藏自我。所謂的存在是「在虛擬與現實的空間之間，解析自我身分的跨媒體模型，在一個透過整合、分裂、連續與互動而形成，可瀏覽故事世界中呈現的跨媒體自我」。[42]

隱藏在此一智慧生活背後的，是一股未經監控的力量在指引我們的存在與行爲。企業已發展出精密的科技來利用我們的數位自我，這包括運用經過量身訂製的「虛擬自我」來影響你的行爲與購買選擇。[43]就這方面來說，我們已進入一個毫無法紀的數位空間，其中隱藏著危險與剝削操弄的勢力。[44]我們在這個沒有規範的網路空間中行走，很輕易就會忽略我們的自我仍與社會多所連結。

至關重要的是現代資本主義的支配權將式微，改由美麗的新世界（後現代數位世界）取而代之。自我變成了複數和線上的形式，供我們「智慧地」控制。我們可以發揮創意來變化這些身分，創造第二、第三或第四個人生。我們成了一個以上身分的網路人物誌（cyber-personas），透過各種角色表達廣泛的人類情緒與主體立場，有時是溫馨打氣的臉友，有時是惡意匿名的網路酸民。凝聚這一切身分的交集，是我們都會受到外部監控，以及被有利可圖地利用。

◀新自由主義的責任

在當代時期，不論多麼多元與難以預測，新自由主義（neoliberalism）仍是主流。這世界上儘管有多種不同的文化與歷史，總有一股力量在驅動更大的市場化、私有化與金融化。二〇〇八年的市場大崩盤與接踵而至的大衰退，或許減緩了此一趨勢的前進腳步，並且為其帶來意識形態上的挑戰，但卻無法改變趨勢的方向或是阻止前行。此一趨勢的擴張並不只是依賴既有的管理架構，而是還能創造出一個與其驅動力量相連、「可供管理」的市場主體。[45]就其本質而言，它是一種「行動科技」，它的存在「並非歸因於預定結果的固定組合，而是在不同政治情況下的管理邏輯」。[46]

也就是這樣的流動性，將新自由主義與大數據串連在一起。我們生活在一個不斷流動的社會，智慧型手機無所不在，數位通訊更是改變了我們的相處之道。因此，資本主義必須架構社會相關科技，來配合並利用生機蓬勃的行動科技。我們已見證公領域與私領域的崩塌，公領域變得爲私人擁有，私領域卻反而變成公衆之事。[47]社交媒體讓你的僱主與政府能夠更了解你，甚至比你還要了解你自己，然後利用這些資訊來牟利。這也正是著名的監控理論專家克斯蒂．鮑爾（Kirstie Ball）所說的「全面消費監視」，將消費者的喜好與企業的利益相結合。[48]

由此反映這些數位自我的完全暴露，是以市場爲基礎的目的與研判。我們已進入「數位透明時代」，而「我們數位自我的人格變得可供任何有興趣的人觀看，所透露的資訊遠多於面對面的交談，而且也比我們所希望的更爲精確」。[49]數位自我所受到的威脅不僅在科技層面，從中所產生的資訊都可以用來獲利與提升生產力。我們回到〈序言〉

所談到的電影《直播風暴》，這部有關矽谷的黑色諷刺影片是改編自作家大衛・艾格斯（David Eggers）的小說，展現出「我們是多麼輕易放棄自由與生命以配合控制」。[50]

從某種意義上而言，人類已回到過去游牧時代的生活方式。我們現在可以輕易穿越浩瀚的網路空間，我們已將世界縮小，能以電光石火的速度橫越地理疆界。網際網路是我們發掘不同文化、觀點和興趣的護照，我們的數位自我就是與各種不同聲音和觀點交流的通道。[51]然而，我們不斷留下的數位軌跡正破壞著這些流動性。我們必須持續管理這些網路上的「足跡」，從發布的內容到觀看權限的設定。[52]那些在生活上經歷過戲劇性改變的人，像是變性者，都需要密切監控自己過去與現在的個資。[53]自我的數位監視，如今幾乎已成為後現代高科技時代共通的特性。

這也代表我們已進化為「後人類」（post-human），現在最重要的是我們的數據軌跡與數位追蹤。有人批評資本主義剝奪人性、把我們變成創造利潤的機器，若真是如此，我們就會記得資本主義 2.0 是數據化。我們就像滿載著資訊而且持續不斷更新的船舶，可供數據挖掘善加利用。我們獨特的人格使自己價值連城，我們的個人特質因此商品化，成為客製化產品，在廣大的全球線上市場推出。著名的哲學家羅西・布雷朵蒂

（Rosi Braidotti）指出：

「先進資本主義（advanced capitalism）是一具不同於以往的引擎，基於消費主義（consumerism）的目的，它推動多元差異性的行銷，把我們的存在、文化以及與他人的交流商品化。結果形成一套後工業世界的全球系統，生產片段的、多中心的、收益導向的權力關係。」[54]

更糟的是，我們還因爲這流動的新自由主義而沾沾自喜——準備做一位游牧旅人，踏上電子數據公路。我們甚至打造自己的生活以符合要求，用我們的數據來追蹤我們數位歷史中可供出售與利用的材料。我們的目的地不再是有異國情調的名勝古蹟，而是拚命追求永遠無法達到的最大化與最佳化境界。爲了證明自己的存在，我們已成爲一個永久性的市場主體。

◀數據的矛盾性

「數據化」社會通常被視爲相當新穎，是高科技智慧社會下的全新產物。儘管如此，歷史在社會的組成與其中權力關係的發展，總占有一席之地。在現代社會，爲了達成主宰支配的目的，即便技術已更加先進，策略性運用資訊也並非新鮮事。本書將指出我們正處於一個監控時代，資本主義與其不平等的本質，都會因爲不斷的監控與對數位自我、虛擬實境的創新利用而更加強化。要掌握這個時代，必須了解其中社會權力的發展，尤其是有關充滿緊張關係的市場秩序發展。

資本主義幾乎自出世以來，就時時受到其中緊張關係與矛盾的衝擊。雖說它自啟蒙時代與政治革命的灰燼中興起，但主要的服侍對象卻是新興的資產統治階級；它主張共同進步，卻具備前所未有的工業掠奪特性。這些在理論與現實間具象的不一致，反映出資本主義中相互矛盾的基本特性，然而，也就是這些矛盾與衝突驅動其生存與成長。

最核心與最著名的便是與階級有關的矛盾。馬克思（Karl Marx）曾預言，資本主義會因其內部的階級矛盾而無可避免地崩塌。他指出資本主義會剝削勞工，資產階級一心一意追求利潤，導致大量勞工失業，最終引爆無產階級革命。[55]然而，此一理論卻因資本主義迄今未曾崩塌的現實而宣告失敗，資本主義憑藉著其社會彈性與對文化、政治以及經濟情勢變化的適應力而屹立不搖。[56]

要嘲笑這樣的共產主義革命從未發生，或是讚揚資本主義的堅韌，其實很容易。然而，我們也會因此忽略階級鬥爭在形塑市場社會中所扮演的角色有多重要，不論在過去還是未來。的確如此，即使在現代社會，民眾仍對寡占的資本家與其政治夥伴感到憤怒。舉行執行長票選，只不過是爲了維持關係緊繃的自由市場體系。[57]資本主義的進化史即是在特權與剝削之間的不斷鬥爭，從十九世紀的社會達爾文主義、殖民主義、白人至上，以及自由放任市場經濟；再到二十世紀的菁英政治、全球化、系統性種族主義，以及貨幣主義；再到二十一世紀的個人責任、智慧發展、白人男性特權，以及新自由主義，皆是如此。

資本主義的核心本質是危機政治。就像市場週期有高峰和低谷，資本主義的正當性也有高有低；資本主義每一次爭取正當性的努力，都會造成周而復始的接受與挑戰。在此同時，過程中創造出的新市場幻夢，最終卻變成活生生的社會惡夢，資本主義也帶來一段由樂觀轉為悲觀的進程。馬克思特別強調資本主義政治層面的形成——資本家往往會利用造成經濟衰退與政治動亂的危機來更新其體系。[58]馬克思堅持以勞工階級的觀點來解讀資本主義，並且以此作為階級鬥爭的策略性武器。[59]

不平等與壓迫是資本主義的兩大基石，不過資本主義也會不斷更新，以因應阻止其主宰的社會反抗。由此可知，資本主義並非一成不變的，危機政治的週期只是一而再地返回原點。事實上，每一次的興起與衰退，即每一次尋求新正當性的企圖，所反映的正是當下文化與科技的變化，還有政治與公民對其權力的約束。例如戰後的自由主義共識，乃是面對全球軍事破壞、大蕭條與大屠殺，以大眾媒體的興起、要求公民平等呼聲所組合而成的綜合體。因此，資本主義的每一次循環，其實是折射當時的實際情況與之前永遠無法蓋棺論定的爭議。有鑑於此，研究以市場為基礎的特權與剝削利用之間的矛盾至為重要。

資本主義內的緊張關係，具體表現在歷來的矛盾上。它的支配權主要靠其因應與管理無所不在的反對力量而定義，最典型的例子是其需要一個強而有力的國家來支持私有市場經濟。[60]知名學者丹尼爾．貝爾（Daniel Bell）則從不同觀點指出成熟市場經濟中的文化矛盾：「現代資本主義無限制的推動，破壞原本指引資本主義的新教倫理。」[61]

儘管有這些往往頗爲劇烈的矛盾，根深柢固且永續存在的特權卻能使它們結合。資本主義最令人詬病的是其經濟上的不平等，進而造成社會與政治的失衡，大家同時也指責這些矛盾導致種族、性別與地域上的特權。不過，與馬克思所指的階級矛盾並肩而行的則是擔責的問題，由誰負責，以何種方式擔責，以及由誰或是什麼來擔負政治與道德上的責任，長久以來一直爭執不下。

潛伏於階級、種族、性別特權四周的則是另一種形式的特權，即是強化這些實質與文化上權力失衡的新科技。在十九世紀，社會達爾文主義如何使新興資產階級統治階層大爲受益，同時也打壓了無產階級？答案主要是當時創造出一套與菁英階層、個人在道德與經濟上如何擔責有關的問責技術。這些技術同時也爲資產階級創造出以資本主義爲本，視其爲公司獲利做出多少貢獻的擔責方式。這樣的經濟模式進一步將責任導向統治階層，由他們擔負起推動經濟成長的責任。[62]

這些社會問責技術與其所創造的責任制度，形成文化中所謂「想像的共同體」（imagined communities）關鍵。著名的社會人類學家班納迪克．安德森（Benedict

Anderson）如此形容這種想像的共同體——與興起的現代國家主義有密切關係——乃是根據抽象概念所創造的集體身分。[63]安德森雖然強調這些幻想關係中的浪漫情懷與正能量的歸屬感，但它們同時也具有深刻的共同正義、監控原則，以及技術相關的操作。這主要是透過要求個人與團體為其信念與行為擔責，而把他們塑造成特定的社會主體。收集與分析個資，因此成為這種幻想身分具體化必需的日常工作。就此而言，階級或群體的鬥爭，則是在於誰應該受到監控，對社會與政治應負擔何種責任的矛盾。

在當今的智慧時代，大數據扮演的角色就和過去一樣，儘管已有所扭曲。隱藏在幕後、形塑我們生活與選擇的演算法，是我們二十一世紀想像共同體的中心矛盾。它們大都隱形，但卻會影響我們與他人的交流、共享身分與對他人的評斷。雖然可能無法像齊唱國歌那樣引起共鳴，不過社交媒體網絡與行動社群讓我們與從未謀面，甚至可能一輩子都不會見到的人相連。為了這麼做，它把我們置入一個寬廣的線上社群，讓我們建立自己的盟友與敵人。同時，我們也受到鼓勵，成為積極的數據主體，投身於運用這些科技來改善自己的全球化運動。這些自我追蹤的日常操作證實「智慧」共同體的存在，而我們是其中的一員。

此分析點出大數據僅觸及深層關鍵問題的表面。在「先進資本主義」的新千禧年中，有哪些科技與論述的開發，透過對我們的問責來強化社會不公與剝削的基本矛盾？另一個關鍵問題是，這些從矛盾中興起的資本主義工具與觀念，是如何剝奪多數人的權利，而爲少數人謀福利？它們在現今的歷史情勢與未來解放的潛力上又反映出什麼？

◀新自由主義矛盾的責任

我們身在一個「自由市場」的社會，這種想法現在幾乎已是常識。的確如此，如果說過去三十年有一個持久不衰的主調，那就是資本主義無止盡擴散至社會與全球的每一個角落。任何想要阻止此一全面市場化大軍向前的企圖，都被視爲「理想主義的幻夢」或是恐怖的野蠻行徑。不過，大衰退亦引發對這種資本主義全面轉型本質的質疑。大家開始關切這樣的改變，對社會的現在與未來有何影響。更精確地說，我們突然發現誤入超資本主義（hyper-capitalist）陷阱，現在則想弄清楚這是什麼，該如何逃脫？

當代的資本主義與過去有所不同，代表的是從自由主義演化成新自由主義。過去的特質是公共福利、政府干預與強而有力的工會，現今則提倡下滲／涓滴經濟學、私有化與受僱就業力。它所代表的是「一種政治與經濟的理論，主張在著重私有財產權、自由市場與自由貿易的制度結構下，人們最能夠展現個人的創業自由與技能來推動進步」。[64]雖然新自由主義提倡人人自由的主張大受推崇，但是其最主要的本質卻是「公司化、商品化與對公共資產的私有化，它的首要目標是打開過去無法碰觸的領域以累積資本」。[65]受此影響，國家的角色大為縮小，僅是扮演基本看守人的角色。

新自由主義的實施、執行與取得正當性，並不是那麼順利與容易，它深受內部的緊張關係與外部的挑戰所苦。在其主張下，全面市場化被視為解決社會弊病的萬靈丹。火車誤點？用私有化來解決。對公共服務感到失望？外包給私人企業可以改善一切。新自由主義承諾我們更有活力與競爭力，並促進自由市場的效率。新自由主義在倫理上、政治上與經濟上——

植基於「自由與個人的獨占慾」，國家扮演的是蠻橫與壓迫的角色。尤其是福利國家，根本就是自由的大敵。國家絕對不得治理社會、指示自由的個人如何處理私有財產、規範自由市場經濟，或是干預人們追求利潤與累積個人財富的天賦人權。政府所領導的「社會工程」絕不能壓制企業與私有利益。[66]

不過有一個還不算小的（事實上還挺大的）問題——市場的運作並不如其所宣稱的那樣。這樣的失敗也突顯新自由主義中一個深沉的矛盾：由誰來負責此一市場體系的失敗？換句話說，有關自由市場的探討開始強調責任問題。這樣的發展，完全吻合自由市場一開始所強調的自我利益與個人責任。[67]這些討論也爲否定戰後的福利國家概念、強調個人成就與貶抑集體責任提供了正當性。

隨著自由市場出現裂痕，對責任的強調也就更顯重要。八〇年代經濟大起大落，九〇年代則是出現看來永不停歇的經濟成長。但這樣的榮景只不過是幻夢，掩蓋了其中不平等與經濟不穩等現象。在此同時，也重新點燃有關企業全球化對經濟、政治與環境可能造成傷害的關切。企業高層辯稱這是自由市場國際化「無可避免」的結果，這種說法或許可以接受，但是絕不令人欣慰，尤其是對那些受害者而言。

要解決這些問題，掌權人士開始強調個人責任的重要性。爲了維持在全球市場的競爭性，必須要求個人爲未來的工作而進行自我重新訓練。全球不平等的問題主要在於貧窮國家的「不良治理」，[68]尤其是：

自九〇年代初期，要求政府減少干預的呼聲，逐漸被要求政府改善的呼聲所取代。這樣的呼聲不應與要求回復成一個強而有力（凱因斯主義或社會主義）的政府相混淆。政府改善，指的是在新自由主義改革之後，實施相對較佳與透明的治理。[69]

當時不論是個人或是群體，都是一樣的想法——任何失敗都是個人的懶惰、無能與失職；因此這是最基本的問題。現代資本主義的核心是持續不斷把責任由上層的肩膀，轉移至飽受系統性壓迫與剝削的最底層身上。

然而，這也反映出現代新自由主義的一個矛盾。這是關於責任的問題，即使要求最爲勢單力薄、最不該擔責的人負責，也會開啟政治與經濟高層負責的大門。的確，八〇年代爆發多起造成「宇宙主人」中箭落馬的企業醜聞，在此之後立刻響起追究企業責任的呼聲。[70]這種情況迫使政府必須扮演新的角色，由福利提供者變成大眾市場的教育者。以此而言，現代政府的責任是教導人們如何擔負起個人責任的技術。

二〇〇八年的全球金融危機，以及隨之而來的大衰退更加突顯這樣的矛盾。突然之間整個情勢改觀，企業執行長與金融界領袖反而被要求為自己的行動負責。不負責任的矛頭不再是指向懶惰的社會福利接受者，而是擁護新自由主義、屬於新鍍金時代的強盜貴族。毫無意外，這些掌權人士的立即反應是被迫接受有限度的改革，或是把全部問題怪罪於歷任政府的「貪婪」。但是從一個相對保守與反動的角度來說，這些錯誤同樣歸咎於貪婪的個人（尤其是那些入不敷出的可憐人）與揮霍無度的政府。因此，緊縮除了是經濟解決方案之外，同時也具有道德上的高度。

關鍵在於如何管理此一新自由主義的基本矛盾，說得更明白一些，就是如何確保所有的責任歸之於個人與市場敵人，而不是體制本身與從中獲利的高層人士。如果說，新自由主義在初期是由「下滲經濟學」所定義，現在的新自由主義就是「下滲責任制」。由此也反映出一個新的資本主義悖論——愈是宣揚責任重大，市場為其社會、經濟與政治成本所負擔的責任就愈小。

這樣的問責方式令人啼笑皆非，但卻因為新式的社會技術而有所增強：與大數據相連的個人監控。它追究個人身心與在社會環境下的責任；它允許個人與組織充分展現自我，並且以此評估「核算」自己的價值，同時也就人們如何管理數位自我進行評估。結果造成「在線上的生態體系中，現實的自我都擁有個別的心理本體特質，依循『誰不在網路上，誰就不存在』的規則。用戶混合有意識與隨機的決定，隨著資料流動」。[71]在此規則下，責任與我們線上打造的「個人品牌」[72]，以及穿梭於數位監控領域的能力息息相關。

這樣的操作也突顯了新自由主義的核心矛盾：誰受到監控，又該如何利用？不過，也許更為基本的問題是，如何自相矛盾地利用對個人與社群的監控，來確保資本主義不必為其在社會、政治與經濟上的影響而受到監控？

◀當代企業與監控的矛盾

本書探討當代企業與監控相關的主要矛盾，這與個人監控的增加，以及組織系統性的無須擔責有直接關係。在結構上，高層人士利用此一矛盾來加強對人們的掌控，又讓自己在利益最大化的同時，不必或是很少受到正式與非正式的公衆監督。就心理上來說，這樣的矛盾，同時也給予個人一種在失控的資本主義世界中的自我控制感。爲做到這一點，它授予人們權力的方式，是利用增強剝削並重製壓迫的問責體制。如此一來，愈是允許資本主義無須擔責，也就意味著資本主義下的主體責任愈重。

要達到這樣的目的，先要探索監控相關技術與操作如何強化，並重製一套無須擔責的現代超資本主義秩序。這套秩序要求監控主體在日常喜好與行爲上更加透明、可以預測、能夠控制，同時也使當代自由市場與其金融、企業的受益者更不透明、無法預測、難以受到社會控制。

有鑑於此，我們必須掌握所有新興會計技術的擴散——尤其是與金融模型、大數據和社交媒體相關的技術——如何使得資本主義變本加厲，同時讓民衆更加受到社會控制。這些會計技術包括精密的金融模型、透過大數據分析我們如何生活與工作的演算法。本書將揭示這些會計技術是如何加重人們的責任，同時資本主義體制所負的責任卻愈來愈輕。

本書也將揭示現代社會的核心矛盾關係：爲什麼在個人與社群被要求更須擔責的同

時，資本主義與資本家卻理所當然地無須擔責？例如，爲什麼資料的收集與分析不是用來幫助市場減少波動，反而使我們成爲更容易預測的消費者？爲什麼可以容許企業與政府加強監控勞工與人民，同時卻又保護企業與政治領袖的隱私不受侵犯？爲什麼可以接受個人必須爲其工作與家居生活負責，但是由國際領袖所推動的全球「逐底競爭」（race to the bottom）運動，儘管已對環境、政治與經濟造成傷害，卻仍被視爲無可阻擋的潮流？透過直接探討這些矛盾與問題，本書將挑戰此一要求個人與集體擔責，本身卻無須負責的資本主義體系，進而把監控轉化爲尋求改變的革命利器。

| 第二章 |

數位控制的威脅日益擴增

亞馬遜（Amazon）是全球最富有、最著名的企業之一，以數位商務先驅而聞名。亞馬遜網站使消費簡單到只需按鍵就行了，它使用大數據來幫你挑選喜愛的商品，並且將你買的商品送到家門口，有時甚至當日配達。然而，在這番美好景象背後是黑暗的反烏托邦世界。員工薪水低、工時長，而讓消費者可以輕鬆購物的追蹤科技也使員工更爲辛苦。他們處理貨架的時間是以秒來計算，無法達到要求就得接受處罰。他們每天必須接受侵入式的安全檢查，爲的不過是保有一份每天工作十個半小時，只有三十分鐘午餐時間的工作。更糟的是，這些員工的工作都不受保障，都是零工時契約，極少數能成爲正職員工。他們不斷被告知，他們的工作場所並不是倉庫，而是他們夢想可以成眞的「實現中心」，而且他們不斷被提醒：「我們熱愛在這裡工作，如果沒來上班，我們會想念這裡。」[1]在此同時，亞馬遜利用其大數據技術來「追蹤」消費者[2]與發揮政治影響力來減輕稅賦。[3]歡迎來到數位經濟。

在一個應是沒有祕密，所有事情都是透明的時代，仍有一些東西能夠躲避公衆的視線。「智慧經濟」的特性就在於沒有安全感的勞工、枯燥單調的作業程序，以及缺乏向上精進的機會。我們擁有各種數位服務與行動科技來滿足我們的需要，然而支持這些技術的，卻是遭到剝削、在陰影下工作的大批低薪勞工。[4]這些隱形男女直到中國一家製造 iPhone 手機的工廠，發生多起員工因沉重工作壓力而自殺的事件，才受到公衆的注意。[5]根據當時的報導：「員工接二連三自宿舍大樓跳下，有的甚至是在光天化日之下，反映他們心情有多麼絕望，以示對工作環境的抗議。」[6]富士康（擁有該工廠的公司）的回應是在大樓外設立護網，並要求員工簽署不自殺保證書。根據一位員工表示：「如果沒有死人就不是富士康了，每年都有人自殺，我們已習以爲常。」

在此一數位階級鴻溝的另一邊，也有許多事情難見天日。企業執行長與董事會的成員大部分是祕密行事，不受政府與僱員的監督。經濟與政治上層人士往往會組成核心集團，避開公衆的監督，爲共同的利益相互支持。[7]他們的劣跡大都不爲人所知，除非造成重大醜聞，在紙包不住火的情況下，他們會出面道歉，然後拿著數以百萬的股票選擇權與遣散費悄悄走人。[8]二〇一七年時，有一個原本是保留給企業與其他高層的「祕密工作委員會」曾對「大衆」有限度地開放。[9]

最駭人的是，今天的掌權高層最想要的是我們的祕密。他們要解鎖我們的喜好，找出能從我們的好惡與日常活動中獲利的最有效方式。爲了達到目的，他們想方設法讓原本屬於經濟面的活動，轉變爲道德義務與文化需求，讓人感覺這是快樂、健康、自我充實且代表事業成功的事情。[10]此一監控社會，策略性地把自願與非自願、隱祕與公開都結合在一起。這樣一來：

不論是我們自願自我追蹤，或是遭到未經同意的追蹤，我們的個資（往往是最私密的東西），將我們與社會體系相連。我們的個資包含了虛擬的自我——在全球伺服器上的一個「數據替身」（data double）生命。當它漫遊時，一部分的我們也跟著移動。這樣，我們的個資也有了社交生活。這種方式同時具有個人與政治的本質。[11]

重要的是，這樣的追蹤已轉換成對大部分個人的監控，並且要求大家擔責。在工作場所，這代表你必須爲自己的工作時間、對組織的貢獻以及自己未來的市場性負責。穿戴式科技已把我們變成自我的最糟糕經理人，「在新自由主義下的工作場所，對不穩定的工作群體造成泰勒制的影響」。[12]現在相關單位可以評估我們的工作是否有效率，在工作之外是否能保持健康以讓工作更為完善。不過這些操作也有隱祕之處，例如經理人現在往往會以遊戲來植入企業的目標與價值觀，這些遊戲看來無傷大雅，然而都是「植基於監控，透過使用人的行為即時得到回饋」，然後將所收集到的大量資訊，簡化成可以輕易了解的模式，例如圖表。他們甚至會操弄「遊戲的樂趣，透過遊戲中升級與獲勝的渴望，潛移默化地灌輸他們所需要的技能與行為」。[13]

由此也突顯二十一世紀數位控制日益擴增的威脅，我們的一言一行都為人所知或是被祕密監控。[14]這是一個「i-間諜」的時代，公開或暗中的監控幾乎無處不在。量化自我已擴張到全面的存在[15]，從工作[16]、健身房[17]到診間[18]，無所遁形。我們不只是被量化，也被數位化——成為數位資訊，可以定期評估我們的狀況，使我們成為更完美的市場主體。

◀數位資本主義的簡史

大數據之所以大受吹捧，主要因為它是一股前所未有的社會力量，不論是好是壞，過去任何力量都無法比擬。的確，企業與引領時尚的媒體人，都宣稱大數據是邁向成功所不可或缺的革命性關鍵。二〇一三年，當時的ＩＢＭ執行長吉妮·羅梅娣（Ginni Rometty）宣稱：「數據已成爲一種新的天然資源，其重要性就像十八世紀的蒸汽動力、十九世紀的電力與二十世紀的碳氫化合物。」[19] 儘管把大數據說得天花亂墜，此一能改變歷史的新科技，聽來卻與利用資訊來使利潤最大化的傳統思維何其相似。《華盛頓郵報》（*Washington Post*）報導ＩＢＭ的大數據報告，指出「企業都在努力尋求掌握大數據，以便能更快、更好地服務客戶……他們面臨的挑戰，是找出最快速、最有效的方法來利用這些蘊藏資訊的知識，以創造一個智慧企業」。[20] 此外，儘管大數據是新科技，卻往往是來自相對傳統的資本需求所使用，例如探勘原油[21]與利用數據空間「最後的邊界」來改善企業。[22]

由此來看，《連線》（*Wired*）雜誌當年刊出以「大數據，大噱頭？」[23]爲標題的報導，也就不足爲奇了。或者有些研究人員在深度了解大數據之後，下了「大數據並非新東西」的結論。[24] 數據經濟的新奇之處並非在於發掘與利用，而是潛力到底有多大，《經濟學人》（*The Economist*）指出：

「數據之於本世紀就如同石油之於上世紀：驅動成長與改變的力量。數據已創造一個新的架構、新的生意、新的壟斷、新的政治，以及最重要的——新的經濟。數位資訊與過去所有的資源都不同，它的收集、提煉、定價與買賣，都異於過去的方式。它改變了市場的遊戲規則，需要有關當局採取新的應對方式。未來將會出現許多有關誰應擁有與誰將獲利的鬥爭。」[25]

這樣的概念獲得世界經濟論壇的加持，該組織指出：「你下回再聽到有人說：『數據就是新石油』，你就問他，地球的數據資源何時會用盡，看看能否得到答案。」[26]

然而引人關注的是，眞正將大數據與科技史結合在一起的，並非其獲利與利用潛能，而是它開啟了爲各種目的而發展新的監控技術與規範個人的大門。「（馬克思主義政治家）羅莎・盧森堡（Rosa Luxemburg）曾經指出，資本主義是靠著消費任何不屬於資本主義的東西而成長，」著名的科技評論家班・塔諾夫（Ben Tarnoff）寫道，「在歷史上，這往往與帝國主義有關：一個已開發國家侵略開發中國家，以掠奪原料、剝削廉價勞工與建立新市場。而在數位化下，帝國主義則是開始侵蝕現實本身。它成爲日常生活的帝國主義——開始消費稍縱即逝的瞬間。」[27]

聽來有些嚇人，大數據事實上是踏上一條將新科技應用在監控個人與群體的老路上，大數據只不過是至少可追溯到十六世紀「資訊國家的興起」趨勢中最新的發展。[28]蒸汽機與軋棉機的問世，使生產力高速提升，同時也開啟了發展新技術來監控勞工與奴隸的需求。它所反映的是強化掌權人士的控制機能，以促進生產的最大化。[29]

資本家的生產空間自成立以來，就一直是有關監控的鬥爭場所。英國在十九世紀初設立警察的首要原因，就是爲了壓制勞工要求改善工作環境與爭取權利的反抗力量。這樣的鬥爭在該世紀不斷演化，最終變成祕密警察與直接監控激進分子（如馬克思和無政府主義者）的系統。在此同時，工廠也需要新的「內部控管系統」來監控勞工，並且需要不斷更新，其目的不僅在於使用最新的監控科技，同時也是爲了預防勞工破壞其強化監控的努力。[30]

大衆媒體與電子監控技術，使得監控人們的力量更爲強大。電眼（electronic eye）的興起，帶動了所謂監控社會的出現。[31]就其本質來看，這些電子技術複製了「官僚控制」的傳統模式。[32]它們之間的區別在於，前者完完全全是爲了執行與加強監控而發展的科技。以前監控技術的相關發展是爲增加生產，現今則是爲確保員工能夠依照要求執行業務。精準掌握勞工的行動，配合像是在監獄與其他國家機構中一樣普遍的監控文化，就可建立一個時時監控人民，以確保大家都是「好公民」的社會。[33]

由此也反映出「數據資本主義」（data capitalism）的特質，其定義是：

將我們的個資商品化，在權力分配上向能夠擁有與利用這些資訊的人傾斜。它透過資本主義來運作，由擁有線上社區政治與社會利益的網路科技組織來賦予正當性，宣揚網路科技的政治與社會利益。[34]

這是同時承諾與威脅「改變我們生活、工作與思考」的一場「革命」，[35]因此造成自由市場社會的廣大與多元。它是「文化、科技與學術現象」，由此形塑我們的社會、我們的能力與我們觀察世界的方式。[36]然而，它同時帶出由誰來控制此一廣泛又無處不在現象的問題。對於我們而言，最爲關鍵的問題是：我是被數據所控制，還是我的數據由我來控制？[37]

資本主義2.0的奇妙之處，並不在於其商業操作或最終目標。的確如此，儘管有精密的科技，但就某種程度而言，「平台資本主義」（platform capitalism）不過是改以智慧的形式，把大企業併購小型新興競爭者的壟斷資本主義重新包裝，[38]它的獨創性來自其重構了監視與控制的關係。現在的主角是一種新形態的市場規範與監控，稱為「數據監控」（dataveillance）。我們的一舉一動與喜好都會被收集起來，予以評估，再以公開或隱密的方式來對付我們，並以上層要求的方式來形塑我們的行為。[39]就此而言，有鑑於它是以神經學而不是透過意識與情感來影響我們的大腦，因此可視為「神經政治控制」（neuropolitical control）的一種新形式。[40]

數位階級由此而生，它的高低之別不僅在於財富，同時也在於控制與利用這些智慧科技的能力。不過由於大數據的複雜性，往往使人忽略或是故意混淆其固有的原則——它仍是一個由「有」與「無」所區隔的世界。著名的批判理論家尼克・戴爾・威瑟福德（Nick Dyer-Witheford）特別強調「數位無產階級」（cyber-proletariat）的崛起，他指出：「階級已變得更為真實、延伸、糾結、擴張與分化；但是並沒有消除利用與被利用之間的界線，而且生成無數的中間形式，同時卻保留了簡單但野蠻的演算法。」[41]

大數據已成爲加強既有權力分配差異化的工具，[42]它讓人們積極爭取高科技階級的支配地位，並使數據成爲維持此一階級體系的必需品。

◀監控進度

大數據正快速成爲規範與最終控制我們思想與行爲的工具。利用收集我們個別與集體日常活動的資訊，大數據鼓勵並引導我們成爲更好的買家、勞工與市場上的「好公民」。它操作我們的交流、有意識的決定與無意識的神經傳導過程。這樣的數據監控不只預示反烏托邦的未來，同時也爲我們帶來道德上的不安與困擾。或許諷刺的是，它也是迄今宣揚分享進步與個體賦權（empowerment）最爲有力的憑藉。在這樣的宣揚下，大數據承諾我們會有一個「智慧世界」，其中的監控對我們大有好處，會使我們變得更富有、更快樂、更健康。

我們必須了解這種無所不在的數據監控的感情訴求，首先需要超越資本主義與數據資本主義的一般定義，我們必須探究這些體系對人們感情與心理上的影響。以個人主義來說，傳統說法是自由市場擴張的中心理念，但是個人主權與資本主義再生產之間並沒有緊密結合的必要。事實上，它們形成一種暫時性的社會關係，透過個人自由的彰顯，來為一套擁有大量集體性機構（例如企業與政府單位）的經濟體系提供感情上的正當性。這樣的社會關係可以根據不同文化訂製不同的資本主義，例如中國就是把自由市場的原則與公民、國家價值相結合。[43]

同樣的，現代監控也是透過各種感情訴求以便為人接受，最明顯的例子就是把監控與透過提供他人觀賞來獲得名聲的手段相結合。風靡一時的電視實境秀，即展現監控機制如何與偷窺文化相結合而為人接受，並且大受歡迎。[44]同時，大數據也被視為有助於我們在生活各方面做出對自己最有利決定的工具。[45]在各方宣傳下，「大社會數據」已成為一種趨勢性的現象，對研究人員與決策者而言，不但是誘人的承諾，也是刺激的挑戰。[46]

然而，這些有關大數據形象的正面描述，並沒有改變人們對大數據的恐懼。大家日趨擔心這些高科技業者——曾經是來「拯救」我們——現在卻將接管經濟、我們的創意，下一步就是我們的工作與我們的存在，[47]但這只是冰山一角而已。我們想像中的未來是一場反烏托邦的夢魘，我們將爲機器人所控，在大量失業人口中討生活。[48]回到現實，大數據也削弱了我們在「人類對抗科技」戰爭中的能力。[49]

不過在另一面，大數據也指出邁向「智慧烏托邦」的道路，在這樣的世界，社會的運作更有效率，能造福人民。知名作家安東尼・湯森（Anthony M. Townsend）極力宣揚「智慧城市」與「建立智慧世紀新文化」，「將人民需求擺在首位並非搭建城市的唯一方法，開發更好的科技、提高效率與更加節約，也是方法之一」。[50]湯森與其他人也談到「公民駭客」的力量，而「智慧城市」的提倡也可作爲現代版「企業說故事」的一種形態，大型企業與城市共享由科技驅動的進步。[51]此外，還有一項訴求也頗有吸引力，即是根據「城市企業化」（entrepreneurial urbanization）的原則，將如印度等國的智慧城市建造與「新城市烏托邦」相結合。[52]

這些對反烏托邦的恐懼與對烏托邦的渴求，都植基於高科技監控文化，此一文化透過無視可能的影響或是提供改善自我的機會，將我們帶入它的監控系統之內。[53]我們可以利用與大數據相連的機器，學習自「數位權力轉移」獲利。[54]就此而言，利用大數據來建立智慧社會，是據以制定政策與概念的理念，或者可說是智慧成長理念（smart-mentality），一方面：

> 支持創新、組織與管理城市的新方法；另一方面，提供技術性的規範來分辨「好」城市與「壞」城市。建立智慧城市的訴求，也因此成為創造服從主體與制定政治機制的有力工具。[55]

然而這些基於行動數據的科技，也鼓勵我們忽視其一再加強的監控能力與操作。[56]就像通話與簡訊，人們在日常的娛樂與工作上使用智慧設備，壓根兒沒想到隱私已遭侵犯。例如日常使用的會員卡，構築出個人的「局部面貌」，人們利用卡片熱情消費，卻無視個資正被祕密地大量收集，而且不論消費者是否同意，這些數據都已進入「全球化交易」。[57]

數據監控已成為個人追求控制與進步不可或缺的元素，例如讓父母追蹤青少年子女的一些新應用程式，當中一款具有諷刺意味的名稱是「少年安全」（TeenSafe），能在孩子不知情的情況下追蹤他的手機、觀看所有簡訊（包括已刪除的）、上網紀錄、通話紀錄，以及臉書與Instagram的發布內容；同時，可以利用全球定位系統（GPS）來追蹤孩子所有行蹤。[58]少年安全的執行長羅登・麥塞基（Rawdon Messenger）表示：「重點並非在於知道他的朋友是誰，而是純粹要保護他們的安全，檢查他們去的場所是否合適，知道他們是否遭到霸凌。這完全是爲了保護你孩子的安全。」[59]

然而險惡的是，這類「間諜軟體」科技成爲「惡意使用者控制另一半或前任伴侶的新工具。手機軟體可以追蹤對方的行蹤，監控通話、簡訊與電子郵件，甚至透過鏡頭直接監看。[60]工業園區的侵入性監控就是如此」。[61]個人與資本主義都對數據有著無法抑制的渴求。

◀對數據的貪得無厭

資本主義的同義之一，是對利潤貪得無厭的需求與有限資源間的關係。馬克思稱爲市場與其高層的「貪得無厭」本質，即是對利潤的追求永不滿足。他指出「資本是死勞動（dead labour），就像吸血鬼，靠著吸食活勞動（living labour）才能活下去，活得愈久，吸得愈多」。同時，「吸血鬼絕不會放棄每日剝削勞工，然而對渴望吸食活勞動鮮血的吸血鬼來說，這只是杯水車薪」。[62]但是大數據時代的來臨造成改變，資本主義現今面對無窮盡的資源。重要的是這種對數據貪得無厭的飢渴遍及所有人，過去可能有人會厭倦工作，但如今人們對數據的需求卻永無止境。

帶動這種對數據無窮無盡需求的動力來自「知識經濟」（knowledge economy）。傳統上，知識經濟指的是數位科技對經濟與社會關係造成的影響，不過它同時也代表我們如何看待個人成功與集體繁榮的新觀點。擁有資訊如今被視爲成功之道，因此，你擁有的知識愈多，你就愈強。知名學者奈傑爾．蘇里夫特（Nigel Thrift）有感於此而預測「知識資本主義」（knowing capitalism）會快速成長，[63]不過他並沒有把知識資本主義描繪成市場反烏托邦（所有事物都是經濟的一部分），他反而討論數據與其他智慧科技，如何用來讓人們更加了解自身存在：是什麼使他們快樂、高興或悲傷，以及預測他們會在未來做什麼。這是所謂的多元知識，也是大家相互交往改變現狀的一種方式。他因而降低金融與資訊科技的重要性，轉而強調「現代資本主義最有趣的地方是金融、資訊科技以及相關法規的結合，產生創造利潤的新機會」。[64]這些以數據為本的潛能，同時開啟發展「大量觀察」[65]的創新形態之門，其中所謂的監控也獲得重新定義，被視為持續探索的一個過程。

資訊科技以相同方式產生各種不同的知識，因此也產生了多樣化的需求，有時甚至會產生分歧。「挖掘」與「整理」我們日常存在的大數據，催生了我們對更加透明和「參與式網路文化」的新渴望，而且最終也由人們所控制。[66]結果引發了「數據革命」（data revolution），不僅要求更多的「數據開放」，也要求「更好的數據」，以供可以合理採用「混合了各種數據的方式」。[67]此「革命」不僅能改變我們被管理的方式、我們的價值，以及我們彼此的關係，同時也顯示資本主義體系正在努力尋求透過合作與開放創造利潤的新方法。

對數據的渴求並不等同大數據科技的興起，事實上，這與新自由主義有關。傳統資本主義現代化的特質之一，是數據科技與將其應用在人類生活的渴望相互結合。雖說高速電腦網絡與複雜的模型，是此一新開創的投機市場的重大機制，但就其社會效應而言，卻只是最表層的。應該說：

監控資本主義的金融化是更加深化的社會效應。就和廣告與國家安全一樣，對數據的需求沒有止境。金融化的擴張，主要靠家庭房屋貸款的證券化、信用卡的大力推廣，以及健康保險、退休基金、學生貸款與其他個人金融的成長。民眾的家庭所得、支出與信用等所有相關個資都已被納入數據銀行，受市場與風險的相關評估。[68]

乍看之下，大數據是一種同質化的力量，各方面的存在都必須符合之前所設立的金融標準。不過更精確地說，數據化的新自由主義透過發掘我們的不同與獨特之處來獲利，它根據我們的好惡與所選擇的生活風格來設計利用我們。就此而言，「社交媒體根據不同形態的社會與個人不同的社會角色來進行監控，它借助網絡上的大量個資，來監控不同的社會角色與相關活動」。[69]它甚至尋求超越現在，利用我們假想的未來進行預測並創造利潤。[70]

嗜數據成癮的文化，已被視爲推動社會短期與長期進步不可或缺的一環。換句話說，它已成爲不折不扣的「公共財」，是保護我們安全、免於遭受恐怖分子與罪犯威脅的必要工具。[71]然而與此同時，它也擴大了公共管理的規模。收集個資的必要性，使掌權者可以利用精密的手段，在任何時間與地點獲取資訊。「垂直性政治」就是例證，主管機構使用無人機在空中監控人民，運用如「全息攝影」之類的高科技數位技術來整合影像，更精確地顯示地面上的情況，這樣的監控也讓政府得以在空中使用「外科手術般的精準殺戮」。[72]從更廣泛的角度來看，公眾對數據的需求日益增加，也帶動交叉治理的「全球拼裝體」（global assemblages），推動了監控在政治與地域邊境的橫向發展。[73]

數據權力擴張的幕後推手，是被監控的主體同意接受管理的參與意願；資本主義向來能夠吸引大眾接受壓迫。員工都希望能升職，或是自工作中獲得更多精神上的回饋。消費者透過購物來尋求「零售療法」，並且將經濟上的變化與其個人短期或長期的快樂相結合。在大數據時代，找到更多自我與世界的刺激感，使得收集與應用個資的吸引力大增。每天尋找更多的自我、探訪周遭環境、了解我們所看到的景象與將要看到的事物，所帶來的樂趣使我們甘願對自己進行數據監控。[74]大數據經濟擴張是植基於我們的「非物質勞動」，我們每日持續不斷以各種創新手法來收集有關自己的個資，不顧這些資訊會與相關企業及政府分享。[75]就此言之，我們正在為掌握數據監控權與利用權的人，收集數據與開拓數據邊境。

這種急於探索數據的情況來自於面對豐富的數據資源，我們深植於心中與意識形態上的不安全感；我們總以為自己所有的問題都可以透過更多數據輕易得到解決。杜克大學教授丹・艾瑞利（Dan Ariely）表示：「大數據就像青少年之於性愛——每個人都在談論，卻沒有人知道該怎麼做，每個人都以為別人已經做過，因此每個人都宣稱自己也在做。」[76]儘管感到與這個複雜而分裂的數據世界有隔閡，但我們依然拚命找尋以數據來改善自身生活與社會的可能性。

大數據、智慧科技、人工智慧都是強而有力、近乎神奇的力量，儘管難以理解，我們卻將它們視為我們的得救之道。這種渴求科技來解救我們的殷切期盼，與我們對收集自我與他人個資的需求密不可分。更重要的是，資本主義對數據與利潤的無窮盡需求，已轉變成對數位監控的強烈需求。

◀監控數位控制的辯證

大數據社會與監控文化的興起，與社會情勢有千絲萬縷的關係，尤其是新自由主義。我們對數據的強烈需求並非憑空而來，我們對資訊的需索無度，是數位科技與自由市場的發展造成現代社會崩解所激發而來。數據導致社會的崩解，同時也導致數據與個人的物以類聚。每一件事物、每一個人，現在都可以根據其不同喜好與日常活動分解成各個零件。這樣的分解文化，也爲前所未見的社會監控帶來（後）現代的辯證。

傳統上，資本主義是爲了建立一個合理化的社會。爲了追求效率、生產力與利潤，資本主義將社會視爲一個必須適當組織的空間。不僅在工作場所，還包含在犯罪、健康與娛樂等議題上灌輸這種合理化的思潮。[77]然而，建立秩序的努力卻被市場推動競爭的使命所破壞，競爭是新自由主義更爲珍惜的價值。政府支持競爭與甘願放棄公共監督的權力，造成「組織化資本主義的終結」。[78]突然之間，原本看來穩定的秩序卻無法形成連貫性，這種（失序的）秩序更因不時發生的經濟與金融危機而益趨嚴重。

諷刺的是，正是這種混亂的感覺，使得對加強監控的需求擴大。情勢愈混亂就愈需要監控，以維持秩序的連貫性與整體性。社會失序也使得社會歸屬感的訴求更加強烈，有關國家主義、種族，甚至個人職業身分的訴求，爲個人與團體提供「主體安全性」，讓人得以在混亂的現實中建立秩序。[79]在實際操作上，著名的社會學家安東尼·吉登斯（Anthony Giddens）指出：「可以透過例行性的方式來減少現有資訊過剩的情況，現有資訊並不包括尚未傳播的訊息，也可能需要重新詮釋……避免訊息的不一致，是形成保護層的一部分，有助於維持主體安全感。」[80]具體而言，即是更新監控體制以持續維護主體安全性。

目前資本主義發現自己正陷入一個相當詭異的困境。自由市場與競爭思潮帶動「去組織化」的需求，資本主義尋求協調的努力，可能會限制相關企業與掌權人士的經營，何況這些人的權力都來自市場上「狗咬狗」世界中的勝利。國家傳統上的組織力量，現在都已去除武裝，以防止他們掌控資本主義的寡頭統治集團。在此一情況下，意識形態上的基本教義主義，或是新自由主義的市場正統派興起並不足爲奇[81]，或者是宗教極端主義——都是與國家以及全球並肩對抗恐怖主義。[82]

大數據的興起，導致問題變得更複雜。將人們與事物分解成數據位元更加深了混亂，並且使得缺少整體性的情況更加明顯。數據分析有助於了解我們的資訊，同時把我們分解成愈來愈小的零件。我們現在可以被分門別類，成爲「自我們」（selves），而不是「自我」（self），如同本書第一章強調的重點。這種全面性的形象分解，帶動大衆與上層菁英對加強數據監控的需求。使用大數據與數位監控可以完全追蹤我們的行動，將我們置於一個理性的世界中，並讓我們有工具性目的感與相關性。至於數據，既把我們分解開來，又把我們組合回去。我們追蹤自我，爲的就是不要失去自我。

理所當然，這樣的監控在政治與意識形態上絕非免費。根據著名的社會學家喬治・雷瑟（George Ritzer）指出，我們已邁入資本主義發展的下一個時代，稱作「產消合一」，就是生產與消費的活動合而爲一。[83]數位時代的到來又爲產消合一帶來新特質，我們現在經常性地生產與消費數據，使得我們大多數人既是「資本的無力工具」，同時也是「資本主義的創造性工具」。[84]就像傳統經濟時代，個人負責自己的成功，在數位經濟下，我們則被期待能「自行創業」。[85]無論在大數據興起之前或之後，新自由主義都以責任化的訴求作爲控制的工具，讓人們面對先是「混亂」，而今「解體」的資本主義，同時爲自己的行動負責。

現在看來，社會與人民生活愈混亂，也就愈感覺需要建立秩序與監控。社會愈「解體」，也就愈需要數位監控。現代新自由主義的中心是個人主義與強調自我，其基礎就是監控文化，即是在傳統社區網絡、公民關係與公共機構效能下降的社會中，利用監控來管理民衆，並提供他們主體安全性。在這樣的文化下，社會中從上到下的所有階層，都需要創新的監控技術來幫助他們穩定自己的不安全感。就此而言，監控活動往往成爲頗受歡迎的「社會排序」資源，用來確認我們在一個合理而穩定的社會中的位置。[86]在大數據時代，資訊已成爲藉由收集我們的個資來幫助我們強化自我的工具。

監控因此轉換爲一種個人探索與自我利用的操作。架在高空中的「電子全景敞視」電腦螢幕與影像，顯示了過去對監控的看法——之所以發展監控科技與技術，是爲了因應民衆每天以不同方式來防範自己的隱私遭到侵犯。[87]然而現在情勢完全相反，如今數位監控技術必須有所創新，才能幫助人們自我追蹤與公開分享個資。這種無時無刻都在探索數據的情況爲掌權者帶來新挑戰，他們努力尋求利用這些源源不絕的個資來獲利。於是，對數據永無止盡的需求，也引發對監控永無止盡的需求。

◀虛擬力

我們身處在一個日漸受監控的世界中，然而這對於行使權力與控制而言，又有何意義呢？鑑於一般認爲監控會影響我們的行爲，並引導我們的作爲與不作爲，答案看來已十分明顯。但是社會「數據化」與居住在其中的人，在權力的操作上遠比所見複雜。尤其現在的監控不再只需要生產力，同時還需要創造性與適應性。以監控管理人們的同時，也鼓勵大家要與衆不同，爲了收集更多資訊而嘗試新事物，以及發展利用這些資訊的新方式。

傳統上，監控與控制和紀律有關。有關這方面最具影響力的研究報告可能是傅柯（Foucault）的全景監獄研究，「（這樣的監獄）隨時以監控來安排所有事情」。[88]他甚至體認到早期監控體制中蘊含的動力，他頗有先見之明地指出：

「如果西方的經濟起飛是來自資本的累積，或許也可以這麼說，政治的起飛是來自於人的累積，這在過去是與造成重大損傷且粗暴的傳統權力有關，不過這樣的操作很快就失去作用，由更爲精密且計算周延的控制技術所取代。」[89]

此一追求紀律的社會在二十世紀不斷演進，以因應官僚組織與後官僚企業的多樣化需求。[90]

新千禧年的到來，爲監控力量帶來新的挑戰與機會。尤其是數位科技改變了控制文化下的社會風貌，這樣的改變既是內化也是外化——在近乎痴迷地聚焦於人們個資的同時，也針對個人「訂製」專屬監控。最重要的是數位科技已使監控變得更快、更持久，也更方便。我們現在已是「監控組合」的一部分，其「運作是自人們的地域設置，將人們提煉成分散流，再組合成數據替身」。[91] 如此形成人們消費經驗的一部分，最終轉換爲根據個人意願的行動。總體而言，「數位科技使監控力量能夠以一種進步與自由的方式來進行管理，並且提供多種間接的機制，將政治、社會與經濟的目標，轉變成個人的選擇與承諾」。[92]

雖然監控的過程看似有些樂觀，不過也說明監視與監控之間的差異，前者是幾乎痴迷地追蹤一個人的行動，後者則是系統性長期分析一個人的行動，其目的是確保品質並在必要時予以修正；兩者之間並不相互排斥，而是互補合一。所有的監視都有監控的元素，反之亦然。大數據時代的特色就是各種不同的監控機制與技術——將高度的規律性、系統化與彈性、自由整合成一體，允許人們發掘自己的資訊。重點是這種監控文化在許多方面，並非著重於人們現在在做什麼，而是他們將做什麼與可能會做什麼，同時利用他們的個資來預先策劃如何自他們的潛能中獲利。

這樣的自由不應與未受規範或是沒有紀律的社會混爲一談，事實上，紀律正朝著有趣新奇的方向發展。數位科技的出現，像是電腦，使得監控的壓迫性大增。例如客戶服務中心這類最新式的數位「血汗工廠」透過監視電腦螢幕，使工作人員無所遁形，「完美呈現」上級的監督權力。[93]這種對員工的壓迫與精準監控的情況，如今只增未減，例如本章一開始提到的亞馬遜倉庫正是如此。

不過，數位科技同時也發展出與監控相關的新資源和目標。現在的監控已是「用戶導向」，即追隨他們的喜好與期望來滿足他們的數據需求，由此建立新的「個人化」數據市場與以數據爲本的相關規範。監控同時也促成有關個人責任的新體制，在數據引導下，我們的所有行動都必須予以優化，對我們的生活有所貢獻——不論是個人、專業，或是整體社會。無論是監視還是監控，我們的數據都已成爲評斷我們的標準，顯示我們每日的進步，以及我們是否充分發揮自身潛能。

這些數位控制形式之所以得到強化，是因數位賦權的承諾具動人的吸引力。也許最明顯的是，智慧技術能與社會、組織、個人的提升產生連結。這些智慧技術之所以無法實現崇高的承諾，可歸咎於人爲錯誤——不是來自個人，就是來自當權者。在這點上，重要的是這些智慧技術總是站在距離我們不遠的位置，給了我們追求的目標，讓我們圍繞它建立自我的身分，卻偏偏難以捉摸，彷彿沒完沒了地和我們玩捉迷藏。這樣想得而不可得的失望心情，說來諷刺，正是法國精神分析專家所謂的「享樂」（enjoyment）心態，因爲這代表當我們不停追尋心理完整性（psychic wholeness）時，其實本體安全感一直都在，並未消失。監控因此質變爲全新的文化幻象，代表「一種元素，能夠團結一個社群，而這個社群不能因爲這個身分，被簡化爲象徵性認同（symbolic identification）」，它代表「將成員凝聚起來的連結，暗示和這個原質（the Thing）產生了交集，朝實實在在的歡喜而進……若我們被問到如何能辨識這原質存在，前後一致的唯一答案是，這物存在於那難以捉摸的實體，名爲『生活方式』」。[94]透過數據持續追蹤自我，爲這種監控幻象提供了素材，每天都對自己洗腦，告訴自己，有天我們說不定能夠把所有的組合部分完美地協調成一個心靈的整體。

這也催生了大家對被監控的渴望，尤其是能被他人監控的渴望。愈來愈多學者挑戰傅柯最初關注的「全景監獄」（panopticon），轉而專注於「單景監獄」（synopticon），反映了當代「從多數人觀看少數人的情況，變成少數人觀看多數人的情況」。[95]在臉書、YouTube、Instagram 普及的時代，我們的成就與到底有多少人眞正地或是象徵性地觀看我們息息相關。有了這麼多觀察他人的機會，加上我們感覺自己的人格不過是被分解的數據位元組而已，那麼知道有人喜歡我們的「內容」，會強化我們的特殊性。在這個多人可以看到多人的時代，從衆人之中，成爲少數被選中的人之一，成爲被特殊關注的對象，對他人以及對我們自己而言，都意味著我們的特殊性。

因此我們進入了所謂的「虛擬力」（virtual power）時代，該時代建立在更分散以及有形的權力形式基礎之上，並不斷擴大。但虛擬力之所以不同，可從幾個關鍵點上看出端倪。首先，它往往看不見，存在於「虛擬場域」（virtual realm），包括隱蔽的演算法、遠端數據處理機、擴增實境（AR）、人工智慧，以及看不見的數據掠奪者。其次，虛擬力從我們的潛能汲取養分，而非從當前主流現實汲取養分，並監控我們全部現有與潛藏的自我和未來。至關重要的是，虛擬力巧妙以及不那麼巧妙地指揮這些「虛擬性」（virtualities），讓它們能夠永遠對市場的需求交代，諸如效能、生產力、獲利能力。因此，在這個美麗新虛擬世界，原則上你可以成為任何你想成為的，只要它在財務上可行、有價值。特權的定義被重新改寫，有無特權取決於誰具備數位自由以及誰缺乏數位自由，進而用此一數位自由成為自己數據的探索者——被監控好過於被緊迫盯人地監視。但不管哪一種情況，我們作為數據主體的社會建構都會被利用，以利經濟利益，過程中則強化了普遍性的不平等。最後，它的虛擬性體現在它的不知足，唯有它的可欲性（desirability）能與之匹配。不管我們對自己有多「了解」，總是有更多的數據可被挖掘、收集和評價。因此，虛擬力是一種非常眞實又完全投射的掌控形式，預測並捕獵我們目前的身分，以及我們將來可能的各種身分。

| 第三章 |

監視我們自己

二十一世紀出現看似深刻而嚴重的身分認同危機，讓當今世界深受困擾。說得具體些，當代一度神聖不容侵犯的身分認同受到劇烈侵蝕，但大家卻前所未見地看重身分認同的重要性。當構成「核心」自我的基礎受到追根究柢的挑戰時，個人主義不減反增，反而繼續掌握絕對優勢。當然，有關此一矛盾現象，不乏各種評論與看法，將這矛盾歸因於群體的失落感，以及在當今全球化風潮席捲下，想抓著過去不放的集體心態。如果這是新自由主義導致的深層不安全感使然，這些可悲的心理反應也就不難理解。但是，這些見解缺少了科技與論述如何左右當今人們對自我身分的追尋。資訊革命和數據經濟，快速擴大了社會身分的可行性與管理。此外，科技也衍生出一種新形態的社群力，須仰賴「自我監控」以強化這種流動性更高的資本主義。

就這一點而言，具備收集與操控數據的能力，已對當今身分認同的形成產生了巨大影響。你可善用唾手可得的海量資訊定義自己，也可在不勝枚舉的社群平台上展現自己。智慧型手機上的計步器告訴你和其他人，你被歸類爲積極與健康的「我」。臉書上的照片顯示，你是一名到處搜獵美食的饕客，喜歡和朋友交際聊天。不過，在領英的個人檔案裡，你會向未來的僱主與專業人士展現你是有一技之長的人才。此外，部落格與推特也是你大秀自己廣泛興趣的舞台——從政治到時尚無所不包——這些內容還可進一步連結或轉貼到其他社群網路，與其他網友分享。

透過大數據挖礦，可以反映你的「眞實」自我，這些有趣的眞相深藏在你的潛意識裡，可能截然不同於你對外的呈現。面對親朋好友，你可能侃侃而談最新上映的外國電影，但是你在網飛平台選看的節目顯示，你更偏愛情境喜劇與鬧劇。快速搜一下你最近在亞馬遜的採購與瀏覽清單，清楚顯示你最感興趣的是新鞋與手錶，對熱賣的文學作品或歷史巨著興趣缺缺。智慧語音設備愈來愈普及，進一步方便企業與政府知道你每天的偏好，這可能讓你本人以及全世界了解到，這些才是你眞正的喜好，而非你想呈現的喜好。

此外，我們如何定義自我這個主體，也出現明顯的存在性位移。愈來愈多人承認，我們的自我與身分認同並非單數而是複數。因此，我們呈現在外的不是一個我，而是好幾個我。當前的交織性理論（theories of intersectionality）涉及身分認同的複數概念。本書的重點並非幫你確認自己的「眞實」身分與認同，而是說明一個人的社會身分是複數本質，以及這些身分之間如何相互作用。數位科技日新月異，進一步強化自我多元化與複數化的新現象。網路平台五花八門、各式各樣，你每進入一個平台，便換上不同的偽裝與身分，和其他人連結打交道，影響所及，你愈來愈不是「某個人」，而是複數化的「某個人們」。換個說法，這現象催生了分身文化——「一人分飾多角」的科技版。此一現象已經存在，也從大家以不同的身分進入網站與虛擬平台得到印證，進入網站與平台，用戶可以嘗試扮演多種角色，展現另一種體驗生活的方式。撇開其他不談，這些網站提供了舞台，讓大家呈現多元的自我，而且沒有傳統上因身分不一致而衍生的風險。的確，這類數位科技讓當代人無須忐忑，可安心地接受自己與他人的主體多樣性。

不過，自我主體的多樣性，點出當代資本主義一個基本上自相矛盾的現象。隨著市場變得愈來愈不受監管，反而更需要對主體的身分以及是否為本人進行認證與核實。這個見解在如今這個時代聽起來相當怪異也格格不入，畢竟匿名發文已是常態，加上日趨民主化的媒體，已造成完全不負責任的假新聞與酸民文化充斥。然而若再稍微深入探討，會發現比這更複雜、更矛盾、更陰險的現實慢慢浮出檯面。實情是，現在網路愈來愈需要不斷核實與證明「你是誰」，儘管單數我與複數我已出現此消彼長的趨勢，但是要求這些「我」必須為自己的身分甚至行為負責的聲浪快速高漲。也許正是當今太多人不負責任，所以對究責的呼聲才會如此之高。

轉而向技術與道德究責靠攏，會造成嚴重的影響，衝擊當前權力的演變，因爲權力和自我相關。數不勝數的新型數據追蹤技術，加上資訊革命，意味著我們得爲自創的「智慧身分」親自扛責。這些身分可以進入各種網絡（無論是個人或專業平台），以便最大化這些分身對我們自己以及對他人的價值。儘管這類的最大化往往言過其實，虛幻成分大於實情，但仍然是建構身分與認同的倫理要件。因此，我所有的分身（多元自我）必須被一一監控，敢做就得扛責，怎麼做到？第三方可利用更多的管道，進入數據驅動的個人「數位史」，決定這些個人是否眞的爲社會整體成就與福祉做出貢獻。換言之，網上的行爲愈來愈受一系列外部與內部評估及監測，以便能正確掌握其各式分身中確實有用的價値，以及應保留的部分。

因此，至關重要的是受到完全「監控」與「負全責」的自我。自我並非一個人少不得的核心要件，更像是社會群體建構的多元實體，它的存在取決於算計過的經濟和社會利益——它的「附加價值」。最終，自我的每一個行動、每一次發言、每一個外在的表現，都可用於這樣的計算。此外，這代表從根據法規與治理的自我約束，演變到圍繞創造性會計行爲及市場導向問責制的「自我監控」。重要的是，這種「會計行爲」的主觀表達，顛覆了社會經濟問責制的傳統動態。而今不是經濟體本身必須被如實地一一核算，用以計算是否符合其整體的社會價值，該被一一核實的是在這經濟體裡不停出現的各種自我。

◀被記錄的流動性存在

毫無疑問，我們生活在更多同步連結與流動的世界。全球化與科技讓「世界縮小了」。拜數位發展之賜，人們可以用短短幾秒鐘，打破之前難以滲透的國界藩籬，進行全球連線與通訊。社群媒體讓虛擬互動與互相連結成爲我們日常生活的一部分。曾經神聖的信仰與身分認同，所受到的挑戰也許前所未見。

已故社會學大師齊格蒙·包曼（Zygmunt Bauman）將此現象稱爲「液態現代性」（liquid modernity），他在二十一世紀初寫道：「如今的模式與構型不再是『固定安排好的』，遑論『不證自明』；太多的模式之間互相扞格，彼此的命令有太多的矛盾，以致於每個命令被剝奪了一大部分強制約束力。」[1]因此現代任何一個存在，多多少少都擺脫它的本質，獲得解放。人們沒有一個固定身分，而是擁有好幾個身分。人們的自我不但多元還可調整，隨著瞬息萬變的潮流而更動。因此——

液態力量從「系統」移動到「社群」，從「政治」移動到「生活政策」，或是從共同生活的「宏觀」層次下降到「微觀」層次。因此我們的現代性是個體化、私有化的現代性，肩負模式組建的重擔，而失敗的責任也泰半落在個人的肩上。[2]

這種液態現代性僅躍進了數十年，現已演變成被固化的後現代。在當今這個時代，身分就本質而言，被認爲是一種社會建構。身分並非一成不變等著被驗證，而是必須不斷從文化上加以想像與強化。發現自我其實是不停地創造自我。一個人的人生故事可以從多個不同的視角切入，而且從來就不是直線式。交織性理論反映了身分的流動性，[3]最起碼，該理論斷言當代自我的多元性，確認這樣的說法成立。一個人再也不會只是一個人，而是好多個組合爲一個。當代人的自我是社會性的建構，根據性別、種族、族裔、國籍、階級等背景建構。基本上，交織性理論斷言，一個個體絕不會是單一標籤或單一版本的自我簡介就能道盡一切。

然而，交織性理論也揭露身分流動性的深層張力。身分的多元性讓身分得以進行愈來愈多的分類，因而可被一一記錄。我們是「誰」，這個由來已久的老問題成了會計作業，要把組成自我的各個元件一筆筆鉅細靡遺地記錄在冊。這意味著對照關鍵的社會指標與最終的身分來評斷我們是誰，因此，這個人是非裔自由派的都會女性，或是白人保守派鄉村男性。這些組合看似沒有盡頭，然而他們有個共同點——看似可被無限地記錄、被編入索引，據此供人評斷。因此，這揭露了權力關係的複雜性。誠如艾斯納（Eisner）所言：「這代表大家必須了解，各種壓迫彼此相連，一個人不能只解放一個團體而不解放其他團體；也意味著承認君權結構與交織性理論——其實沿著不同的脈絡，我們所有人既是被壓迫者也是壓迫者，有特權也被剝奪特權。」[4] 然而如果無法充分理論化，這也只夠描繪此問題的複雜性——如果你願意描述你曾遭遇的經歷，儘管有趣，但距離發人深省還有一大段距離。

科技與可被指數化身分的流動性同步發展。科技愈來愈可能追蹤你的各種身分，探索各種身分之間如何交織、如何相互作用。大數據的進展讓你可以深究各式各樣可能的生活樣貌，看你依據的是什麼身分組合。從房價、犯罪率，乃至健康數據等數字都可被擬人化，以便符合你各種身分的需求。網際網路與社群媒體讓一個人可以深入研究複數的自己，而且常和有著類似特定身分組合的其他人分享經驗。

回過頭來，這存在一個重要矛盾，讓當代身分左右爲難。自我身分愈具流動性，愈可能被徹底追蹤與記錄。自我身分的多元性成了一種誘惑，讓身分不斷被計算與存檔。自我已大量分裂爲可用的身分，每一個身分都可以被識別與監控。

◀盲目監控自我

資訊時代大幅拓展了身分轉化的可能性，不管一個人希望成爲什麼樣的人，都可以立即找到資訊進而了解與學習，只要點擊一下按鈕，幾乎可一網打盡今天社會萬事萬物各種存在的相關數據。這反映了更深層次的現象：會計技術不僅重組，同時也在數量上擴大了現代自我的範疇。大家一度渴望的安全感，一部分來自於單一的身分認同，這樣的認同與民族主義、宗教、階級、族群相關。而今在建構與記錄形形色色個人化的自我時，可以發現這樣的安全感。

在此背後暴露的是相當明顯的張力，這個張力涉及到當今身分形成的核心。愈是沒有事實根據所塑造出來的自我，大家愈是渴望與追尋。理論學家曼威・柯司特（Manuel Castells）討論網路社會與身分認同時，突顯的正是這樣的矛盾。具體地說，因爲社會之間的接軌愈來愈無縫，傳統的身分概念逐漸式微，一點一滴地流失，這現象而今遭遇了逆勢反彈，愈來愈多人希望恢復並強化傳統的身分概念。柯司特觀察到：「隨著技術革命，過去二十五年來，我們經歷了資本主義轉型，中央極權主義式微，同時集體認同來勢洶洶，打著代表文化同一的名義，標榜人民掌控自身生活與環境的訴求，挑戰了全球化與大都會生活形態。」[5]社會一詞的字面與象徵意義，再也不受傳統的地理位置限制，這又重新點燃大家的希望，認爲他們可以藉由文化，將自己重新安放至先前固若金湯的自我意識。

就這一點而言，與身分密不可分的是個人與集體對於本體安全感的需求。生存不只是滿足簡單的生理需求，還包括讓自己處於安全的文化脈絡裡。再次回到柯司特的見解，當大家想要逆轉充滿流動性的國際化潮流，結果催生一些「積極求變的運動」，諸如女性主義、環保主義等社會運動。「同時這些社運也催生了一系列被動反應的社會運動，他們藉著上帝、國家、族群、家庭、在地化等名義，築起壕溝反抗到底。這些千禧年才陸續出現的新型運動，如今受到威脅，被科技、經濟兩股勢力，外加與之矛盾的求轉型社會運動夾擊。」[6]這些認同往往成了孤注一擲但注定無望的保護傘，用以對抗可能失去自我的威脅——可能失去在世界上受保障的地位或弄清方位的指南針。

這點呼應格根（Gergen）先前對當代「飽和自我」（saturated self）的知名描述，[7]根據他的觀點，現代技術將傳統自我困在圍城（under siege）。拜現代技術之賜，網際網路崛起，導致身分被瓦解。而今人們被氾濫的資訊吞沒，某種程度上被過多「自己是誰」的選擇淹沒，太多資訊與選擇反而讓他們無所適從，無法眞正做出決定，也無法擁抱一個穩定的自我定義。就這一點，在此詳細引述格根的話：

「新技術有助於直接或間接與愈來愈多的他人維繫關係。在許多方面，我們可能進入所謂社交飽和的狀態。如此規模的變化鮮少是完備且自足的，而是在整個文化環境裡迴盪，慢慢累積，直到有一天我們驚覺自己被錯位了，這時已無法恢復已失去的東西……過去一世紀以來，我們理解自我的詞彙顯著改變，連帶社交互動的本質也跟著改變。隨著文化日趨飽和，我們之前對於自我的所有假說無不受到威脅：傳統的關係模式變得陌生且奇怪。新的文化現象正在成形。」[8]

監視系統與終極監控是現代建立本體安全感的重要手段之一，監控提供了具體可行的辦法，定期強化一個人的身分。透過具體可行的辦法，一個人能更有效地收集自己的相關數據，並監控其進展，不斷提醒自己：「這就是我」。利用手機計算每天攝取的熱量和走路步數，等於每天提醒自己想變得「健康」。每天爲三餐拍照，並上傳到社群平台，等於向自己與他人證明，你是個「吃貨」。不斷掌握最新新聞，並在網路上和人爭論，強化你關心政治與外在世界的身分。進入更深層次，社群媒體提供管道，讓歷史上的弱勢群體可以「安全地」表達他們的身分，例如在臉書或影音平台 YouTube 上出櫃的年輕男同志，這麼做剛好坐實了外界對酷兒的普遍敘述。[9]

因爲凡走過、凡做過都會被一一記錄，所以建構自我時，既留下了個人資訊，同時也把自己市場化。複雜的演算法不停收集你個人的數據，迎合並滿足你的個人偏好。例如利用谷歌快速搜尋可去哪兒度假，結果出現海量的旅遊資訊與優惠。在手機上查看你最愛球隊的比賽分數，結果廣告商在你得知球隊贏球或輸球之後短短幾秒，立刻向你出售該球隊最佳球員的球衣。幾乎你瀏覽過的所有網頁，都會再次坐實並強化你過去的身分選擇，同時也提供你其他選項，說不定正中你意，讓你對其不離不棄。

這種數位監控與記錄擴大了以下的可能性，亦即可利用這些數位化產生的身分得到更深層的本體安全感。所有身分都可以被利用，即便你對某事只有一丁點興趣，都會被數位科技記錄下來，然後反售給你，只是多了一個新包裝。一個人對自我的搜尋似乎沒有盡頭。當代人追求生理與心理上的安全感，過程都會被記錄並加以分類，這些資訊可以被你自己與廣告商輕易存取。一如一個人擁有多重分身，同樣地，一個人也有多元管道讓自己主觀上覺得穩穩地扎根、不會隨波逐流。

值得注意的是，這反映了傅柯有關「自我技藝」（technology of the self）的理論。傅柯最為人熟知的是他對於權力與知識的見解，在他晚年的授課中，他觀察到：「也許我太過於堅持維繫統治與權力的技術。我現在對自己與他人的互動愈來愈感興趣，也對維持個人支配權的技術感興趣，好奇一個人的作爲如何影響到自己，愈來愈關注自我技藝。」[10]這些技藝專注於從歷史脈絡檢視一個人如何和他人打交道，以便「照顧好自己」。傅柯進一步說：

「有幾個原因可以解釋爲什麼『認識自己』讓『照顧自己』相形見絀。首先，西方社會的道德原則發生了深刻的變化。我們很難基於嚴苛的道德與原則，允許給自己的照顧甚於給其他人。我們更習慣於把照顧自己視爲不符道德箴規，視爲逃避所有戒律的手段。我們繼承了基督教的道德傳統，認爲捨己才是救贖之道。認識自己與捨己看似矛盾，但認識自己才眞的能做到捨己。」[11]

重要的是，這也反映了另一種理解權力和掌控的視角，強調「一個人的所作所爲會如何影響到自己，以及這些影響自我的行爲如何和整個社會體產生連結」。[12]這樣的權力形式延伸到虛擬的自我和社群。不過，當今數位記錄的做法與重要性，再一次顚覆了這樣的動態，因此「照顧自己」取決於對自我的認識，亦即一個人掌握的資訊愈多，愈清楚自己的偏好，愈能努力追求實現。我們該如何照顧自己，其實要靠我們不斷被記錄的各種品味與欲望所拼湊出來的複合自我。透過這樣的記錄，我們能在個人多樣化的面貌中瞥見「我們是誰」，然後有機會一一照顧自己這麼多樣化的自我。知識說穿了就是個人化數據，有了這些數據，我們可以探索、拓展、照顧我們可能的各種社會身分。

雖然身分與記錄之間的關係愈來愈緊密，但不表示自我的所作所爲全都被記錄。太常被漠視或不斷被冷落放到一旁的現象是，現實生活裡社交圈小的個體無法維持善於社交的一面。網路可能擴大一個人的自我，但此一可能性並沒有相應地提升或改變其社經地位與背景。的確，在新自由系統裡突顯自我的機會是增加了，但這套系統的特徵是逐漸拉大不平等，以及不斷向下移動。因爲這兩個特點，企業最後成爲「自我的企業主」——藉由制定員工的自我，來滿足其日益高漲的控制力與苛刻的管理特權。[13]就這一點而言，儘管自我愈來愈被充分記錄，但資本主義體制大抵上並未被完整記錄與核實。因此，「自我表達」愈來愈像是一人公司的品牌經營。根據一項對臉書用戶的大規模調查，用戶喜歡的品牌是他們認爲該品牌能代表「內在的自我與社交的自我」，以此爲基礎，再和其他喜歡同樣品牌的「同類」形成牢固的虛擬與互動聯繫。[14]

因此個體得隨時隨地監控自己不同的身分，卻鮮少反思這些身分重要的過往或是當下的意義。例如，一個人可以沉迷於一種電影類型，但絲毫沒有察覺自己被廣告操控，以致於偏愛某類電影，或者沒有意識到背後有股力量影響了哪些類型電影可以被拍攝與放映。依此看來，身分在很大程度上已演變成一種消費活動——猶如一個文化衣櫥，該買、該穿，或者當不再流行或不再實用時該丟棄的消費活動。虛擬社群的潛力漸漸轉化為消費者對消費者（C2C）的數位市場，[15]技術可標示出誰靠著作為用戶來建立存在感。增強的曝光率與可見度加劇了現有汙名化的形式，例如身障人士使用意在輔助他們的數位技術，卻因此導致身分曝光而陷入被指指點點的陷阱。[16]

當然，我們不應忽視這種身分轉換的政治意義。能夠收集與分享數據，以及記錄眞實世界所發生的事件，激發了多種政治化認同，這些認同試圖調配這樣的記帳式文化，以便讓現狀更易被稽核。舉一個典型的例子，在美國，「黑人的命也是命」（Black Lives Matter）抗議潮利用社群媒體、游擊式監看技術、數據分析，掀起大型群眾運動，對抗種族主義與警察暴力執法。政治化認同在社群媒體透過「#黑人的命也是命」的主題標籤，讓這運動如病毒般在虛擬世界快速增生擴散，這種帶著目的性的刻意操作，

「將主題標籤從社群媒體搬到真實的街頭」。[17]然而，這類集體抗爭在許多方面成了例外而非常規，畢竟數位媒體技術——

揭開了個人化、個性化的政治學時代，在許多抗議訴求裡，各自表述的個人行動框架取代集體行動框架。這個趨勢可見於大規模、迅速形成的政治活動，這類政治性參與和抗爭針對各種目標，包括政黨、候選人、企業、品牌、跨國組織等。這種以群體爲基礎的「認同政治學」（identity politics）以及「新社會運動」（new social movements）崛起於六〇年代後期，並延續至今，但近期我們看到更多元化的動員理由，圍繞個人的生活與價值打轉，訴求各異，諸如經濟正義（公平貿易、分配不均、開發政策）、環境保護、勞工權與人權。[18]

危險在於，這些由網路數據驅動的生活形態政治學（lifestyle politics）非常容易被操控，目的是服務有權有勢者。統計學可以證明一切，這可不是古老的諺語而已。反之，它反映大家更有能力利用數據催生高度政治化的認同，鮮少考慮這麼做正確與否、正義與否。資訊被廣傳出去，呈現犧牲一些個體的另類誘人現實，既反動又陰險。回到「黑人的命也是命」，該運動煽動了種族主義言論與種族主義認同，強化了白人的特權，毫不掩飾的白人至上民族主義死灰復燃，同時鞏固了極權式警察文化。

現今存在一個無所不在的文化與現象，亦即個人與社群盲目地自我監測。更精準地說，有些人和社群利用這個新技術保持「清醒」（現代用語，指一個人對普遍存在的社會和經濟不公不義現象變得更自覺與敏感），但總體來說，大家光會用嘴巴解釋這些現象，卻少了深入反思，也無力改變製造這些自我背後更大的社經系統。有兩點尤其和此處的分析息息相關。第一，這些被數位記錄的自我（身分）為何沒有自然而然地發展出更負責的文化？反之，這些數位記錄技術以及該扛責的道德感往往被挪用，讓有權有勢者與系統本身得以卸責、不被追究；第二，本體安全感與真理鮮少出現於傳統的本質論之中，反之，它與普遍呼籲利用數位記錄確保一個人可被數字化有關。岌岌可危是控制主體與建立社會支配性的新方式，這些將在以下章節詳細討論。

◀智慧多元身分

身分的形成愈來愈複雜，也益受重視。過去短短數十年，自身的可能性呈爆炸性成長，我們現在把資訊視爲我們想要擁有的人或事。你早上上網查怎麼煎蛋捲，下午搜尋最新的重金屬樂團，傍晚查一下股市體質是否健全。首先需要注意與提高警覺的是，品味與偏好不等於身分，它們也許是身分的形式之一，但無法充分或完全反映你是什麼人。然而在當今社會，從母胎出來時原裝「核心我」的觀念逐漸式微，「你是誰」愈來愈是數位管道收集到的興趣與偏好之總和。一個人上過哪些網站、做過哪些事，這些透過私下或公開方式收集到的個人化數據，被定期存檔、瀏覽、挖掘，爲的無非是同一性與利潤。

這點說明了從現代主義轉變到後現代主義，經歷與表達自我的方式有了更廣泛的演化。一如本章所強調，現代世界之前牢靠的基礎已大幅液態化。曾經幾乎不容質疑的同一性（認同），諸如國家、階級、種族、宗教等，絕大程度地決定一個人的自我意識，但上述這些分類已液態化，絕非斬釘截鐵的決定性因素。還有一個更劇烈的變化：有關自我的故事被大改特改以及一傳再傳。之前按時間順序一路鋪陳的故事，詳細記載一個人從出生到過世的點點滴滴，現在則被擴增放大，而且在某種程度上被顯然更支離破碎的東西所取代。就許多傳統的觀點而言，這些故事並不連貫。這與後現代倫理產生了共鳴，後者用非常不連貫且無線性脈絡的東西取代了直線式敘事。

既然意識形態普遍已死，自我擴增與碎裂化也許就沒有那麼令人意外。[19]以往對共產主義、法西斯主義，乃至自由民主等眞理，堅信不疑的立場開始鬆動，或是幾乎完全消失。取而代之的是更靈活的自我意識——對各種機會採開放態度，能夠視情況需要更輕易地在信念系統之間遊走，不管在流行什麼，都能隨時調整適應。但是，可能較難以預測的是這樣的後現代自我，在實務上會多大程度地被監測與記錄。如果現代性眞的已被解構，那麼實際上也已被重構變成後現代現實，特徵是無所不在的監視、數據收集、個人一舉一動被不停側錄與建檔。雖然不是每個故事都可以被轉述，但是每分每秒都可能被捕捉，編碼爲數據，作爲當前消費或未來之用。

顯然這並非全貌。現代社會花了可觀資源對已變成循規的自我進行再投資。美國學者巴伯（Barber）早先提出知名的「聖戰 vs. 麥當勞世界」的論述，點出基本教義主義

vs. 企業全球化現象，以此說明上述這種複雜性。[20]這也適用於一系列循規的現代身分，這些身分本質上不見得是極端主義分子（或至少傳統上不認爲他們天生是極端分子）。而今大家重新擁抱現代認同，諸如愛國主義、宗教奉獻等等，但是，這些捲土重來的認同與價值觀帶有明顯的後現代特色，圍繞記錄數位足跡的價值與實踐打轉。民族主義與傳統家庭價值觀已不再是具體的生活方式，而是理想的「生活風格」，是大家在社群媒體上捍衛與發表的一系列想法，以及各種採購偏好的匯集。因此有人會在臉書貼文，稱他們對某位運動員拒唱國歌感到反感，或是分享他們今天上教堂的圖文，以便讓好友看見點評，然後搜尋哪裡有放映最新的基督教電影。

在今天這個世界，自我感的一個關鍵特徵，是利用數位記錄來培養智慧身分與智慧認同。就這一點而言，「智慧技術」能讓用戶變得更好，也更清楚各種版本的自我。若你想釋放內心的園丁，可以藉助最好的技術，向世界各地的綠手指請益，或是在部落格寫下遭遇的挑戰和成就，甚至下載手機應用程式記錄自己的進展。身分現在可以輕易存取，可以完美化。當今數位記錄的技術與實踐，提供大家創造好幾種「我」的機會，這些「我」比以往任何時候看似更「智慧」。麻省理工學院學者雪莉・特克（Sherry

Turkle）在《虛擬化身：網路世代的身分認同》（*Life on the Screen*）一書中寫道，在這「身分的遊戲舞台」上，大家可以善用虛擬世界，嘗試不同的身分，其中許多身分與離線的我形成鮮明對比。[21]

的確，這種全新的線上世界不僅提供舞台讓你實驗各種自我，也讓你深入美化自我。這種盛行的「智慧文化」爲美化自我提供了新的管道與方式，所以這些可被數位記錄的自我，猶如快照，顯示一個人最終想臻至什麼境界，可能是一流的專業人士、最有見識的政治評論員、演唱會裡顯眼的觀衆，或是最受歡迎的約會對象。也正是在這裡，數位式記錄與可計算性有了交集。一個人的智慧身分不斷提醒你哪裡還不夠好，哪裡需要改善。這種得不斷升級與進化的精神，必須是雙向道，技術才能滿足不同使用者來「協助他們自助」。一項研究顯示，健身應用程式如果可以放大字體並降低苛求，就能使較高年齡的用戶顯著發揮健身功效。[22]然而，這也揭露「智慧」與改良自我、完善自我之間有著廣泛的連結。

這樣的見解呼應並建立在身分建構工作的諸多看法之上，[23]此概念描述了「個體參與了形成、修復、維護、強化、修正可產生連貫性與獨特性的結構」。[24]在後現代世界，這個工作被重新格式化，反映了當代身分碎裂化與液態化的兩大特徵，這一現象被「身分拼貼」（identity bricolage）的相關概念所捕獲，個體的自我意識是由各種不同的身分拼湊而成。[25]但這個「工程」是透過智慧技術來完成，這是定期更新的表決。不管你用什麼方式讓你的自我臻至十全十美，一路上都是靠智慧技術對你的進展與變化打分數。「技術」可能是從口袋或皮包裡傳出的小聲音，讓腦海鈴聲大作，逼問你是否已走完今天該走的步數；或是手裡傳出的嗡嗡聲，盡責地提醒你，和朋友的約會快來不及了。

就這點而言，資訊科技已不可逆轉地改變主體的配置。主體或自我不再僅僅主要建立在遵守文化常規，以及符合「眞實」生活裡大家的預期；反而改以不斷進行虛擬驗證與確效爲前提。正向來看，大家利用資訊科技產品，諸如過去上網的數位史強化他們的認同感，並爲認識這些線上社群做出實際貢獻。[26]

深入到身分的表面之下，這種智慧數位記錄根本地重組當代自我，不僅驗證你是誰，也不斷確認你就是那個人。這反映了自我進入新紀元，自我的形成與存在，是透過外在數據收集與數位式自我展演。例如赫恩（Hearn）最近發現了由大數據驅動的「身分識別證」（identity badges），諸如推特的驗證方標誌檢查。儘管看似無害，實際上——

既可以召喚情感，誘發特定風格的自我展演，同時也是一種紀律手段，讓資本主義邏輯發揮作用，調節並吸收每天產生數百萬種自我展演的意義。在人人有機會爭取社會地位與名聲的承諾之下，我們用以展演自我的社群平台，其商業做法將我們引向了社會分類、身分管理、掌控（線上發表）等私有化策略。[27]

我們擔心身分被盜用，這擔心合情合理，但卻揭露底層更根本的一種存在性不安全感。這個時代的潛在主題是：「除了數位足跡，我到底是誰？」我們擔心如果自己的數據被刪除，我們的自我與身分也會被完全且徹底地刪除與清空。

這項技術的魅力，在於能夠輕易而持續地幫大家記錄自己。只要手機開機，一個人就能確認自己存在，就這角度而言，大家不厭其煩地個人化自己的手機也就不足爲奇。手機不只是表達自我與身分的載體，它還擺明了——它才是眞正的我。笛卡兒（Descartes）的名言是「我思故我在」，在今天這個時代，可以改成「我發訊息，故我在」。顯示當今的自我一如數位足跡所顯現的液態化，複數我的現象轉化爲被編碼與被分類的自我。此外，新技術創造了新智慧，製造出好到不能再好的自我。而今世界多的是一天到晚下載智慧技術的人，以便他們能即時呈現智慧自我。大家以數位技術記錄自己的同時，也愈來愈被當代資本主義所量化與掌握。

◀自我評量

創造智慧多元身分，是爲了走在個人與集體賦權的最前線。大家可以下載新的生活並上傳自我創造的各種可能性，個人與社群可以透視後現代存在的現代複合體。將液態性轉爲具體數據集，依人而異加以格式化與建檔，以便匹配每個人的各種不同偏好。就這一點而言，這些智慧多元身分不僅提供機會來發現一個人各種面向的自我，也不斷在這之上持續改良自我、完善自我。不過在實踐中，這些身分往往更合規，並專注於創造完美的資本主義自我，而非追求解放以及十足眞實的自我。

的確，這種智慧文化揭露後現代主義與新自由主義互相交織，並重構當前的自我。新自由主義與社會日益市場化的現象有關，生活各個面向現在都可以買賣與利用，只爲了求最大利潤。同樣重要的是，這樣的市場思維愈來愈左右當今的理性和欲望。這句話的大意是，史帝芬・柯維（Stephen Covey）的暢銷勵志書《與成功有約：高效能人士的七個習慣》（*7 Habits of Highly Effective People*）實際上代表——

可刺激人們突然頓悟的技術出自「效能」（effectiveness）領域，並得到三種社會文化趨勢支持：後現代的飽和自我；新自由社會的出現以及自我金融化；主體性轉向。柯維的效能主張意在催生一種自我，能夠同時去飽和、金融化、善於表達，但也支持保守、普世主義、晚期資本主義的存在方式。[28]

資本主義徹底接管自我與身分之後，這類智慧式數位記錄絕對扮演核心角色。具備收集與分析個人數據的能力，將自我與身分的摸索和形成過程，轉化爲不停演算一個人的整體效能與價值。智慧價值不僅與這些市場優勢相輔相成，實際上還互相強化。因此，使用手機等智慧產品，已不再只是爲了人與人之間的溝通，更是零售商用以「身分識別管理」的設備。[29]

更進一步，諸如人力分析之類的技術，可以讓公司愈來愈準確地知道每個員工的獨特價值。爲了這個目的，包括谷歌在內的大型公司已開始使用「基於數據的人力管理」，谷歌用此一技術推動名爲「栽培更理想主管」的計畫。[30]使用複雜而先進的數據收集暨分析技術，有助於精確點出個人、團隊及組織有待改善之處，以便提升效率與產能。人力分析的技術被喻爲高科技、走在時代尖端，「進行高階分析時，爲人資與人力專家提供了一個獨特的機會，讓他們在執行董事會上猶如董事們的戰略夥伴，握有各項事實與資訊。利用這種先進的分析技術，招聘與留住能爲公司締造超凡價值的傑出經理人與創意人才」。[31]他們的功能與角色多多少少揭露「智力」存在著落差，進而有效實現人力、地點、事物的價值與最佳化表現。至關重要的是——

大數據繼續被譽爲下一波的分析與技術創新。從我們的角度而言，下一波的創新不僅僅圍繞大數據，更看重的是企業該如何善用大數據分析，採取有效行動，最大化利潤與業績。光擁有數據是不夠的，必須有效利用數據，以便能推動、優化、協調企業在各個層級的行動。由於大數據和人力分析相關，所以大數據對於提供業者即時洞見至爲重要，協助業者最大化人力對組織的價值，同時也最大化組織對人力的價值，以便留住這些人才加以栽培。[32]

有趣的是，人力分析通常與提高幸福指數有連動關係。由於能夠進一步了解員工的工作、生活以及娛樂的方式，所以公司可以判斷員工是否有效地最大化他們的時間效能。當然，在「時間怎麼都不夠用」的組織及時代裡，這些聲明對愈來愈多人而言，只覺得空洞。[33]這些非常勵志的目標，儘管只是口惠，仍揭露了基於市場的追蹤監控邏輯，多麼深入地主宰與征服當前的思維和欲望。發現「更智慧」的做事方式（意味著事半功倍），是實現你所有希望和夢想的關鍵。

換言之，現在大家都可評量自己的所作所爲與原則，爲智慧打分數。你是否調配到最好、最有效率、最不耗資源的謀略來實現目標？今日出現一種趨勢與現象——內部及外部規範有增無減；在這樣的文化風氣裡，一個人的數據是最終評斷其價值的基礎。影響所及，一個人不僅是資訊的積極消費者，也是積極的製造者。例如哈迪（Hardey）寫道，有些病患會利用個人網頁公開講述自己受苦的「故事」，這麼做等於把自己從「保健訊息與醫療照護的消費者，轉型爲資訊與照護的生產者」。[34]

這爲「自我管理」一詞注入新意。自我管理的觀念是新自由主義的核心，鼓吹一個人盡責監督和約束自己的行爲，以符合市場預期與需求。爲此，技術務必要更智慧，這樣人也能變得更智慧。這也是何以今天廣被宣傳的「物聯網」將目標設定爲：在不久的將來達到「智慧裝置能彼此連線，透過分享資源與功能，全方位豐富使用者的體驗」。[35]要做到這樣的程度，簡單的自我管理並不夠，我們需要「自我們管理」，亦即每個人得確保自己的各種不同身分（包括個人的與群組的）夠「智慧」、產能高、有利潤。新推出的應用程式承諾協助大家達到「工作與生活平衡」，這些程式具備「智慧」功能，例如專案協作、家庭待辦事項清單、協助調節睡眠的睡眠週期鬧鐘。還有一些應用程式從名字上就可看出其功能，諸如「個人教練」（coach.me）和「專注力神器」（focus booster），強調可優化用戶的生產力，不論長期下來或是在每天的基礎上，協助你最大程度地改善個人生活與專業職涯。[36]

因此，自我管理也重新建構了工作與生活的定義。首先，愈來愈少看到「沒作用」的人生。一個人的所有經歷與體驗都該「有作用」，以改善其幸福感與人生前景。根據這個觀點，無論你從事什麼，務必要過著「智慧」生活。同樣重要的是，大家漸漸地不是只過一種生活，而是好幾種生活。因此，傳統上平衡工作與生活的需求，逐漸變成如何高效與「智慧」地平衡這麼多種生活。

努力讓一個人的自我們完整被記錄與追蹤，這類做法反映認同規範理論。類似於之前討論的身分概念，這類規範顯示無所不在的各種身分是如何左右與主宰主體性和自我感，[37]突顯「組織如何透過員工自我規範與合規來達到控制目的，員工將自己置於高層屬意的相關工作與組織論述中，反映他們多少認同並效忠這樣的論述」。[38]新自由主義規定大家必須「智慧」，這是當前非常強勢的論述，作爲治理個體我與集體我之用，以便反映資本主義的精神和企業的需求。

這些見解幾乎完全改寫主流社會學對自我的描述。可以說，最爲人熟知、至今也仍然相關的是高夫曼的見解，他提出「前台我」與「後台我」之別，[39]在智慧數位記錄以及可被數字化的時代，更正確的說法也許是前台作業平台與後台作業平台。就這點而言，作業平台（operating platforms）指的是一個人在上面展現各種我的社群媒體，這些社群媒體猶如前台，讓用戶展演自己最好的一面，所謂最好的一面是基於社會的期待和個人的互動。換言之，每個地方都需要用戶「智慧」微調自身形象，以期更符合特定的文化標準。早期對臉書用戶的研究發現，「用戶表明身分時，幾乎清一色使用化名而非真名；他們『只表演而不說話』，強調群體與消費者認同，勝於自我敘述」。[40]近期另一個在醫療保健領域的有趣例子，出現了「量化我」（quantified self）的現象，用戶擁抱數位追蹤技術，改善他們的生理狀態。表面上來看，彷彿個人保健與公共衛生都有了進步，實際上只是廣泛地優先考慮「可見的與可度量的」，忽略了更深層、不那麼立即可見的症狀。[41]因此後台是隱藏的程式設計師，追蹤並管理這些自我展演。本著這個精神，嘉納（Gardner）與戴維（Davis）點出了「包裹式自我」（packaged self）的現象，突顯當前大量仰賴手機應用程式的年輕世代，更在乎受到外部密切關注的認同，以及希望把可見的數字化「自我」有效轉賣給其他使用者。[42]

這種自己主動自律的現象與做法，很容易上傳並轉移到工作場所。過去嚴格要求體現公司價值的現象與做法漸漸式微，取而代之的是「只做你自己」。[43]然而，這種可被容許的自由，與當代數位記錄以及可被數字化的強勢文化互相交織。具體來說，你想要成為什麼樣的人，隨便你（在公司允許的範圍內），只要你表現出來的身分生產力高、有效率，最終還能幫公司賺錢就行。隨著新自由主義一併出現的是，經濟充滿不確定性，盛行個人自由接案；在這樣的經濟環境下，自律與自我管理尤其明顯。在傳統就業傳記似乎奄奄一息的時代裡，靈活地調節一個人的多種身分，這種能力特別派得上用場，因為能讓一個人滿足多變僱主的多變需求。[44]一個人可以為了某個專案和客戶，迅速化身成完美理想的員工，在零工時契約的時代，這種隨機調整自我的能力，也同樣不可多得。「臨時工」意味著端出臨時且彈性的工作我，能夠應徵職缺並吸引僱主的注意力，仰賴的是「智慧地」計算出僱主心儀的員工條件，然後努力讓自己符合這些條件。

因此，新自由主義的核心是高度重視自我評量。一個人的所有身分都可以指數化，能夠被仔細周密地審查。有些刻不容緩的問題是，這個身分對我有多重要？對我很有用嗎？抑或應該開除或刪了它？下決定的依據，是對現在以及過去老闆的各種評量，以便調整自己的身分，滿足眼前和未來資本主義的需求。這反過來揭露了紀律退場，改由監控上場的演變趨勢，作為治理和控制自我的主要手段。

◀生產自我監控的主體

當今的監控技術反映了當代自我遇到的棘手難題，也許一個人從未有過這麼多的身分可選擇。智慧技術與社群媒體讓「身分變多」這件事不僅成爲可能，還成了常態。然而，也正是因爲這樣的技術，讓這些身分可指數化且可控。大家被要求留下不同身分的數位足跡，同時務必讓這些身分對新自由主義的市場需求負起績效責任，這點揭示了生產與管理資本主義主體的進化手段。

反過來出現了一種自我類型，似乎有無限可能的表現形式，然而實際的可能性卻受到絕對侷限，因爲不停受到監控以及被現存的權力關係和論述所左右。傅柯的自我規訓（self-disciple）有助於闡明這個明顯的矛盾，他宣稱：「規訓不能和體制或機構畫上等號；它是一種權力類型，行使權力的一種模式，包含一系列工具、技術、程序、應用層次、目標。規訓是一種權力的『物理學』或『解剖學』，一種技術。」[45]因此，自我規訓代表各種常規、體制、日常社會力，這些都會形塑自我的知識和實踐。

有人反對簡單地將監控與規訓畫上等號，因爲這掌握不到數位記錄對當代主體的影響力。數位記錄既是個體表達自我的機會，也是對個體自主性與自由的可見威脅。的確，傅柯點出人體力量擴張的同時也限縮了主體的社會潛力，指出兩者一擴一縮之間的緊綳關係，爲此，他區隔了「經濟」與「政治」之別：

> 規訓既增加了人體的力量（從功利的經濟角度而言），又減弱了這些力量（從服從的政治角度而言）。總之，規訓導致體力與肉體脫離；一方面，規訓把體力變成一種「才能」、「能力」，努力強化它；另一方面，規訓顛倒了體能的產生過程，把體能變成嚴格的征服關係。如果說，經濟剝削讓勞動的體能與產品一分爲二，我們可以說，規訓脅迫把能力增強與支配力加劇之間的縮斂聯繫建立在我們的肉體內。[46]

監控爲大家提供精進自我的新技術，同時卻也讓自我限縮在自由市場論述的狹隘水平裡。因此，自我監控既是擴充的經濟學，也是限縮的政治學。

自我的雙重面向體現在當代員工的「賦權」上，的確，即使面對日益嚴重的經濟動盪與貧富不均，我們還是進入了「賦權時代」（empowerment era）。組織理應協助旗下員工實現他們個人、精神以及經濟上的需求，這些「以人為本」的組織，存在的目的是改善「員工的身心健康」，包括「精進精神成長與對自我價值的觀感」。[47]然而這類賦權往往有相當隱匿的後果，例如導致工作量加劇，有時甚至加重焦慮。威爾莫特（Willmott）指出：「企業文化家鼓吹並合法化開發可控制企業文化的技術，目的是限縮員工自主的力量以便實現公司的價值，並鼓勵員工從中培養自主性與認同感。」[48]與此一分析尤其相關的是，賦權價值與實踐如何同步於「經濟上」擴充與「政治上」限縮當代的主體。

結果是雙面性的存在，一面是各種可能的自我擴充，一面是自我的限縮，這和數位記錄與可演算的主題特別有關連。麥克魯里奇（MacLullich）的研究提及技術更先進的「審計制度」突顯了這種矛盾的關係，他發現，這些「新戰略審計」論述只提供了「變化的表象」，因為「複雜的程式、膚淺的專業，限縮了在審計過程中，判斷與詮釋所需的時間」。[49]毫無疑問，自我表達的可能性在偏好方面被擴大，但在政治與經濟代言方面卻被限縮。換言之，你可以隨心所欲想做什麼就做什麼，只要有利可圖，或者至少不要無利可圖。

這反映了規訓只構成部分的虛擬力。毫無疑問，規訓試圖涵蓋並「修正」主體，以便符合傅柯式的規訓體制，不過也擴大了建構自我的市場論述範圍。這類虛擬監控讓每個活動、身分、自我表達，無不符合資本主義講究效率、最大化資源價值的邏輯。根據吉爾（Gill）的說法，虛擬監控提供了素材和虛擬資源，作爲「在極端不確定的時代管理自我」之用。她具體提出：

> 新媒體的作用是喚起或煽動大家變成理想的新形態勞工，勞工的存在性完全圍繞工作打轉。一個人必須靈活、隨機應變與調整、善於社交、自主性強，能夠日以繼夜工作，工作期間全力以赴，沒被包袱或需求拖累。必須把自己和他人變成商品，並認可（正如一位受訪者所言）——每個互動都是爲了工作。簡言之，對現代化的勞工主體而言，「生活就是推銷」。[50]

根據此一道理，所有自我都可以被指數化，根據其財富作爲評斷這個人的標準。透過這樣的審計，大家可以不斷評量該如何回應這些不停出現的「市場機會」，以及自己是否盡可能以最好的方式有效利用這些機會。

在這種情況下，出現了一種驅動和形塑自我的社會力。自我規訓已更新爲自我記錄，更精準地說，它牽涉到創造「智慧」市場我的能力，包括創意與展延的能力。關於自己是誰、想變成什麼樣子，潛藏各種可能性，這些都必須被完整記錄與審計，以便符合效率及利潤的要求。在其下支撐這個社會力的，是針對此目的所設計的整個文化系統。從智慧技術到社群媒體乃至大數據，每一項都在鼓勵主體把自己打造成有價的市場我。當代資本主義最偉大的產物，說到底是我們自己。

◀ 投資自我

當今這個時代出現了靠數位技術記錄自我的主體。個體擁有技術創造各種新的我，但這些各種可能的我愈來愈受到監視、分類，以及被數位追蹤記錄。更重要的是，這些我必須時時被測量以符合資本主義求效率、講利潤的要求。同樣重要的是，這種不斷自我監視的過程，徹底重塑了當代的主體性，重新包裝我們的欲望，反映既擴張同時又限縮的市場特性。具體而言，它圍繞「完全可被測量的我」這樣的文化幻象，提供新穎且帶感情的論述，激勵個體在心理上和經濟上「投資自己」。

結果出現了一種有吸引力的當代自我觀，說來諷刺，這樣的自我觀和虛擬力有關，突顯了它深刻的主觀影響。雅各·拉岡（Jacques Lacan）的精神分析理論（psycho-analytic theories）抓住了虛擬力的這種感情層面，在這一點上，他對幻象（fantasy）的概念尤其相關。[51] 幻象有別於一般大衆理解的幻覺，此處的幻象是指文化理想，是我們要努力朝之前進的目標，過程中將達到一種始終難以捉摸的心理和諧感。引述齊澤克（Žižek）的話，它代表「將成員凝聚起來的連結，暗示和這個原質產生了交集，朝實實在在的歡喜而進……若我們被問到如何能辨識這原質存在，前後一致的唯一答案是，這物存在於那難以捉摸的實體，名爲『生活方式』」。[52] 重要的是，成爲幻象的自我，並非核心，不斷追尋的過程才是。因此史塔拉卡其思（Stavrakakis）稱之爲「一再失敗的認同」，因爲「即便努力讓身分認同的觀念成眞，到頭來還是不可能。如果沒必要的話，正是這種構成性的不可能，導致身分認同成爲可能」。[53]

在這個脈絡下，浪漫化的大他者（big Other，自我賴以確定身分與認同的對象），是充分自我記錄的主體，因而最大程度地發揮其自我的價值。起碼它有助於減輕因生活看似方方面面被技術接管而造成的焦慮，在這樣的幻象裡，是我們而非我們的手機、電腦或大數據握有掌控權。分析個別用戶對身分驗證技術的看法，祖倫（Zoonen）與透納（Turner）發現——

對於當前驗證身分的各種方式，用戶鮮少碰到問題或有什麼異議，但他們不喜歡未來身分驗證的手法，這些方法已出現在大眾文化、藝術、設計，以及一些大企業的研發部門。如果還有空間可改進未來的身分驗證技術，大家希望自己使用的各種卡可以更簡便、透明度更高。大家希望並預期未來的身分驗證方式會更個人化；希望自己對網路身分有更多的掌控權，但也普遍懷疑這是否可能；他們擔心並預期身分驗證可能被商業化，所以監視會有增無減。54

強烈的欲望是指我們能夠記錄自己，而非只能被技術記錄追蹤。

從根本上而言，這是一個人克服當今各種疏離經歷的關鍵辦法。傳統上，這代表有個核心或「眞」（genuine）我的存在，只是受到社會力壓抑。不過，當今自我監視的主體會完全重組這樣的動能。本書的重點不是關於維持「我是誰」的本質意義，而是搞清楚是誰形塑並管理這樣的自我感。當然不存在「單數我」，套用惠特曼（Whitman）的說法，我們這個時代，每個人都是「複數我」。確實如此，我們內在與外在努力地想指揮這些複數的智慧身分，而非任它們擺佈。柯斯塔（Costas）與佛雷明（Fleming）點出了異化疏離感受的轉變，稱大家開始覺得「自己彷彿是陌生人」。[55]對於當今主體而言，感覺失去了卻又覺得必須保護的東西，並非傳統意義上的那個內在本我，而是衆多個我之中，那個尚未完全社會化的核心部分。[56]

擁抱「多元智慧身分」（smart identities），擁抱自己可以被完全記錄與說明的幻象，進一步反映了在後現代時代人們試圖逃避疏離感的企圖。大家以爲精通這些技術驅動的手法與技巧，就可以取得對自我的掌控與主宰。麥可．齊默曼（Michael Zimmerman）從哲學角度研究這樣的張力，並發表了一篇文章，標題問到，我們是否已到達「後現代時代眞實自我感的尾聲」。他一開場便斷言自我實際上已經「去中央化」（de-centred），這個變化既是解放，也是去人性化，他觀察到「許多人發現自己面對著令人神魂顛倒、充滿誘惑的浩瀚選項，讓人樂得從一個身分換成另一個身分，例如在網路聊天室」。他進一步指出：「大家珍惜能自由探索因爲技術而多出來的新選項，以及可替換的社會身分，這可由大筆金錢投資在開發這些技術上得到印證。儘管大家樂見此現象，不過有些人表示，覺得自己分裂、膚淺，甚至去人性化。」[57]

由此點出了海德格（Heidegger）預言的「技術虛無主義」（technological nihilism），他認爲個體只是「可被技術系統所用的靈活素材」。不過齊默曼對眞實性還是抱著希望，指出因爲技術而生出的焦慮感正好給主體提供了藉口與渴望——讓他們在大量自我中，不斷地「選擇」其中一個或許可行的。儘管這樣的分析確實有趣，但也點出在這個技術時代自以爲能「自主」的幻象。値得注意的是，這種自主是你親自透過使用數據及數位溝通，追蹤並建檔自己的所作所爲，有了這些數位資訊，就可以在不確定的世界，「選擇」做哪一個你偏愛的自己。

這種透過全面資料化記錄自我的過程，成了你可以在同一時間呈現不同版本自我的誘人藉口，無須屈從於似乎無時無刻不圍繞我們打轉的隱形演算法，無須任其全權決定生活。正是這種高科技監控，助長大家這種「我可以自主」的賦權感。技術爲個人提供一種能瀏覽且掌控自身生活的機會。的確，對自我的數位記錄愈完整，人們愈覺得自己更有自主力。

這些見解重新改造了「自我管理」的精神與風格。自我管理不僅僅是規範一個人舉止的當代管理要則，更正確地說，它是探索自我有哪些形形色色的身分，同時善加管理，以提升一個人整體存在的價值。自我管理已轉型，變成更需要發揮創意的「自我們管理」。這點反映了人希望每一個身分都能提升自己的可用性，亦即要求每個人「用自我占領自我」。[58]

這又反過來揭露了一個現象，有關人被徹底監控，相關的論述誘人而帶感情，並與資本主義要求一切都被記錄的做法互相交織。一個人必須隨時改造他們的身分，以符合市場形形色色又多變的需求，這可從遍及當代經濟文化的可用性幻象輕易得到印證。[59]其實一個人根本不可能有充分的可受僱性，總有其他分身會出現，以及現有的分身會不斷精進。自由幾乎無可避免地和記錄技術相關，供僱主不斷審計員工。

重要的是，儘管這類深層記錄／可被數字化的動能造成群眾焦慮，但也產生了一種新穎的（儘管老是讓人失望）主體賦權（subjective empowerment）。具體而言，它向大家灌輸了一種實業家精神，預言人們能夠應用技能與形形色色的自我，藉此控制自己的命運，也對他們所在的社群與世界產生持久的影響力。值得注意的是，這結合了獲利動機與短暫的心理安全感和本體安全感。正是希望得到這樣的理想狀態，一個人的所有可能性，都是建立在能被更完整記錄和數字化的前提上，這驅動並穩定自我感。因此，可受僱性的作用是「指出人該如何表現，以及他們的職責所在」，[60]這麼做可以讓他們了解並提供他們工具來「掌控」自己的職業命運。[61]

可被數字化，因此能有效提供主體持續投資自己的機會（無論在精神上或經濟上）。這是一種幻象，自我賦權的幻象，難以捉摸的幻象；以爲自己能被完整記錄與解釋，因此能「智慧地」治理自己的生活。技術被重新開機，從征服與控制力轉型爲主體化之力，個人會受到無盡的監測、分析、分類、資料化，此一沒有停過、不斷演進的文化現象，被認爲是塑造自己身分，可不假他人、憑一己之力最大化自身市場價值的機會。這樣的投資，即使在傳統意義上有利可圖，卻總是會導致報酬率遞減的資本主義治理規範我們的生活，但卻無法有憑有據地說清楚道明白。

◀監控我們自己

本章強調當代我如何愈來愈受到數位監測，提供自由市場有關我的數位足跡與數位記錄。高科技智慧技術很大程度地重新定義了這個時代，智慧技術也強化了自我監測更深層次的社會技術。拜數位之賜，虛擬身分與實體身分有了各種可能性，但這樣的延展限縮於新自由主義標榜的「有價我」。看似可無限延展的我（我是誰），其實追根究柢都只須符合一個普世要求——效率、生產力、獲利。個人的一切都可被數位記錄，隨此現象而來的一項副產品是資本家與資本主義愈來愈無法被歸責，而這個結果也許並不令人意外。

說來相當諷刺，在簡單但同樣重要的水平上，這種全時與實時監測的現象並未擴及到資本主義的菁英階層。隨著數位技術普及，高調的政治人物確實愈來愈受監視與檢驗，過去的言論、表決意向、行為舉止全都錄，回過頭來影響他們今天的政治野心。不過，分贓與掠奪的禿鷹政治無法和高階主管與政治領袖相比，後者犯錯之後可是得到全身而退的待遇。二〇〇八年金融危機，暴露了當代新自由主義經濟與社會表層下盤根錯節的貪腐歪風。接下來幾年，經濟進入「復甦」期，大家愈來愈認同這套體制是爲了嘉惠金字塔頂端的一％巨富，而無視九九％普羅大衆。這反映了數位記錄與問責是厚此薄彼的歧視系統——高層的人相對享有豁免權，而中下層的人受到監測的程度愈來愈高，連帶也愈要扛責。

這種不公平的問責現象，點出了更根本的問題：什麼會被監測，以及被監測的理由。儘管當今可取得的數據超過以往，但是我們的政治與社會想像力似乎不斷下滑。包曼在描述液態現代性時，暗示了這種悖離現象的理由。他發現：

> 「事物的輕重緩急等整體秩序的選項已經關閉；在近乎無法構思與發展的社交生活中，大家根本不清楚這些選項是什麼，更不清楚如何在當中做出表面的選擇。在整體秩序以及爲了某種目的而行動的每一位行動者、每一個載具、每一個計謀之間，均存在著裂縫，而此一裂縫愈來愈大，中間看不到任何橋梁。」62

創意力幾乎完全用於擴大自我的人生選項與形形色色的身分。想要改變這個制度或代理機構，以便孕育完全不同的社會秩序，此一能力被視爲幻象，而透過「智慧」手法，創造和產生各種資本主義自我的能力則受鼓吹與讚揚。

就連收集彙整的資訊，也隱含永遠向市場看齊的意思，彷彿視之爲信仰的教條，不能不遵守。大數據與分析主要關注如何最大化消費與效率，人們對於非市場組織與實踐提供可行且更好的社會替代方案，似乎沒什麼興趣。甚至「共享經濟」的崛起，也著重於如何從「後聘僱」(post-employment）經濟模式裡找到獲利方式。所有自我的現形多少都帶著無法改變、被視爲既定的資本主義現實。反之，「共享城市」的新穎概念被大家忽略，此概念避開了一切向市場看齊的主義，並提出：

> 城市是全球社會的政治、經濟、文化驅動力，因此，經由城市空間共享，可與全球資源共享互相連結。此外，這也意味著城市本身是共享實體，擁有共享的公共服務……共享公共基礎設施……以及共享的空間。但我們得再往前走一步，不僅擁有「進出該城市的權力」與享有「城市共同體」的權力，也有改造它們的權力。[63]

「智慧進展」的廣闊願景被壓抑，反而被擴展成什麼被認爲更有價值。此處的價值明顯與個人成就有關，實務上，這意味著追求可以爲自己人生「增加價值」的活動。更精準地說，就是善用數據與技術最大化個人偏好和活動帶來的好處。因此，根據史派瑟（Spicer）與賽德斯多羅姆（Cederstrom）的說法：

「現今這個社會，全人健康不僅是我們選擇的東西，更是道德義務。我們必須在人生每一個轉折點都考慮到它，我們經常在廣告與生活雜誌看到它被清楚呈現與解釋。不過這樣的訓示與教誨，也透過迂迴隱匿的方式進入我們腦袋，所以我們不知道此一觀念是外部灌輸還是自發地在我們內心萌芽。這就是我們所謂的全人健康指令。除了確認這個健康指令的存在，我們也要向大家展示，這個指令現在如何與我們爲敵。」64

有關市場價值或資本主義價值這類更深層的存在性問題，幾乎沒有人提問。其實所有偏好都被記錄與解釋，只不過沒有針對那個逼迫我們生活與開發自我的社會和經濟體制提出解釋。

因此，當今社會是一個時時刻刻自我監測的形式，掩蓋了深層之下，當代資本主義無法被究責的一面。自我感變成個體不斷進行的數據探勘、評估、分析。個體是自己的法官、陪審團與行刑的劊子手。就像抽絲剝繭的律師，個體鉅細靡遺地研究手邊可取得的數位證據，決定自己的罪惡程度，以及其中哪個我可以「智慧地」矯正，或是必須終止。不須受裁決、記錄或問責的，往往是資本主義制度，這才是造成大家焦慮以及受到廣泛壓迫的主因。被迫以虛擬方式記錄自己的同時，資本主義在全球更廣泛的現實中，卻躲開了我們的關注與治理。在當今這段時期，真正重要的不是「照顧自己」或是「認識自己」，而是「監控自己」，正是在這種監控下，我們忽略了周遭更大的世界，也無力徹底形塑它，放任無知潰爛與惡化。

｜第四章｜

智慧現實

若要指出當今時代一個普世的特徵，應該是每個人都活在資本主義世界裡。原本界線分明的市場空間，已蔓延至全球各角落，跨越地理、文化、族群、階級界線，愈來愈在資本主義的條件下產生了交集。然而在自由市場明顯全面勝利的表面之下，實際上存在一個更複雜也更不牢固的現實。新技術模糊了虛擬和實體之間的界線，也不斷擴大並多多少少複雜化了空間的概念。的確，即使在實體世界裡，近距離生活與工作的人們，往往居住在截然不同的「世界」——彼此雖共同生活，構成多元化數位網路中的一員，卻有著另類的生活形態，接觸截然不同的資訊。

這種流動性在現代似乎也成立。彈性工作和智慧科技，漸漸使得一個人怎麼過生活成爲一種個人生活風格的選擇，因爲這是一體適用的社會規範形式。的確，我們逐漸成爲自己的計時器與行程規劃師。這些矛盾針對以下論點提出幾個嚴肅問題，該論點斷言，資本主義已接管了全世界，並已被廣泛奉爲信仰。值得注意的是，在這個無孔不入的全球市場現實裡，什麼才是資本主義的時空概念？

表面上，這些應該是相對容易回答的問題，但卻產生令人意外的複雜性，以及乍看之下並非一清二楚的結果。實際上，一個意在完全商品化與易於演算的世界，很難以任何直截了當或明顯的方式完全量化。社群媒體與大數據的進展，無疑提供了字面上和象徵上的大量資訊，但是，當今對資訊永遠是開放式詮釋，而且也永無充分完整的時候，總是要收集更多數據、要有更多結果供分析及辯論。同理，沒有任何空間是百分之百完整，沒有任何時間是百分之百被耗盡；所有空間都可被更好地利用，時間可更聰明地花在刀口上。因此，資本主義的現實兼具了理想性，也具體反映了「眞實」世界。

然而，正是這種虛擬矛盾才有助於驅動當代自由市場的發展。介於日益普及的量化技術、但我們的實際生活卻無法完全量化，兩者之間的生產張力推動了二十一世紀資本主義的發展。每個空間與行動都可用於數據收集和分析，這是資訊驅動的文化，要求得不斷自我更新——了解、重新詮釋、製造寶貴而有價的全新經驗組合。我們目前的行動不僅形塑未來的結果，也構成了預測我們未來要做什麼和怎麼做才更有效率的基礎。我們迫切需要監控來量化我們所在社區、所在世界，乃至我們自己。唯有這麼做，才能眞正讓我們的環境與時間變得有意義且值得。

在這方面，至爲重要的是，資本主義的生產能力從製造商品轉變爲製造現實。會計革命一旦被兼具科學與社會特質的量化技術所驅動，就不再只是從客觀世界中收集數據；反之，它們有助於引導、形塑、生產。它們的目的是進行改造，把現有的場所、民眾、物品變得更有效率、生產力與高獲利；收集的資訊能不斷更新並擴大，成爲市場環境的一環，時間與空間只是創造可量化與可究責市場化世界的素材。

前面章節提到，馬克思形容資本主義本質上「貪得無厭且貪婪」——無法抑制對新市場的覬覦，也無法壓抑對勞工的剝削。傳統殖民主義的架構就是源於這種不受束縛、一味求利的貪婪之心，想打敗所有競爭對手，盡可能征服更多的市場與人民。而今資本主義同樣貪婪地強取豪奪，不過重心遠不止是支配和影響當今人口稠密的世界，而是試圖建立並推廣有利可圖的現實，這些現實無縫結合實體與虛擬，虛實結合靠的是量化的過程與文化。藉由處理複雜的數據，以創造有效的（以及幾乎不知不覺的）數位行銷策略；追蹤某人的時間，以便產出更有效率的工作行程表；花錢提升自己在虛擬角色扮演遊戲裡的「角色」；甚至發揮創意想像力，思考如何重新利用當前不起眼的建物空間，成爲有利可圖的實業。加工製造市場現實的可能性及機會似乎沒有止境。

本章將深入研究不受監控、可被記錄的市場化世界，以及市場化世界不斷增生的現象。以第三章的見解與分析爲基礎，本章重點是介紹流動性的現有經驗如何爲更普遍的量化與監控創造條件和手段。值得注意的是，它讓大家想要解釋環境持續變化的維度——透過分析以確定其不斷展開的時間與空間。

重要的是，這樣的監控在擴大的同時又帶來限制，因爲它鼓勵發現更多的現實，各個現實之間的共同交集是信守求利的市場需求。這反過來助長社會的一個普遍心態，期待主體不斷善用大數據，讓自己的世界更有價值。此外，社會被實業家的精神所淹沒，莫不善用這個虛擬力製造更多數位與實體環境，以便從中得利。

因此，大數據把傳統的殖民主義，轉變爲征服由技術打造而成的資本主義世界，顯示時間與空間的所有表現形式都已成熟，可被剝削與支配。結果出現一種幻象，認爲「完全被監控的現實」誕生了——以爲掌握了完美的能力，可以塑造時間與空間以滿足自己個人的利益，而非受到他人可轉售的欲望所主宰或征服。很重要的一點是，愈來愈普及的監控文化，掩蓋了自由市場體制以及從中受益最大的富豪菁英，他們愈來愈不受時空或任何社會規範的約束。

◀針對移動世界進行數位記錄

世界瞬息萬變，回顧歷史幾乎找不到類似今天這樣快速的變化。科技改變了社會關係，以超乎想像的方式連結人與人。科技打破了通訊的邊界，過程中誕生了互動的新地理。科技擴大了我們與他人交談的方式、我們收集資訊的管道，甚至達到和他人一致行動的程度。科技也創造了新的數位空間，將虛擬與實體整合為充滿活力的領域，以利文化交流與創作。這種多變與流動的液態性愈來愈明顯，而量化這些數位化現實的能力也愈來愈厲害，兩者剛好相得益彰。

先進的技術無疑催生了全新的社群網路，也導致廣泛根除了不久前還存在的穩定文化現實與實體現實。之前牢不可破的社群關係與人口，現在已不再那麼團結，也不再對自己的存在有十足的把握。更確切地說，儘管大家清楚帝國有盛有衰，文明來來去去，但仍希望自己所處的世界相對穩定，至少在他們在世期間，世界能前後一致。當然，大規模遷徙歷史——有些多多少少是出於自由選擇，有些則是強加於人民身上——顯示僅僅一個世代，其存在有多麼動盪。然而，這種移居的目的是為了建立一個穩定的全新開始，重建家園、融入安全的世界、在新世界找到安身立命之處。相形之下，新的千禧年則發生天搖地動的巨變（兼具字面與比喻的意思）。虛擬化與智慧技術幾乎全面滲透到生活之中，大家不禁要問，是否還有「此處」這回事。正如《富比士》（*Forbes*）一篇熱門文章所言：「有這麼多我們唾手可得的強大社群技術，我們比以往任何時候都更容易保持連結，卻也更疏遠。」[1]

因爲這些變化，我們開始「重新想像」什麼是共同體。回到班納迪克・安德森針對想像的共同體所提的看法：現代國家的結構發展與愛國論述相結合，激發民衆與自己從未見過或未來永遠不可能見面的人團結在一起，產生文化與政治的一體感。[2] 這是一種想像，可以把數百萬人團結在一起，歸納在同一個身分與認同之下。因此，在某種程度上，大衆認同始終有很大的虛擬比例，而且仰賴技術的進展（這個例子靠的是印刷出版），完成增生與日益普及的目標。實體發展結合歸屬感想像的論述，創造全新又充滿活力的文化自我。

但是，這種數位轉折的確代表社會出現全新的現象——人們有能力在網路空間想像各種社群並編造身分與認同。此外，數位技術個人化這些終究是虛擬的連結，給予每位個體更多權力，打造超越實體邊界與空間的個人化網路。學者基斯・漢普頓（Keith Hampton）指出：「社群媒體讓每段關係既持久又廣泛，我們終其一生不再與社會失去聯繫；我們一輩子都有臉書好友。線上社群朋友不斷更新動態消息，不斷上傳數位照片，已成現代版的登門問候。」[3]

不過這個「重新想像的共同體」（reimagining communities）並未消除對資本主義時空欠缺穩定性的焦慮。數位化授權民眾登入並創建所屬網路，儘管標榜全球化，但社群的同質化卻諷刺地讓人們感覺到，世上幾乎沒有空間建立具備獨一無二文化之處。換個說法，有人擔心我們會走向一個未來的企業現實，裡面的一切看起來都一樣，充斥大量預先包裝好商品的相同連鎖店、餐廳、房舍。社會學家喬治・瑞澤爾（George Ritzer）警告，我們目前生活的時代已經是「麥當勞化（McDonaldization）的社會」，其特徵是向全球擴散的企業文化。麥當勞化的重點是一個場所在「無─有」（nothing-something）之間的動能，企業呈現一個沒有任何特色的「虛無」（nothing）場所，喻為「被集中構思、控制、完全沒有獨特實質內容的社會形態」。[4]

有趣的是，量化技術普及，幾乎和這股更深層次的不安感完全平行。大數據讓企業、政府，乃至個人能夠更全面監控、分析、理解他們的日常生活與偏好。穿戴式科技讓人可以追蹤每天的活動與更深層的身體狀況（諸如心跳速率，甚至是胰島素濃度），再更廣泛地說，網際網路讓人更易取得有關社會空間的資訊，例如，你可以利用谷歌地圖察看全球任何一個地點，也可以在臉書 Live 上實時觀看全球發生的事件。因此，如果世界大幅度失去理智，那麼監測與量化無疑會愈來愈容易。

這個看似矛盾的現象點出了所謂「移動的世界」（mobile world），它的空間與時間不見得牢固穩定，但可透過智慧技術接近或移動或傳輸。人們可以隨身攜帶自己的網路和社群；[5]透過網路搜尋，隨時隨地認識一個地方。結果反映並出現了「移動時間」（mobile time），改變了我們日常生活的節奏。透過這個移動新概念，數位記錄結合液態性，成爲動態的手段，讓我們安全穿梭其間，並弄明白當今往往令人困惑的資本主義現實。

在這個移動的世界，連結至爲重要。關於移動，傳統的觀念被卸載，重新安裝了新的意義。移動不再只是位移，而是能夠存取數位網路與資訊。這是一種「連線」（linked up）文化，身在其中的人發現自己的接地方式是液態地「探索」新地點與更多的人，並與之連線、建立連結。本體安全感並非來自於你和他人對某一個地方或某一個想法有一致的認同，而是能夠確認、量化、解釋自己「所處」的多元實體與虛擬環境。

◀監控資本主義現實

當今這個時代，現實似乎存在巨大分歧。傳統的時間與空間觀念被連根拔起、流離失所，不斷更新中。同時，能夠對這些不斷變化的社會維度，加以記錄並量化的能力則寫下歷史新高。從這個張力裡，浮出了一種新型的社會歸屬感，建立在進入動態移動網路的基礎上，該網路獲得先進技術授權，先進技術指的是收集數位化數據與共享資訊的技術。

至關重要的是，這呼應了提出「行動者網絡理論」（actor-network theory, ANT）學者的主張。ANT認為，人與非人（non-humans）被建構並存在於不斷變動且持續互動的網路裡。[6]跟這個分析尤其相關的是，ANT如何把行動者的能動性歸因於技術與人類主體。該理論顯示，這些歷史組建的網路如何從不同的社會能供性演變而來，如何從網路裡不同行動者的貢獻演變而來。因此，我們必須承認「技術不該被視爲理所當然。反之，它們是分散的移動，在行動者永無休止、雜音四起、彼此互動的努力下不斷地演變」。[7]重要的是，ANT強調了現實的文化基礎面，或者更精準地說，它的時間與空間維度是在更廣泛的社會歷史關係架構中形成。這不代表它純粹是主觀的，反之，這點出了複雜甚至互爲衝突的現象，因爲不同網路會有不同的時間性與空間性體驗，這些體驗無法輕易（或根本沒必要）與這些互動產生的脈絡分開。從這點來看，現實始終是互動之下偶然迸出的成績，所以不同時空有不同的樣貌。

然而ANT仍有待開發之處，開發的方式不僅與此分析息息相關，也能大致解釋當代這段期間的現象，亦即網路的文化論述如何衝擊與形塑這些底層的網路化關係。正是這樣的疑慮，對於理解時刻被記錄的移動社會至爲重要。的確，主體愈來愈把自己視爲積極參與網路社群的一分子，他們批判地「想像」自己是這些鑲嵌關係裡的動態參與者，在不同的網路現實（networked realities）之間位移，並以此建構他們的身分與存在感。

這就把當代賦權與能動性聚焦在個體如何善用這些不同的網路，爲了做到這點，意味著更擅長量化他們是誰，以及如何被個別用戶最有效地存取。換言之，這是從「行動者網路」（actor network）轉化到「網路化行動者」（networked actors），因爲機會與可能性被清楚地架構在能夠穿梭與位移於不同的數位配置，這些配置往往涵蓋一系列人與非人用戶。因此，資訊科技——

> 不僅改變了運輸與通訊的成本，還改變了創造經濟價值的方式，改變了國際生產的組織方式，以及重啟了圍繞個人自由與經濟權打轉的基本經濟協商。政治路徑未必是技術使然；不斷進化的技術撼動政治秩序，爲架構市場與政治的基本權奠定了基礎。[8]

但是，量化和監控是此種基於網路的新興流動性與政治轉型成爲可能的先決條件。想要有全然的移動性，就要擁有彈性與適當的資訊。一個人可收集的數據愈多，愈能釐清、分析、評估該如何進入並連接不同的網絡。少了這些資訊與收集資訊的技術，這樣的移動性幾乎不可能存在。

因此，處理大數據、上網搜尋與其他形式的數位量化，都必須被視爲獨特的社交技術。它們提供了文化架構，透過這個架構，就可以存在於網路化現實（networked reality）中。然而這些網路化現實以社交爲主，並不符合人對社會的傳統概念，換句話說，它們是文化上相連，但不見得霸權或單一。反之，網路化現實作爲鑲嵌性關係以及不斷演變的社交關係的集合，協助個人定義、設計、參與不同的時空體驗。因此，對於網路化現實更精準的描述，應是共存的移動現實。這呼應了詹明信（Fredric Jameson）的預言式描述，他形容當代世界「將時間碎化爲一系列永恆的當下」。[9]

然而，不斷在變的世界，強化而非弱化了量化的重要性。這個新的移動式監控可以隨時隨地定位一個人，公開他在哪裡、在做什麼，諸如 Foursquare 之類的手機應用程式，讓人可以向全世界宣布目前所在的位置。實時追蹤一個人的動向，已是當代生活正常的一環。影響所及，出現打卡（checking in）文化的新現象：你幾乎能同步偷窺他人的生活，並進出各個空間化的現實。猶如一種放大版的數位觀光（digital tourism），[10] 也能發揮精準的導航功能（兼具字面與比喻的意思）。有了像是谷歌之類的應用程式，想要在這個液態世界迷路，幾乎是不太可能的事。此現象也擴展到時間，當我們互動時，電子郵件、簡訊、來電作為我們的時間戳記，精準記錄這些溝通。

照此看來，正是透過這樣的量化，當下的流（flux）可轉化成可管理的移動性。對我們日常活動至為重要的智慧型手機問世，代表我們能進一步利用量化技術標繪網路化生活裡的路徑。它猶如錨，把我們固定在這些現實上，鉅細靡遺地告訴我們現在人在哪裡，在這裡已經停留了多久，到了目的地如何最有效地利用時間；它為那些參與建構實體及網路世界的人設定了座標。過去各種現實一度穩定的維度崩潰了，就這個意義而言，量化再一次讓我們當下更移動的現實「成真」。

◀智慧管理你的現實

二十一世紀的重要標記是大家更有能力進入形形色色的現實。時間與空間不再侷限於實體世界，透過數位網路和虛擬實境，時空被大幅度地延展，出現各種可能的表現形式。但這些可能性的核心是對量化的需求有增無減，同樣增強的是「智慧」精神，迫使個體更有效率地進入並管理這些現實。

因此，後現代出現了愈來愈躲不掉的問責現實。進入數位化網路社會是一種解構，而且多少違背了連貫的敘事或單一的存在方式。存在是「循環的混合模式，混合由上而下與由下而上的力量，兩股力量決定人如何更有參與感（以及更混亂地）在不同的文化之間分享物質」。[11]其特徵是空間流動性（spatial fluidity）與時間之流（temporal flux）。根據雷席格（Lessig）的說法：「網路空間是一個場所，人們生活在那兒。人們在網路空間經歷到他們在眞實空間所經歷到的各種事物，對於某些人而言，網路世界的體驗更精彩。」[12]存在已碎裂爲形形色色的網路與物理世界的組合，重要的是，這些更分散的後現代現實，不該和不合理或不連貫的現實混爲一談。反之，它被無所不在的記錄精神所滲透，畢竟拜新技術之賜，個體可以更成功地量化現實，並遊走於不同的網絡之間。

這樣的洞見靈感來自於列斐伏爾（Lefebvre）對空間的突破性社會重塑創見。他主張「空間是（社會）產物……這方式產生的空間除了作爲一種生產手段，還作爲一種思想與行動工具……因此是一種控制、霸權、展現權力的手段」。[13]在他極具影響力的觀點中，重點核心是空間化（spatialisation）的概念，闡述了空間是社會產物的複雜性。

這些空間生產結合了日常實踐、現有的空間再現，以及大家對這時代的共同「空間想像」（spatial imaginary）。[14]從根本而言，被生產出來的不僅是空間，還有社會現實本身，每個社會現實都包含了實體社會與社會節奏。[15]

透過數位化，這種空間化被極度擴增。虛擬實境與社群媒體改變社會生產空間的方式，將幾乎全然的實體空間，逐漸聚合轉化爲網路空間（cyberspace），並逐漸由網路空間所主導。這反映了柯恩（Cohen）所謂的「網絡空間」（network space），數位化現實據此「呈現一種被人類認知體現、經歷過的空間性。從這個意義上而言，網路空間是相對的、可變的，以及透過實踐、概念化、再現等交互作用建構而成」。[16]這種演變代表所謂虛擬化的新過程。重要的是，這個涵蓋了不同的作業平台、網站、數位網絡、物理性地點如何透過社交與互動而被複製，成爲獨一無二的文化空間。此處的精神並非實時支配與霸權，而是使用權與延展性。

這樣的虛擬化帶來產生社交空間所需的全新動能，圍繞著更大的量化需求打轉。傳統上，空間化著眼於穩定時間與空間——固定連貫而穩定的文化現實。虛擬化已徹底重啟了這個過程。儘管空間化仍然關注於空間是社會透過文化知識所製造，但現在則強調盡可能收集有關這些空間的資訊，以便找出大家可以參與、接近、使用這些空間的新穎方式。因此，掌握的數據愈多，可能性就愈大。

空間代表著一個人可以進入、沉浸其中、按照自己條件進行各種體驗的世界。人們利用數位技術認識一個地點，發現裡面有什麼讓人耳目一新的事物。薩繆爾斯（Samuels）因此主張：

> 我們進入自動現代化的全新文化期，這個文化新紀元的關鍵在於結合了機械自動化與人類的自主性。因此，數位青年不再將個人自由與機械命定論（mechanical predetermination）視爲對立的社會力，改而擁抱自動化，靠其表達他們的自主權，將之前對立的兩股力量互相結合，導致徹底重組傳統與現代的智慧範式（intellectual paradigms）。[17]

走在任何一條街上，你可以查到其他人對某家餐廳的評價，哪家公司在招聘，以及附近電影院放映什麼電影。同樣地，大家可以透過數位技術共用這個空間，介紹這個空間，以及他們在這個空間的所作所爲，並將這個平台連到其他社交網路，作爲更大網路的一部分。這反映了社會學家羅蘭德·孟羅（Roland Munroe）所謂的「延展」（extension），意味著個體如何使用不同的社會造物與技術，延展到某個社會現實裡。[18] 延展已演變爲身歷其境般的沉浸式體驗，因爲大家可臨場於多個社群空間裡，利用量化技術，一來吸收更多量化知識，二來根據個人化需求，暫時習慣與之爲伍。

不過，延展空間可以有多大的可能性，其實受到妥當記錄時間及空間的新風氣所影響與規範。技術與人爲造物（諸如網路和社群媒體）讓使用者可以沉浸在這些世界裡，也引導他們「智慧地」使用這些空間。智慧技術不僅提供大家探索空間有哪些潛力的機會，也提供大家「智慧地」居住在這些現實裡的機會，兩者的重要性不分上下。這樣的精神從「生活駭客」的崛起得到印證，這些駭客發現了可最大化自己每天存在感的絕妙方式。《紐約時報》（*New York Times*）一篇文章裡記錄了一個例子，主人翁是專門介紹技術的作家，他研發了「一個程式，只要他上網，每十分鐘就會彈出一條訊息，想知道他是否在拖拖拉拉」。[19] 我們大家都有必要透過這些駭客技術來「升級我們的生活」。[20]

明顯的空間記錄倫理（ethics of spatial accounting）對於虛擬化十分重要，該倫理要求大家不斷量化自己以什麼方式居住在不同時空交錯的環境中。的確，一個人永遠無法充分了解一個空間以及空間內有什麼東西。每棟建物都有其歷史，公園裡的每棵樹都可以被辨識，每一家商店都能先在網路上瀏覽搜尋。雖然有了這些新資訊輔助，但大家希望能夠正確辨識相關的訊息。我們必須善用「圖譜駭客」（mapping hack），讓我們得以優化「電子地圖學」（electronic cartography）的新紀元，在這個新紀元裡，幾乎每件事、每個地方都被數位圖譜化（electronically mapping）。更有甚者，我們被期待擁抱其無限潛力，以便能更「智慧地」居住在這些環境裡。人們不再有藉口盲目地使用所在空間，反之，必須收集所有可用數據並最大化其作用，他們得自己扛起智慧管理現實的責任。

◀充分利用時間與空間

體驗現實的可能性從未如此之大，虛擬技術幾乎讓先前受限的時間與空間成為過去式。不久之後，如果你想到世界的另一端，只須戴上專用頭戴裝置、打開開關、睜大眼睛，便可以沉浸在栩栩如生的虛擬實境。今天，大家已生活在多個世界裡，例如身臨其境第一人稱的電競，以及進入並「生活」在其中的各社群網絡。然而，在空間的可能用途如此之多的情況下，它仍然被完全包圍在資本主義狹隘的意識形態邊界之內。不管是何種形式的現實，其最終目的都是爲了求利，既爲自己也爲他人。

這反映了被熱議的空間「新自由主義化」（neoliberalization）；更確切地說，將所有空間轉化爲謀取私利的機會，在所有的社會關係中，推廣市場化與私有化；[21]但這不代表所有時間和空間完全一致。「現代」的形象，現代生活的一切東西，都來自於外觀極爲類似的工廠，遠非當代人所描繪的那麼精準。反之，它由多個現實組成，共同交集是能夠被市場化與被善用，以獲取利潤。這反映了二十一世紀資本主義的「兩面性」：「一面是經濟主要以平凡的技術與全球化爲特徵；另一面是科學公有地（science commons）繼續被資本挪用與收割，並深陷在政治經濟體系的承諾裡。」[22]我將毛澤東「百花齊放、百家爭鳴」的說法改編成「千個現實齊放，每個都以自己美麗的方式獲利」。

隨著社會空間擴大，連帶擴大了資本主義對趨利的要求，也擴大了剝削的範疇。空間與其說是實體場所，不如說是動態的市場機會，它構成了「手機文化」決定性的一環。因此——

> 這個被大幅質疑、多面向的觀念而今再度活躍，我們可看出其「好」的影響力：大幅提高我們的生產力與社會資本，成爲記錄生活點滴的工具，協助我們組織集會。而相反的一面是，大家認爲行動技術糟糕之至，煽動民眾暴動、鬧事、社群上癮、唯我論（solipsism）或是破壞語法與文化價值。23

爲此，個體務必確保社會現實多元、不斷演變的面向，並有效、有智慧地挖掘所有面向的價值。

因此現實不僅得被量化與記錄，還得在財務上透明負責。空間的使用方式形形色色，只要在財務上可行。因此，永續（sustainability）一詞有了相當新的定義，它牽涉到一個地點的經濟自立能力。有關「智慧城市」的論述與說法，我們看到了疑似矛盾的觀點，一方面鼓吹民主與賦權，但實際上往往只是「行銷的語言，目的是拉抬城市『潛力』」。[24]理論上，大家都可以打造自己心儀的現實，只要能夠獲利，獲利是對這個後現代現象的唯一底線與基本限制。

資本主義的新「習性」已是無所不在、隨時都在。法國社會學家皮耶．布迪厄（Pierre Bourdieu）率先使用「習性」（habitus）一詞，解釋這是「受過去事件與結構影響的性情傾向（dispositions），這些傾向也會反過來左右當下的實踐與結構，以及同樣重要的是，會制約我們對這些情況的感知與觀點」。[25]這是一個人生活歷練與際遇的累積，久而久之會將抽象的社會資本具體體現出來。就這個意義而言，實體與社會互相作用，並動態地結合在一起，成為資本主義再生產（reproduction）的基礎。但是，虛擬化為此一過程製造了顯著的漣漪，具體來說，虛擬化的重心是讓個體善用記錄技術，確保他們可以最大化所有網路現實的價值。

大家必須成功地累積與調配虛擬資本，才能在數位化時代裡茁壯。尤其要注意的是，眾人被要求分秒不停地追蹤時間被用在哪裡，以確保時間的整體價值，這開啟了「永遠開機模式」的資本主義。誠如強納森．柯拉瑞（Jonathan Crary）的觀察：「全年無休的市場，以及配合不停地工作與消費的全球基礎設施，已存在了一段時間，而今人類更加緊密配合這些不打烊的現象。」[26]此外，它還進一步衍生了和行動技術相關的「賦權／奴役悖論」（empowerment / enslavement paradox），在這情況下，大家「擔心他們已成機器的奴隸」。[27]此現象在大家預期之下延伸至職場，儘管許多專業人士樂見這些技術所提供的靈活性與彈性，但是「相同的工具在許多方面讓他們在工作上得以賦權，同時也剝奪他們長期珍視的自由。除了『個人時間變少』，研究顯示，許多受訪者經常提到工作壓力增加、監督與監視更頻繁、更難以區分工作與生活之別」。[28]

儘管大家樂見這些批評（畢竟的確令人不安），但也僅部分反映了資本主義全面接管與掌控這個時代的程度。更確切地說，現在任何的時間性，快或慢，長或短，都可以被最大化，實現百分之百的產能與效能。最重要的是，這是「試圖以實業家形式決定時間方向」，[29]量化讓個人與組織能夠記錄他們的時間，以確保分分秒秒都能對資金的需求有所交代。

同理，個人得不斷評量自己是否充分利用所在的空間，並且最好能養成良好的「習性」，以利於最大化自己的效率與產能。在當今「無邊界職涯」普遍崛起之際，更有必要這麼做。[30]考慮到大家現在似乎可在任何一個地方工作，世界彷彿變成了行動辦公室。重要的是，該現象的目的並非把所有現實都同質化，成爲一個放諸四海皆相同的辦公空間；反之，它希望每個人精準地確認並掌握他們該如何把所在地點，轉化爲最適合其專業與市場需求的工作空間。

因此，資本主義實際上已開始「隨時隨地」在網路上擴散。新自由主義讓資本主義靈活且有彈性，適合後現代的存在，這種後現代存在感在空間上是擴大的，在意識形態上卻是受限的。數位技術愈能讓大家不受時空限制、自由體驗時空，市場調適與擴大營運範圍的機會就愈大。所以，現在只有一個資本主義世界，由許多市場化的現實所構成。

◀虛擬殖民

新自由主義遭遇的最主要抨擊，是它擴及至社會與個人生活的所有層面。新自由主義鼓吹市場化與私有化，這些價值並不單單侷限於經濟層面，反之，市場化與私有化是指揮每一種文化關係的普遍原則。在當代，這些資本主義價值已經進一步擴大，利用數位記錄和虛擬資本打造並發掘更新版本的社會世界，以便進行經濟上的利用與剝削。

馬克思曾將資本家與「吸血鬼」相提並論，稱：「資本是死勞動，猶如吸血鬼，只能靠吸吮活勞動的血才有生命，吸吮的活勞動愈多，生命愈旺盛。」[31]殖民主義成了這個看似唯利是圖現象的自然副產物。再一次引述馬克思的話：「在歐洲，領工資的勞動者其實是奴隸，只不過被掩飾了，這樣的奴隸制需要新大陸不受任何條件限制的奴隸制作爲基礎。如果貨幣『來到世間，猶如一邊臉頰上帶著天生的血跡，那麼資本來到世間，則是從頭到腳，每個毛孔都布滿血和髒汙』。」[32]

從結構上而言，爲了存活，企業與國家必須發掘新的市場，繼而征服控制它們。這樣的精神已遠遠超越被詳細載入史冊的「帝國時代」，[33]延伸到與當今企業全球化相關的新殖民主義（neocolonialism）過程裡。進一步展望未來，這將繼續推進虛擬化，的確，要征服新時代，得善用數據，將一個人對空間的利用最大化。

就這一點而言，數位記錄應該被視爲今日版的殖民活動。殖民主義與量化之間的聯繫一向牢固，而今這個年代，重點在於收集所有可用數據與資訊，才能敲定該怎麼利用這些數據才是最佳之道。這個動能體現在「都市企業主義」（urban entrepreneurialism）的崛起，亦即像經營企業一樣來管理城市，落實發展「企業智慧城市」，取代「參與型與公民型智慧城市倡議」。[34]殖民化在這裡有雙層意義：首先，數位監測已成爲當代生活全面的普遍特徵；再者，數位監測被當作市場化工具，以利資本家從這些空間獲利，不管這些空間可能位在哪裡，也不管它們如何被使用。

因此，我們在此處看到一個和新自由主義現實（大幅依賴虛擬技術）有關的關鍵悖離：儘管虛擬空間看似有無限的可能，但未明確定義的空間卻愈來愈少。閾限（liminality）的可能性愈來愈少，畢竟所有場所都必須被量化、監測與財務問責。這點反映在當今「城鄉連續帶」（desakota，鄰近城市的地區，將城鄉連接在一起的中間地帶）的開發上——在諸如菲律賓設有門禁的高級郊區社區中有利可圖，填滿這些模糊空間，而犧牲農地與窮困的農村。[35]傅柯指出這類異托邦（heterotopia）的重要性：「將不能相容的異質空間、不同形態的位址並置於單一個眞實地點裡。」[36]然而在這個後現代愈來愈量化的世界裡，介於眞實與虛擬之間，既虛且實的時空已被壓縮，無存在餘地。

因此，當代現實極其靈活也極其受限。新自由主義的空間相連，依靠的是共同的精神，以及希望挖掘獲利的可能性。在經濟目的上一致，但是表達這些欲望時，必須根據特定的上下脈絡。此一見解與王愛華（Aihwa Ong）的主張相呼應，她認爲新自由主義是「行動技術」：

與新自由主義相關的條件——極端的動能、移動性實踐、因應突發事件、與政治的策略性交纏——講究從中找出細微差異，而非走廣泛分類、先決要素、結果等迂迴路線……新自由主義在概念上並無固定的特質，沒有預定的結果，而是一套治理的邏輯，會不斷移動，在多元的政治環境背景中被選擇性地採納。[37]

因此，儘管空間意識形態的可能性相當窄化，新自由主義可能呈現的形態則是爆炸性成長。隆巴迪（Lombardi）和凡諾洛（Vanolo）借鑑了這一概念，生動地描述：「由於新自由主義和經濟危機，地方政府愈來愈要負責提供城市般的服務，而智慧城市範式正在爲推廣技術解決方案的民營公司，提供新的獲利領域。」[38]空間殖民並非在於均質化（homogenization），而是靠適應性與創意來展現空間的活力，目標不是用傳統的占領與統治等手段接管一個空間，反之，是將空間所有的可能性發揮到極致，此外，它先發制人地指引所有這些可能性朝著有利可圖的方向前進。影響所及，出現了新形態的資本主義，名爲創造性資本主義（creative capitalism），更新了記錄與殖民化的傳統關係。社會理論學家博爾坦斯基（Boltanski）和夏佩羅（Chiapello）精闢描述了「新資本主義精神」，贏得實至名歸的聲望。在創造性資本主義裡，創意本身已鐫刻了獲利的目的，並朝著資本主義制度獲利與再生產的方向前進。[39] 虛擬化將創造性資本主義又往前推進一步，現在則是要尋找使用空間的創新方式，在這點上，重要的是一直創造可獲利的新現實。

如今這個時代，殖民主義發生了新的空間轉向。主宰某個世界已然不夠，必須利用數位記錄技術找到可從現有空間與場所獲利的新方式。的確，場所已成創造性開發的對象，超出了物理性領域，涵蓋虛擬現實與網路空間。透過數位記錄之力，新自由主義現階段目標是征服所有隨著社會形成的形形色色世界。

◀絕不錯過現實

當代一個關鍵特徵，是透過數位記錄之力殖民化社會空間。重點是，殖民化的影響與效益絕非僅限於外在，也會深入侵入並形塑一個人內在的自我意識與世界觀。因此，虛擬化殖民了當代的主觀性亦不足爲奇，尤其是將其附加於另一種文化幻象，認爲可以充分開發「永遠可被量化」的形形色色現實。

欲了解這種文化幻象的魅力，關鍵在於掌握心理安全與虛擬世界裡社會現實的密切關係。再次回到拉岡的見解，連貫的「現實」（reality）本身是文化建構的產物，目的是避開人類存在的「眞實」（real）——既破碎又非常危險地接近於精神崩潰。根據齊澤克的看法：

> 此幻象概念的本體不堪（ontological scandal）在於它推翻了「主觀」與「客觀」的標準對立。當然，根據定義，幻象並非「客觀的」（沒根據地認爲「其存在與主體的感知無關」），不過幻象也不是「主觀的」（因爲可簡化爲主體靠經驗累積的直

覺）。其實，幻象屬於「客觀地主觀——這個四不像的類別」——在你看來實際上是客觀的，即使在你看來似乎並非如此。[40]

虛擬化揭露了這些現實多麼短暫與液態，加劇這個根深柢固的焦慮感。因此，量化成了持續安撫這些心理不安的解毒劑，而且這些解毒劑還能與時俱進、不斷更新，爲這些空間提供穩定的「現實」，看起來合理又連貫。

不過，隨量化而來的另一種不安全感，可能會破壞本體論搖搖欲墜的穩定性。大家明顯擔心，有人會忽視這些現實潛在的價值，也擔心不斷更新的虛擬世界讓他們時時處在被甩到後頭的風險中。這種「錯失恐懼」（FOMO）的現象代表「大家普遍擔心別人可能因爲我的缺席而受益」，此現象還有一個特徵，就是「渴望與他人正在做的事持續保持連結」。[41] 將這種焦慮升高到邏輯上與心理上的極端，如果空間相對上有無限的可能，改變的速度也接近即時，那麼人等於一直生活在剛成爲過去的現實裡。

然而正是這些量化技術持續登場，暫時制止了這些存在性的不安。持續收集某個空間的相關數據，此一能力爲該空間提供了恆定的（後）現代「現實」。一個城市的街區——當代的水泥叢林——並沒有那麼令人卻步，畢竟你可在親臨之前，從谷歌地球（Earth）上看到它的模樣。面對突如其來的各種餐廳選擇，到底該去哪用餐讓你難以抉擇，不過應用程式與網際網路多少可幫你找到最適合你味蕾的餐廳。每一個地點都可以根據你的喜好與需求加以定義，同理，它的步調與節奏也可被操控與管理，用以滿足你的利益。如果你想悠閒散步，你可以輕鬆規劃出風景宜人的最佳路線。如果你趕時間，可以上網查詢，找出可最快抵達目的地的路線與方式。

這反映了當代數位時代捲土重來的殖民欲望。殖民主義多少建立在想要控制他人的文化幻象上，這種渴望歷久彌新，目的是減輕因缺乏自決與社會能動性（social agency）而產生的不安全感。這契合了拉岡對於自我是「陌異的核心」（extimate）的看法，代表「主體自身內部最隱密的一部分，但又不屬於主體」，最終顯示的是「他人的渴望」。在當前這個時代，這樣的矛盾轉移到善用技術，用技術創造空間，滿足自身想要的規格與設定。關於這點，新自由主義殖民了自我，靠的是讓大家成了虛擬化的殖民者與開發者，將新出現的現實物盡其用，而這點與量化能力持續升級相關。

因此，驅動新自由主義殖民主體的力量是情感渴望，渴望「永不錯過現實」。這股渴望是一種幻象，代表永遠有更多的新世界可以探索，讓自己從中受益。資訊氾濫成了有關空間管理與空間掌控的誘人論述，但這論述永不落幕，不停地要求個體成爲世界征服者。呼籲成爲有創意的虛擬化資本家，這呼聲愈來愈普遍，也愈來愈高漲，爲此，我們當前的精神存活（psychic survival）靠的是不斷記錄以及殖民這些新式社會現實。

◀智慧現實

世界經歷了名副其實的資訊革命，有關數據的收集、分析、利用，徹底改變了世界。上述能力一方面讓當前的現實持續擴大，同時又在意識形態上被完全侷限。幾乎一切事情到了網路上都變成可能，但卻似乎不太可能存在於資本主義的領域與實踐之外。就這一點，自由逐漸被限縮於各種市場世界，從中設法保留時間與騰出空間。

一個普遍的假設是，強調量化的重要性主要是（甚至完全是）拜科技之賜。監控自我與周圍環境的能力漸增，導致空間承擔更大的責任。此外，智慧技術的普及多少也發揮了作用，讓社會環境更流動，也更容易被認識。但是這種技術至上的解釋，可能會忽略關鍵的社會動能，該動能太常被漠視或不置可否。值得注意的是，這是普遍的文化反應，默認根本無法用任何實質具體的方式加以規範或追蹤資本家與資本主義。這些是政治與經濟寡頭的隱藏網路，是利潤與菁英人際關係在國際串流的隱形平台，在幕後我們看不見的地方統治著我們的生活。感官系統超出我們的掌控，這種無力感提供了擁護量化的沃土與養分，靠量化來調節我們個人對時空的體驗。在自由市場，記錄與追蹤幾乎不存在，在此條件下，能夠徹底記錄自己的生活，感覺有一種反常的快感。

換言之，爲了取得某種形式的掌控，大家最後還是接受了——讓資本主義的價值觀以及資本家的要求決定自己所在的現實。新自由主義的核心是希望把市場擴散到社會的方方面面，以及人類存在的各種可能表達形式。不過，它的手段並非透過均質化，而是採碎裂化和差異化。根據米切爾（Mitchell）的說法：

> 新自由主義是政治想像力致勝。它的成就有雙面：縮小政治辯論窗口的同時，也保證從這窗口可看到沒有盡頭的前景。一方面，它提供了公共討論的架構，用的是新古典經濟學語言。描述國家集體福祉時，僅根據它對貨幣政策和財政資產負債

表的總體調整。另一方面，新自由主義忽略了地方或集體社群的疑慮與眞正關切的事物，大量鼓勵作夢，累積私人財物與成就——還亂七八糟地重新分配集體資源。[42]

因此，實際現實裡，自由市場無須被記錄核實，反之，它成了空間與時間成爲文化性存在的基礎，是社會可能性本身可能成眞的條件之一。

自由市場如今已完全無邊界，不論是其影響力還是具體的表現形式，都已無界線可言。反之，大多數自由市場裡的主體必須不斷創造靈活的界線，容納它對主體存在的各種要求。此現象擴及至興建實際的地理邊界，隨著「九一一恐攻之後，開發了『智慧邊界計畫』（smart border programs），藉由高科技的解決方案，既提高邊界的安全，也方便跨國界的商業流動」。這一過程顯示，「企業級公民資格與市民權已擴大到可以跨國，同一時間，經濟自由化與國家安全化削弱了其他人的市民權」。[43] 這裡出現一個有趣的相似點（可惜超越這次分析的範疇）：國家努力建立「安全」邊界，因應資本主義不受任何地理限制，也沒有任何忠誠可言所引發的焦慮。一如包曼的先見之明：

如果「自由社會」的構想一開始代表著珍惜自由社會的開放性及自決，那麼它現在讓我想到了最可怕的經歷，一群他律（heteronymous）、運氣不佳、脆弱的人，面臨各種壓力，被各種自身不可控制也無法完全理解的勢力壓得不堪負荷；一群人對自由社會本身不容辯護的不可抗力感到駭然，加上過於在乎自由社會的邊境是否緊縮以及居住在內的個人安全——正是這種無法滲透、猶如銅牆鐵壁的邊界，以及邊界內大家的生命安全，讓大家難以掌握，也似乎勢必一直難以捉摸，只要地球仍受到「負面」的全球化支配。[44]

根本而言，這反映了大家的時間與空間受到愈來愈多的掌控及支配，相形之下，市場獲得更多的自由，兩者形成此消彼長的反常關係。

因此，當代新自由主義將它所殖民的人轉變成殖民者，鼓吹每一個人探索、開發現有的社會空間，以利最大化他們的個人與經濟價值。每個空間都是一個新世界，說不定可發現新的利用方式；空間代表機會，無論是虛擬空間抑或實體地點，我們都必須對它們收集數據，智慧地使用它們，並從中獲利。因此，儘管市場利用我們的程度更甚以往，但也產生了新的用戶文化。大家竭盡所能尋找世界，希望可以據爲己有，然後從中開墾能爲己用的資源。

這種殖民虛擬世界的現象，存在著高度感情成分。馬克思的理論主張，勞工創造的剩餘價值是資本主義再生產的基礎；尤其資本家的利潤都是勞動者掙足了得以過活的錢之後，剩餘的勞工價值所轉化而來。這應驗了拉岡精神分析裡「剩餘享樂」（sur-plus-jouissance）（或快感）的概念，此處，幻象提供的享樂超越了僅僅爲了克服心理上的不足，其實這樣的享樂「有自己的生命力」，必須用之於心理。這也適用於當今的移動社會，擁有一個僅能滿足我們需求的空間已不足夠，而是要能夠擁有一個不斷被我們探索、量化、投資心力與金錢的空間，以便最大化它對我們的潛在價值。「剩餘享樂」針對的是奇想（fantasmatic thing），靠奇想提供充分的心理和諧。同理，這也是何以大家拚命地尋找完美空間。正是這種需求與欲望，推動我們開發並殖民虛擬世界，靠的是監控力。

因此，虛擬化已把個體轉變爲空間的開發者、監控者、生產者，最後成了征服者。他們利用數據與資訊技術，搜尋所有可能獲利的現實。尋找的過程中，他們對著「智慧」殖民主義敞開大門，這種殖民主義是一種多半不受監控、不會被究責的資本主義制度，在開發之際，愈來愈少受到束縛，邊界也愈來愈少。

第五章

數位救贖

每年一月底，全球菁英齊聚瑞士渡假勝地達沃斯（Davos），參加世界經濟論壇。在嚴肅的學術研討會、奢華晚宴上，企業領導人與國家元首討論該如何更好地治理這個世界。世界經濟論壇的官方使命是「改善世界現狀，靠著企業、政治、學術、社會等領域的領導人集思廣益，一起制定全球、區域、產業的議程」。可以預見，討論的議題都是話題性十足，也往往非常深奧，範圍從「如何順利推動工業4.0革命」乃至人權以及永續供應鏈。[1]不過，在二〇一五年，論壇的討論主題出現令人意外的轉彎，全球菁英突然關心起人類精神與靈性的健康，提供與會者正念（mindfulness）課程，甚至要求他們每天步行四英里以上。

這個全人健康議題，招致顯而易見又言之成理的批評聲浪。這個大膽高調的嘗試企圖轉移注意力，遠離企業全球化的系統性問題，諸如愈來愈嚴重的不均現象以及長期經濟不安全感，這些問題竟被個人的健康問題所取代。知名學者安德烈．史派瑟（Andre Spicer）與卡爾．賽德斯多羅姆（Carl Cederstrom）批評「保健症候群」（Wellness Syndrome）現象，他們發現：「當人民不再相信政治轉型時，另一個有吸引力的選項是個人轉型。當世界無法變得更好時，我們會將所有精力用於改善自己。」[2]這些菁英提出了友善市場的美麗新世界，種種問題可透過冥想、呼吸練習、吃得健康來解決。在娜歐蜜・克萊恩（Naomi Klein）筆下慷慨激昂的世界裡——

以下是我們需要理解的：一大群人生活在痛苦中。在新自由主義政策下，解除管制、私有化、撙節措施、企業貿易，結果民眾的生活水平急劇下降……同時，民眾目睹達沃斯階級崛起，銀行家、科技巨富、民選領袖、好萊塢名流形成超連結網路，讓達沃斯論壇成了名人大拜拜，高調到讓人受不了。這場成功名人的派對，民眾並未受邀，而他們打從心底知道，這些人不斷膨脹的財富與權勢，多少和他們肩上不斷上升的債務和無力感有直接關係。[3]

不過除了上述批判，大家強烈希望個人能大量賦權。一方面，這代表高層菁英含蓄地承認，他們曾毫無保留推動的自由市場，其實不利於人民的整體健康，另一方面，他們現在讓民眾有了成功因應這種有害社會秩序的機會與可能。資本家找到一種方法，既可以治療因他們而起的疾病，又可以從中獲利，這才是眞正的實業家精神與形式。當今全球養生保健運動方興未艾之際，數位技術絕對扮演重要角色，而且尚未被完全開發。雖然靜坐、吃有機食物有益身心健康，但是這麼做時，須仰賴手機應用程式和社群媒體群組的協助與打氣。活在當今這個時代，意味著透過數位技術，追蹤自己每天時時刻刻的身心平衡與健康狀態。

這反映了新自由主義的新方向。自由市場變得更深入，並且向內轉，試著成爲一股拯救力量，並將我們最私密的欲望變現——讓我們內在神祕的靈魂變成數位化形式，而且利用的是當今最高科技的方法。愈來愈多人能夠以數位化方式監控自己的靈性健康、身心狀態與社會價值，這種監控內在的方式，讓他們在道德及倫理上都有了可稽核的數位記錄，以便能成爲全方位、平衡發展、良好的市場公民。

◀新時代資本主義

資本主義打從一開始，就有著根深柢固的宗教性。早期的實業家和宗教領袖攜手，爲種種剝削及求利的做法辯護。十九世紀帝國主義加入，三者密切合作，而且合作得心安理得，都想改造並教化原住民。[4]撇開這層明確的關係，資本主義還帶著傳教式的狂熱向外擴散。自由市場、私有財產、創業家精神、受薪勞工理應握有個人與集體拯救的鑰匙。引述十九世紀知名的法國社會主義學者菲利普・畢薛（Phillip Buchez）的話：

考慮到像我們這樣的人，處於最有利的條件與環境，擁有強大的文明，在科學、藝術、工業等領域都是名列前茅的先進國家。我認爲，我們當前的任務是找出原因，何以在像我們這樣的人群中，會出現這樣的族類——不只一族，而是好幾族——生活得如此悲慘、卑賤、慘被糟蹋，甚至連最低下的野蠻民族都不如，因爲他們的慘狀有時已無藥可治。[5]

因此，資本主義一開始就定位在不僅僅純粹是爲了經濟，而是全球性的靈性運動（spiritual movement），目的是教化國內外民眾。

資本主義與宗教這兩個意識形態的結合，看似奇怪甚至讓人不安，前者表面上熱中追求俗世的功名利祿，後者則重視精神上的拯救。實務上，宗教一直是支持統治階級及其價值觀的重要手段，針對這一點，資本主義與資本家也是一樣的。難怪馬克思將宗教比喻爲「大衆的鴉片」，畢竟宗教要求大家將目光朝上，寄望更美好的世界，不要把注意力放在現實世界裡一些激進的機會與可能性。此外，崛起的資產階級（bourgeoisie class）被捧爲新商業時代的道德典範。[6]

顯而易見，最早嘗試理解資本主義發展的重要知名論述，都是圍繞宗教性打轉。韋伯（Weber）的經典理論「新教倫理」（Protestant Ethic）主張，正是上述基督教道德與文化灌輸大家節儉和勤奮的重要性，而該價值觀是確保共享市場經濟開枝散葉的必要條件。[7]雖然這個說法的正確性從以前到現在都被打上了大問號，但它提出一套宗教性邏輯解釋了資本主義，而該說法直到今天仍然不能說和這全然無關。值得注意的是，該說法將團隊與個人的成就歸功於一個人的整體精神價值（spiritual worth）。在當今這個最摩登的時代，此一說法從右翼福音派人士的努力與嘗試中得到印證，後者試圖在意識形態上結合基督教與資本主義，用以推廣「成功神學」（prosperity gospel）。[8]

不過兩者的關係一點也不簡單，也不直截了當。沒錯，宗教一再被利用，用以批評自由市場走過頭。英國有個誤傳已久的說法，認爲英國工黨受到循道會（Methodism，亦譯衛斯里會）的影響不亞於馬克思主義，但這個說法其實飽含不少眞相，而且頗具啟發性。[9]激進的廢奴主義者拿著武器對抗莊園經濟（plantation economy），終結其對牲畜的奴役與剝削，背後動力其實出自深層的宗教狂熱。[10]一個世紀後，美國民權運動由一位基督教牧師與黑人穆斯林組織「伊斯蘭國度」（Nation of Islam）帶頭倡議。[11]在拉丁美洲，解放神學搭上馬克思主義的順風車，點燃反資本主義與反殖民主義運動。[12]

這些平行歷史所體現的利害關鍵點，在於宗教如何被利用，以及以什麼方式讓資本家能夠被究責。對於市場福音派（market evangelicals）人士而言，宗教性可確保個體擁有正當的資本家精神，[13]的確，自由市場與其擁護者被視爲有宗教般的狂熱。[14]相形之下，對於資本主義的異端而言，宗教性不外乎是確保自由市場最終具備合宜而崇高的正義，彌補其世俗的罪惡。當然兩者之間有交集，虔誠信徒如果遵守其宗教列出的條件，就成了符合道德要求的資本家，這可以從伊斯蘭銀行業的所作所爲得到印證。[15]

在二十一世紀，資本主義本身已演化成最活躍、版圖也最大的宗教，它已不僅僅是世俗的意識形態，也是神聖的現代信仰之一。資本主義的擁護者信奉教條，堅信自由市場有其可取之處，擁有拯救的力量，儘管許多非宗教的證據顯示正好相反。諾貝爾經濟學獎得主約瑟夫．史迪格里茲（Joseph Stiglitz）表示：「根據歷史觀點，過去四分之一世紀以來，西方盛行的宗教是市場基本主義（market fundamentalism）。我說它是宗教，因爲它根據的不是經濟學或歷史證據。」[16]質疑這個信仰，等於甘冒被貼上「非理性」的標籤，而且有意或無意地散播社會主義或法西斯主義等邪惡種子。

與這種市場基本主義同時登場的是全新形式的資本主義，結合了唯物主義與傳統上非唯物主義的訴求。戰後崛起的知名理論家博爾坦斯基與夏佩羅所謂的「新資本主義精神」，試圖善用大家對創意的渴望，然後加以商品化。[17]與此一分析尤其相關的是，它試圖納入整個人類經驗，將人類生活牽涉到的所有層面變成勞動機會。[18]大家不僅要努力向外推銷自己，也要更頻繁地探索內在的藝術精神，以便挖掘其經濟價值。[19]

二〇〇八年全球金融危機導致的大衰退，爲資本主義構成了新一波靈性危機（spiritual crisis），值得注意的是，這導致大家對自由市場打了問號。人們突然忙著找其他答案，不再一味接受外界所傳授的道德觀，亦即勤奮工作與理智投資可以讓你今後生活無虞。現代資本主義的教條與基礎似乎瀕臨崩潰，幾乎找不到其他東西可取代它腐化的教會與經濟牧師（economic priests）。這可以說是出現名副其實的存在性危機，代表

「深層的不安。我們今天經濟遭遇的存在性危機，主要是因爲信心危機。大家減少消費，傾向於降低囤貨與投資……這是對生活與未來缺乏基本信心的徵兆」。[20]

毫不意外，因應之道就是回頭遵循過去的熟悉模式。保守派復活，力倡撙節，並要求大家——從窮人乃至政府——懺悔自己毫無節制的揮霍罪。愈來愈多不滿的選民將其所有希望寄託於川普之類的執行長政治人物，視其爲救星。[21]

高科技「智慧」社會的出現不足以緩解這類精神躁動，儘管硬體上大家可以連到新的平台與不斷擴大的數位網路，但智慧社會降低了人與人以及社群之間的連結。強調數據、靠社群媒體建立各種關係，受到愈來愈多的抨擊，認爲缺乏人情味。智慧技術超越了傳統宗教的範疇，被認爲導致我們無法集中注意力，也阻礙我們的身心健康，甚至阻礙了思考。智慧技術讓我們有充沛的資訊，但精神卻非常貧乏。

在這個精神危機的深淵中，倡議保健與正念的新風潮快速崛起，突然之間，意識轉向強調個人身心健康與靈性滋養。[22]曾經被邊緣化的新時代觀念現在成爲文化主流，廣被社會接受。企業領袖提倡「正念」，體現了這個趨勢：

六〇年代拒絕唯物主義價值觀的反文化運動（counterculture movement）快速崛起，躍升爲主流，可能看似令人意外，但這些冥想與正念的練習如此流行，在社會廣傳，絕非意外。新自由主義及「注意力經濟」（attention economy）的崛起，是我們消費主義與進取時代的標記。企業以及擁有支配地位的機構，靠著攫住並指揮我們的時間與注意力而蒸蒸日上，無論時間或注意力，現在似乎都已經愈來愈少。[23]

同樣重要的是，追求更精闢的見解與其他可替代的生活形態，漸漸成爲一門大生意。我們進入全新的時代——資本主義新時代，重點是，這個時代要求我們不僅監控自身的物質價值，還包括追加計算我們的精神價值。

◀數位化地扎根自我

社群媒體和數位技術被譽爲經濟與文化的救星。資訊時代的目的是解放我們的民主、公民社會及經濟，創造新的就業機會和新的溝通方式，以及更有回應的治理形式。然而在即時通訊、二十四小時新聞播報、全球網絡的包圍下，愈來愈多人感到精神斷線（spiritual disconnect）。高科技帶動的全球化不僅沒有照顧到人民的經濟，也沒有照顧到大眾文化與個人內在，以致文化空洞，內在空虛。

從表面上看，當前的「智慧」進展，似乎與精神健康及轉型格格不入，甚至互相對立。智慧技術喚起了沉迷於手機的社會，有意義的關係被犧牲，取而代之的是短暫的手機簡訊交流。這導致了廣泛的社會疾呼，認爲這樣的數位技術摧毀了我們的社區，降低了有意義的人與人連結。如前所述，學者巴伯在九〇年代初提出知名的「聖戰 vs. 麥當勞世界」，預告了這個深層的現代衝突。這個衝突已經「智慧地」重新登場，衝突反映了鴻溝，一邊是沒有溫度的技術現實，一邊是愈來愈多人渴望在精神上更充實。

深入探索後發現，此種渴望底下其實是一種普遍的恐懼，擔心自己不再被需要。引發這個擔憂的直接原因是自動化及機器人恐接手我們的工作，導致我們失業，讓我們與經濟失去關係。《衛報》的經濟版主編在二〇一八年初宣稱：「機器人將接手我們的工作，我們最好現在就從長計議，以免爲時已晚。」[24]這類擔憂與不安有增無減，因爲大家愈來愈意識到自己被變成了高效的自由市場機器，「我們是誰」不重要，重要的是我們表現好不好。的確，新自由主義多少是去主體的，視我們的生活、希望與夢想爲客體，努力開發其經濟面，以求最大的利潤。[25]我們失去的不僅是自己的身分，也完全失去了對自我的感知。

因此有個明顯的假設，認爲監視技術只會加劇這種精神上的失落感。長期以來，大家習慣將技術視爲沒有靈魂的物體，社群媒體也同樣被指控：把民眾變成「沒有靈魂的生物」。[26]在過去，工業化閃閃發光的金屬感被視爲人造的空心製品，出自冷漠的現代機械化世界，而今這樣的形象已被另一個普遍的想法取代，該想法認爲我們的數位生活方式是人工的，因此催生了反璞歸眞，講究一切要自然與「有機」。數位記錄技術只是又一個例子，顯示技術革新試圖把我們變成純粹的數據點，剝奪我們內在的人性。[27]

文化面強調個人保健與幸福感，當然呼應了這些需求。眾人希望自己可以再次成爲獨特而重要的人，重申自己的價值不僅超越工作上的生產力，也超越演算法提供的數據。演算法被稱爲「去人性化的決策過程」，[28]就連傳統上保守以及鼓吹自由市場的英國《金融時報》（*Financial Times*）也將演算法與之前去人性化的管理形式（如泰勒

（Taylor）的「科學管理」）相連結。[29]藉由專注於過得健康與幸福，你可以在數位化社會重新落地扎根，落實自我（grounding yourself）。在數位化社會，人愈來愈與社會脫節，互動也愈來愈虛擬化。令人擔憂的是，「從天然災害乃至政府監控的規模，我們似乎無法處理與我們無關的數據，我們會因此陷入大數據的共情鴻溝（empathy gap）嗎？」[30]至少部分的解決之道是讓自己與智慧技術「脫鉤」，重新與實體自我產生連結。

這也是針對新自由主義記錄文化的一種諷刺，以及相當奇怪的逆轉。我們放棄收集有關效能的數據，突然在乎起我們最深層、最核心的自我，並追蹤相關數據。我們想知道是什麼催生了我們的幸福，並追蹤記錄什麼會讓我們開心，而這衍生了「文化分析」（cultural analytics）的新現象，即「對每一個人創作的每一件東西都感興趣。我們看待文化的方式，一如語言學家研究語言或是生物學家研究地球上的生物。理想的情況是，我們希望能夠研究每一種文化顯像（cultural manifestation）」。[31]就這點而言，內在世界形同被外化（externalized）——其數據點組合可用於識別及協助理解之前被認爲虛無縹緲、難以形容的精神性。根據《紐約客》（*New Yorker*）一篇文章的描述，這形同是「靈魂的大數據」。[32]

有了這些數據，靈魂不再被神聖或神祕的外袍裹住。而今，靈魂可在你的生活方式裡被發現，更重要的是，可善用最新的大數據技術，讓自己過得更好。在數位化世界，想要「扎根自我」的需求被逆轉，轉化爲一種新的期待，希望能時時記錄自己的精神自我（spiritual self），希望在日常生活中落實「線上扎根」（online groundedness）。[33]「我們是誰」，起碼現在已可透過數位化分析得到答案。有了內在數據作參考，加上大家更有心地監控與記錄自我，追求外在俗世和內在心靈健康所需的一切條件都變得更完備。

▶ 更深層數據

我們已正式進入大數據時代，但更正確地說，我們已進入「更深層數據」（deeper data）時期。這個觀念與機器「深度學習」的模式類似，但不完全雷同，後者以人工神經網路爲架構，對數據進行表徵學習的演算法，以便提高預測與學習效能。更深層數據是指挖掘我們內在的心理與精神世界，將這些藏在深處的個人面向轉變成數據資源，加以收集、商品化、開發利用。

表面上來看，大數據的主要重心是可觀察的行爲和偏好。追蹤你在網路上點擊了什麼、買了什麼東西、上傳了什麼、去了什麼地方、走了多少路，乃至呼吸方式。從這些廣泛而龐大的數據集，能夠以數位方式重新組建你這個人。不過這個網路身分（cyber-identity）永遠是不完整的，從個人主觀的層面而言，這反映了多數人對於文化催生的社會自我（social selves）感到疏離。[34]然而，這也對深入挖掘「我們到底是誰」的數據分析構成挑戰，一如社會學家安德魯．艾伯特（Andrew Abbott）所說的：「以前密傳知識中重要的部分都被廣泛商品化了。」[35]

透過演算法發現我們內在最隱密的訊息，這打開了數位閘門，讓更具侵入性的資料挖礦長驅直入。至少理論上，現在已可挖掘出每個人的所有訊息，透過數位科技定位訊息，「這些訊息位於每個人更深的情緒層，透過一個人的感情、直覺、經歷等，露出深層的精神自我」。[36]要達到身心靈全方位平衡，愈來愈必須盡可能大量且廣泛地收集一個人在各領域的相關訊息。高科技技術除了應用在挖掘數據，也因爲養生保健的風氣所帶動，而逐漸應用於監控自己的經驗與反應。這點可從應用程式 SoulPulse 的問世得到印證，它讓用戶可實時追蹤自己的「精神數據」，包括每日的靈修、宗教經驗。引述加州門洛帕克長老教會（Menlo Park Presbyterian Church）共同創辦人暨高階牧師約翰．奧伯格（Jon Ortberg）的話：「你的靈魂比肉體重要，所以利用實時、寫實的資訊，監控自己最深層的內在與自我，以及個人的情緒與精神狀態，具備這樣的能力非常重要。」[37]

我們愈來愈需要將最深層的自我與數據相結合，這代表善用一種摩登又智慧的手段，讓我們能和那些言語無法表達的隱密自我（我是誰）以及我們希望變成的那個我，互相交流。數據可望釋放我們無敵的潛能，「數位技術將結合神經科學，進一步了解神性」。[38]這是希望，卻也讓一些人恐懼。自古以來，人一直想「了解自己」，如今被自我追蹤取而代之，延伸了這個渴望。因此唯有透過大數據，我們才能開始揭開內在的宇宙和靈魂的奧祕，知名技術理論學家大衛．貝里（David Berry）頗有先見之明地寫道：「電腦運算技術為當今人文科學界開了一扇門，或可滿足人文科學界思考諸多難題的必備條件。」[39]

在新的千禧年，大數據正是讓我們能夠發現「內在我」（inner selves）的技術。為達到這個程度，「它暗含一種標準化的模式。該模式一，源自於現實而非被強加於人；二，相對而非絕對；三，靈活而非僵化；四，範圍與規模是複數，而非單一」。[40]靈魂變得本質化（essentialized），不再虛無縹緲，這反映了現實與計算方式不斷在變，而數位技術則是從有形化爲無形、由靜轉動、無所不在。

當我們將觸角向外延展，不斷製造並優化各種「現實」之際，我們也內求，挖掘自我。「眞實我」（real selves）的各種表達方式成了優化我的各種「現實」，彙整成完整且可代表「我們是誰」的靈魂。

爲了深挖眞實的自我，關鍵在於持續而嚴謹的「靈魂追蹤」，這不僅僅是打坐冥想而已，還牽涉到形塑我們存在的無意識和神經系統的力量，意味著我們要百分之百留意我們的心。走在前頭掀起這波數位精神革命的先驅是矽谷人，他們利用數位科技指引他們踏上這個神聖的數位啟蒙運動。「意識駭客」（consciousness hacking）牽涉到「按下神經開關，這些開關可以產生與冥想了一輩子的人的同樣經歷。想要體驗靈魂出竅嗎？我們爲此做了虛擬實境模擬。希望變得更有智慧、更開心嗎？你可以學習讓前額葉皮質（腦內的批評家）安靜，啟動集中注意力的大腦區域分泌正腎上腺素」。[41]

這顯示大數據已全面升級，進化爲更深層的數據，它的深度體現於近乎宗教的特質，協助我們發現自我，滋養靈魂。就這點而言，它猶如當代版的宗教讚頌（religious acclamation）——高呼數據有多偉大，帶領大家遠離邪惡，接近自己最神聖的部分。[42]它點燃大家對「網路恩典」（cybergrace）抱持希望，曾見演算法的神性，以及藉助個人數據意外發掘到自己更多的面向。[43]因此，我們愈是深入挖掘與自我相關的數據，理應愈能全面了解人類的精神與心靈。

◀實現數據平衡

數位技術滲透到我們生活的各個領域，未來八九不離十可能出現新的訴求：渴望「回歸自然」，離開二十四小時不關機的資訊社會，回到「眞實」與「自然」。現代社會充斥人爲與人造，想要治癒，似乎只能靠重新擁抱有機根源（organic roots），重新恢復人與人的物理連結，重新發現自己生活的具體世界，而非數位化的虛擬世界。如今的精神性似乎從離開螢幕開始，抬頭向上看足夠長的時間，才能欣賞眞正且實在的事物。

有趣的是，物理世界與塵世已成了純粹的源頭，也愈來愈「神聖」。但也正是這個俗世現實長期以來飽受抨擊，被指控危害我們遠離精神自我與更深層的自我。當然，這種超脫世俗的超然想法持續成長，但就連傳統的信仰形式都和一種新出現的需求互相結合，希望在人的社群裡追求心靈上的提升。[44]數位化被廣泛詆毀，被抨擊是造成一切不自然、遠離精神與心靈的禍首。在之前的時代，是社會與人際關係導致我們遠離精神健康與拯救之路，而今則是虛擬世界。

解決這個數位化問題的辦法是推廣數位健康（digital wellness），這包括教導、要求民眾監測自己使用數位技術的情形，以便保護自己的身心健康。[45]有人擔心，年輕世代沉迷於社群媒體與行動技術，似乎預告了悲慘的未來，未來時代人們會懶得社交、缺乏與他人的物理連結。因此組織、政府、父母有責任，確保員工、公民、子女善用數據維護健康。

儘管有部分的人反對當今數位化的現象，同時卻有愈來愈多使用數位技術的機會，提升人的靈性與個人健康。新的應用程式容易下載，有助於使用者追蹤自己的冥想狀態，提供大家專注的訣竅，從旁協助過著全方位的健康生活。這些趨勢可從「心靈科技的崛起」得到印證——

市面上已可找到一千個冥想應用程式。例如，至去年爲止，頂空（Headspace）企業推出的冥想程式吸引了一千六百萬次下載，募集到近一億美元的資金挹注。其他程式像是Calm、Insight Timer、Aura也協助了數百萬人走進冥想世界。冥想類手機應用程式下載率不斷攀高（例如截至上個月，多達二百二十萬個應用程式可供iOS下載），顯示愈來愈多心靈產品脫穎而出，出現在我們的手機螢幕上。金線塔羅牌（Golden Thread Tarot）推出手機版讓用户下載，方便隨時隨地派上用場，該塔羅牌的特色是「將實體世界的遭遇以數位方式如實呈現」。用户下載iLuna之後，可追蹤月亮的各個階段，應用程式還提供建議，讓你能更天衣無縫地配合月亮週期生活。最近出爐的Co-Star是一款非常時尚的占星應用程式，能讓你看到自己的出生圖，並和朋友的出生圖做對照。去年底上市時，因爲下載量過大（每小時下載次數破千）還不時當機。這款應用程式使用美國航太總署（NASA）

數據，計算出個人化的每日星座運勢，吸引對這波新占星潮有濃厚興趣的千禧世代：一種易於使用、時尚、可共享的占星術。[46]

除了手機應用程式，數位技術又向前進了一步，結合尖端的「智慧」技術與傳統的靈性技術。在偏「西化」的血液裡，猶太教、基督教、伊斯蘭教等宗教紛紛上網宣教，催生數位化的屬靈圈。因此：

網路在日常生活的重要性——從網路銀行、購物乃至社交——意味著宗教組織與團體也必須把教堂和廟宇搬遷到虛擬世界裡，以便和信眾接軌與同在。宗教領袖成立網站、部落格、上推特推文之外，還有電子郵件版的禱告專線與線上告解，也不乏針對瑜伽修行者的社群網絡，以及提醒虔誠信徒禱告的手機應用程式。[47]

因爲如此，英國牛津郡聖三隱修院（Holy Trinity Monastery）的院長維博恩修女（Catherine Wybourne，推特帳號@Digitalnun）宣稱：「大體而言，精通網路是宗教領袖必備的技能。」[48]

數位技術明確將重心置於心靈之外，同一批技術也被吹捧爲提升自我的道德力。網際網路是提供資訊的主要來源，告訴大家如何過著更健康的生活，邁向幸福快樂、實現個人目標。我們正逐步邁向賽德斯多羅姆與史派瑟所謂「最佳化」（optimization）的時代，[49]大數據給了我們嶄新的可能性，實現「最好的自己」，以及過著我們渴望向善且充實的生活。大數據成了「獨特工具，可用於監測與呈現人類行爲；以大數據爲基礎的應用軟體，目的是說服使用者改變平日裡的一些習慣和做法，尤其是與健康、情緒、健身相關的領域，同時也稍稍提到了運動、訓練、社交網路、交通、消費、感情與溝通」。[50]

這些多元但相關的現象顯示數位科技彼此交織，深入到我們內心的渴望。因此，「軟體誠如字面上的意思，左右了我們的存在，往往超越主體性的現象場（phenomenal field）」。[51]數位科技讓我們能夠發現、追蹤、提升我們的精神與道德行爲，這些智慧技術已華麗轉身，從阻礙我們挖掘心靈、建造良善有道德的社群，變成實現深層探索的必要工具。社群媒體的存在猶如「說出眞相與眞理的網站」，我們在線下與線上的眞實面被暴露出來，大家在這兩個世界說謊成性。[52]這類數據往往強化有偏見的預設，恐成爲「有毒技術」（toxic tech），[53]所幸或可藉數位靈性（digital spirituality）加以淨化。然而，這也爲新式的數位監控鋪路，既可以監測、探索你的行爲，也可進入你這世的靈魂深處。

◀內在智慧

數位技術招致譴責，稱其惡化精神與心靈，也憂心它導致道德淪喪，它反映了一個不相連的碎裂化社會，最牢固與最核心的關係，愈來愈只能見於虛擬世界裡。然而實務上，這些社群網路與行動技術協助大家實現個人的理想、充實自我。它猶如數位護照，讓你進入更美好、更深入、更符合道德良善的生活與存在；它催生並合法化對數據無底洞似的需求，以便探索與揭露一個人的內在。

這麼說來，收集數據最重要的目的，爲的是提升靈性與道德——個人藉由數位方式向外延伸，到頭來其實是探索內在。利用大數據控制「靈魂」，意思是「創造發揮自律、控制自我的人類，讓自己恰如其分地融入所謂的民主資本主義社會」。[54]個人健康與更深層的靈魂照護突然成了可量化的數據，得以持續收集與分析。一個人每日的數位記錄成了懺悔與告白，「永遠開機」不停累計的數字，顯示我們的罪行，強迫我們非看清不可。這神聖的數據收集範圍極廣，大至彙整有關全球的道德狀態，小至監視個人每日的呼吸。[55]因此，照顧靈性深度，逐漸和挖掘我們各種「健康」指標畫上等號。

如前所述，市面上有關宗教心靈的應用程式如雨後春筍般湧現。愈來愈多的演算法與「智慧解決方案」協助監測與提升創意、平衡生活／工作、保持身心健康。顯而易見，這些手機應用程式給予使用者雄心壯志，允許使用者更有效地管理生活，善用最新技術探索自己怎麼做能讓這世界變得更好，甚至進一步看見自己內心，得到內在的平靜與精神上的啟發。這些欲望在大數據技術與精神性結合之後，被一覽無遺。史蒂夫．賈伯斯（Steve Jobs）不僅建立了全球數一數二的企業帝國，他也潛心禪修，外界讚揚他「不僅是電腦科技的先驅，也是大腦技術的先驅」。[56]除了像賈伯斯這樣追求靈性層面的資本主義指標人物，新的產品（如頂空的冥想軟體）也提供大家「數位療癒」，鼓勵大家冥想。[57]

儘管這些數位技術無疑提供了具體好處，但也堂而皇之、理所當然地監控我們的「靈魂」——亦即監控我們最深層、最神祕難解的欲望。這種數位探索我們到底是誰的方式，其滲透及侵入的程度之大，歷來首見。[58]當代追求心靈成長的過程，漸漸轉型爲想獲得有關自己與整體社會的存在性資訊。這是疲勞轟炸似地不斷深究「我們到底是誰」，包括個人和集體，找出我們該怎麼透過數位煉金術過更好的生活。

靈性追求之所以重新升溫，關鍵在於追蹤與監測技術，不僅追蹤自己的行爲，也深究我們公開說過或隱而未言的想法。社群媒體已成爲分析、理解我們偏好與基本核心想法的重要平台；演算法現已可追蹤我們的信仰、意識形態盲點、惡習，以及如何評價道德與社會價值的核心概念。[59]這個過程理應積極正向，因爲有助於識別、發現之前看不見的偏見，讓傳統上被邊緣化的團體得到數位音量，突顯大家對其根深柢固的偏見。然而過程中或有塑造我們是良善有德人的風險，而且往往爲了剝削的目的。

的確，努力把想法付諸實踐，與無所不在的數位文化息息相關。數據不僅打開一扇門，讓我們眞正「認識自己」，同時也記錄我們在眞實生活裡，如何努力也成功地活出我們的信仰。我們的道德與倫理目標，關乎我們是否有能力定期追蹤評估每日的實踐與作爲。社群媒體提供了另一個平台，可催生倫理網路並落實這些共同價值，成爲更廣泛線上社群的一環。[60]我們爲了倫理道德目的而進行愈來愈多的監測，無可避免地與我們個人及集體成長緊密相連。因此，「分析身體與心理功能，不再只是專業人士的特權……因爲新設備的協助，對於身心的分析，每天都在進步；不過，要成功感動並吸引消費者加入，必須讓消費者在感情上與行動上都能夠參與」。[61]

這顯示我們沒完沒了地渴望得到倫理及心靈方面的資訊，我們成了數據主體，能提供推動社會不斷前進的海量資訊。這種「新時代資本主義」的幕後推手是我們無底洞般的需求，希望自己變得更有創意、更有道德、更神聖。數據挖出我們內在最深層的幽蔽世界，以便發現更多可善用的精神資源。我們不斷開發新市場，只是方向由外轉內。爲了生存、過得富裕，我們必須依賴自己的「內在智慧」，當代資本主義的非物質勞動轉型爲精神與倫理之旅，以求個人身心健康、存在性成長、更好的社會。開採內在的更深層數據進而成了門戶，可深入我們愈來愈可被利用的數據靈魂。

◀記錄你的新自由靈魂

二〇〇九年，心理勵志大師詹姆斯・亞瑟・雷（James Arthur Ray）躋身世界之巔。他倡議「和諧財富」（harmonic health）理論，讓他一夕之間名利雙收，享譽國際。[62]該理論的核心是試圖結合財務上的成就、心靈上的覺知、個人式的賦權，形成一個完整的框架，指導你活出充實而精彩的人生。他在全美傳福音般地倡議「和諧財富」，吸引了愈來愈多的多元背景的付費追隨者。他勵志與啟蒙的方式包含——直接挑戰在場的追隨者，邀請特別投入的成員參加「心靈戰士」（spiritual warrior）靜修，接受他的測試，驗證這些人是否真的有心實踐他倡議的原則，他會要求他們剃光頭，接受高強度的體力磨難。在二〇〇九年十月八日，這個勵志運動悲劇性地畫下句點，因為三名學員在亞利桑納州一個訓練營的高溫汗蒸小屋受訓時，死於熱衰竭。這個悲劇揭露了在試圖拯救人們新自由靈魂的過程中，潛藏嚴重危險。

顯而易見，全時監控「更深層數據」的現象已演化成一種手段，用來評價我們個人、道德倫理及心靈的自我整體價值。財富、專業成就、線上關注人數，在在顯示你這個人在眞實與虛擬世界的廣泛價值。那些使用數據與社群媒體實質性（materially）以及非實質性（non-materially）充實自我的人，被視爲我們這個時代的代表性圖像，意味著生存在一個充滿競爭、網網相連、資訊飽和的網路世界。反之，窮人是那些沒有能力縮短「數據鴻溝」而自作自受的人，更正確地說，他們得自己肩負起責任，善用這些虛擬機會，並有效地使用這項數位技術。這種社會評價蒙上了福音派特色，結合了「成功神學」與線上致富的技術論述。

這些友善市場的道德與心靈評估，支撐並帶出了以數據爲基礎的新自由主義宗教性，特徵是結合了教士與資本家。挖掘我們「更深層的數據」，將其轉化爲具體可量化的證據，猶如記帳與會計，目的是揭發現代市場的弊端。數據分析彷彿是當代的自白書，我們的管理者與他們神聖的演算法是教士，負責敦促我們虔誠信奉數據，同時寬恕我們的數位化越界與擅闖。我們目睹到傅柯所言的「牧養權力」（pastoral power），以基督教牧師對教區信徒的照顧與權力形式爲藍本。重要的是，「如果不了解民衆的內心，不探索他們的靈魂，不讓他們說出內在最深層的祕密，就無法行使這樣的權力形式。亦即，牧師權意味著要了解善惡觀念，也要有能力指引」。[63] 在我們的時代，這樣的牧養權力體現於持續鼓勵我們攜帶數據靈魂，揭露最深層的祕密，以便能優化我們俗世與靈性的存在。

就這點而言，我們絕對有必要合宜且聰明地管理自身的更深層數據，我們必須學習平衡專業、個人、心靈上的各種需求，倚賴的是提升管理數據的技能。這種幾乎堂而皇之擁抱我們多元的社會身分，隱而不宣地接受我們多元的交織性，現在反過頭來對付我們，用的是前所未見、最智慧也最可被市場利用的方式。每個個體被要求得監測自己所有複雜的面向，爲的是確保自身不論在經濟上抑或心靈上都有價值。即便最敏感的生理變化也能被歸類、追蹤，此外還能相容於各種我，包括家中的我、工作中的我，以及更高層面的宇宙我。穿戴式技術的存在猶如「記錄生命的數據」：

> 穿戴式裝置猶如數位指南針，憑著持續追蹤的能力與大數據分析功能，指引使用者穿梭於日常各個領域，包括做選擇，更好地控制咀嚼、啜飲、步數、睡眠時間，以便改善健康。提供消費者方法，同時擁抱也外包自己的生活管理……這類產品可以同時顯現並推廣社會的文化觀——健康靠個人負責與自我調節。64

毋庸置疑，數據結合經濟與心靈，掩飾了數據殖民及濫用的一面。值得注意的是，「大數據支撐的演算法……站在運算的主體與被運算的客體之間，它折射了以主體爲中心的世界。演算法攜手數據，過濾我們可以取得的資訊，用看不見的手與未知的邏輯製作我們的文本，並加以編修，讓它們看起來信手拈來、可變化、『個人化』」。[65] 爲此，我們應該思考，也許大數據是出自我們，而非第三方給我們的資訊。[66] 的確，就連我們使用的表情符號也會被收集，以便彙整用戶的資訊，作爲市場剝削之用，因此這代表了一種「情感勞動」（affective labour）。[67]

但是這種數位責任感也有更大的存在意義，目的是鼓勵我們往內看，不要老是去瞧外在世界或思索自己少了獨立與思考等能動性。的確，「個體策略性地揭露、公開、隱藏個人資訊，以便和他人建立關係，謹守社會界線」。[68] 同樣重要的是——

> 這樣的決定並非發生在眞空狀態，而是作爲非對稱權力關係的一環，在這關係裡，個體被剝奪了他們每天生活所產生的數據……非對稱地捕捉數據是資本家「掠

奪性累積」的一種手段，這個手段以之前完全不可能的方式，殖民並商業化日常生活的一切。將「大數據」的承諾置於數位新境主義（digital frontierism）的烏托邦想像中……數據殖民主義的過程實際上正在烏托邦諾言的背後展開。69

渴望內心平靜與世俗生活富足，遮蔽了我們徹底無力左右個人或是集體命運這件事。在當今世界，有太多不正確、可鄙、尚未實現、道德沉淪的事，至少我們能做的是透過一切可能的數位手段，滋養我們自己。要做到這點，得願意探勘並監測自我最深層的部分，以便可以轉型爲更平衡、跟得上時代、心靈充實、經濟上有價值的人。

◀數位救贖

在好萊塢經典大片《駭客任務》（*The Matrix*）裡，由男星基努・李維（Keanu Reeves）飾演的主角尼歐（Neo）經過大量訓練後，得到完整的數位啟發，擺脫高科技編碼的幻象，徹底解放他的心思與想法，因此能夠看清自己存在的「眞相」：他與同夥的人類被當成「電池」，被祕密控制他們的機器人所用。發現眞相後，他開始一連串的英勇闖蕩，希望控制母體，進而拯救人類，擺脫機器主子的操弄。該片拍攝於三十多年前，至今仍歷久不衰，吸引大批觀衆。除了令人印象深刻的厲害武打場景之外，該片也點出人類的恐懼。我們擔心自己受到神祕力量的控制，擔心個人的生活與存在被困於非我們自找的模擬世界，若要得到眞正的精神啟發，自我必須能夠控制這個母體。

能夠內轉並深入挖掘自我靈魂的數據，成了我們不斷保衛自我感的基礎。再次回顧法國精神分析大師拉岡的理論，我們每個人都有一種趨向毀滅和摧毀秩序的「死亡驅力」（death drive），這是出於一直擺脫不了的恐懼，擔心主體會徹底瓦解的恐懼。這種趨死的本能與心理不會簡單地忽視或避開死亡，而是不斷向死亡靠攏，這種「死亡驅力」將我們塑造成社會主體，諷刺的是，這給了我們不間斷的主觀生活。[70]

有關當今更深層數據的例子，心靈的提升、個人的保健都與數位掛鉤，正是這種聯繫，才能維持我們的身分與認同。「智慧」數位技術搜尋我們最佳也最核心的自我——我每天追蹤我們的呼吸、走路、飲食、與他人的互動、如何因應最深層的生理變化——我們強化了自己眞實的存在性，是個實實在在的人，而非只是新自由主義經濟機器，或是組織報表上一串缺乏人味的數據。矛盾的是，透過抽象的數據，我們反而能最充分體驗自己的生理我與獨特我。這不僅僅是持續設法提升自我，更正確地說，這種以數位方式監測自我的心靈與道德價值，是在當代高科技文化下，一種定期追蹤自我的手段。在高科技文化裡，「我們是誰」仰賴數位足跡來定義，什麼是「眞」（true）、什麼是「現實」（actual），變化速度之快，一如臉書最新動態消息的更新速度。

幻想「數位救贖」是大家努力化解內心面對死亡恐懼時的核心與要角。類似於《駭客任務》裡，尼歐選擇紅色藥丸，並離開母體；我們透過數位方式，尋找並智慧地監測我們具備哪些非經濟、非物質的特質，藉此「看透」我們所在的虛擬現實，進而掌控它們。這可以讓我們放慢時間，讓虛擬世界爲我們所用。理解我們四周各種由數據打造的模擬現實，加以組織整理，讓數據提供我們養分，讓我們在生活各個領域成爲我們希冀變成的模樣，亦即超越我們的生理障礙，更上一層樓，甚至進入另一個世界層，在那裡我們能深入觸及「最純粹」的自我。因此，駭入這個系統，代表我們駭入自己的系統，並徹底改造它們，以優化自己的心靈與經濟價值。

渴望透過數據得到啟發，這樣的希冀被向外轉嫁到理論上控制我們命運的菁英身上。突然之間，這些執行長與政治人物造成的經濟或政治傷害，變得不那麼重要了，重要的是，他們多大程度地體現關乎個人及心靈福祉的個人價值。他們的致富之道被重新包裝，彷彿是追求心靈成長之旅，利用他們實業家的創業智慧實現更大的良善，並推廣他們的見解到全世界。企業高層也被昇華爲當今的新自由精神導師，他們的市場邏輯被包裝成宇宙知識，用以實現他們個人與專業的完整性。他們呈現了理想化的「大他者」，是我們努力仿效的對象，可用的手段是結合先進的技術以及傳統、神聖、存在的渴望。

上述討論的重點是全球對於「數位救贖」的需求愈來愈大，這是一種文化幻象，就像傳福音——傳播數位智慧啟蒙、數據帶動的保健與養生。我們獲得拯救，成爲獨一無二的個體，正是因爲我們願意監測自我的身心狀態。這種新自由主義時代對數據永無止盡的需求，已演化成個人對「更深層數據」的渴望，大家老是不停地想蒐集、追蹤、分析更多資訊。儘管我們也許永遠無法完整地發現我們的靈魂，但我們一定可以進一步接近它，靠的是監測我們神聖又寶貴的個人數據，至於那些較不具神聖說服力的數據，也許仍可用來實現人道主義的主流目標。收集有關環境與社會影響力之類的數據，促進所在的俗世更進步。數據可用來捕捉並優化許多抽象的特質，諸如創意與幸福感。打開自己，讓自己被更大程度地監控，才能幻想我們拯救了自己和這個世界。

◀結論：智慧啟蒙

本章探討當今監控自己內心靈魂這個愈來愈普及的文化與現象。愈來愈多人預期，個體應該時時收集資訊，了解自己的創意、精神狀態、生理健康、道德價值、心靈成長，這一切明顯是爲了讓自己能過著更充實的和諧生活。數位技術追蹤我們的靈魂，目的是在這個新千禧時代打開一條通道，讓我們所在的各個領域以及我們的內心都能通向完整與豐富。重點是，數位監測的目的並非消滅我們各式各樣的自我，也不是要求自我爲了專業成就或家庭幸福而犧牲，而是希望能夠平衡我們各個不同的身分。諸如追求心靈成長的人、認眞工作的職人、寵溺小孩的父母、喜歡吃喝玩樂的旅人，將這麼多不同的身分整合在一起，善加管理，變成完整的數位我（digital whole），以便時刻監控追蹤。

這個改變可見於大數據進化到更深層數據的此一現象。專家愈來愈強調「深度學習」的必要性，亦即數據不僅重量，也要重質，以便能評估一些行爲與結果背後的複雜成因。數據也絕非僅僅只是記錄與會計，而是能設法預測並影響我們的行爲與多元的自我。更深層數據是將深度學習轉化爲侵入式揭露你的「靈魂」，它挖掘我們之前難以形容的神祕特質、我們內在世界的全部，持續監控我們裡裡外外整個人，並充分利用我們潛在的可能性。

新世紀資本主義的主體肩負道德責任，探索並充分利用這個直達內心的深度數據。我們得對自我負責，確保身心夠健康，以便我們所有的分身得以茁壯。個人道德的定義已轉化爲「認識自己」，透過數位方式彙整並追蹤，發現有關我們的行爲、習慣、偏好等所有深度資訊。根本而言，這等於將大數據轉化爲有關個人、精神、經濟等各層面的豐沛資訊，這些資訊可以向自己及他人揭露，到底是什麼阻礙了你的創意、創新、社交、幸福和努力，以及是什麼阻礙了你與神聖的接觸。數據突然之間成了肯定生命的利器，是你實現最高自我（highest self）必備的工具。

我們世俗甚至世俗以外的救贖，成了自我監控、認識自己，進而對自己負責的練習。就這點而言，被自身數位設備所擺佈的菁英們，是否正在打造這套可大肆利用的系統，讓我們迫切需要它，以便獲得拯救？企業執行長的諸多弊端和不當行爲往往船過水無痕，未受到重視及懲處，但他們的公益與善舉，卻往往獲得廣泛的宣傳。經濟大衰退過了十年，儘管資本主義寡頭受到多方挑戰，但依然大權在握。企業現在強調正念、工作／生活平衡，但帶給社會、政治、經濟的重大成本，卻通常會被忽視，也未被即時追蹤揭露。這並非因爲不可能找到或取得這樣的資訊，而是因爲大家覺得這些沒有那麼重要，對於大家追求財富、充實的人生、心靈的啟蒙而言，意義不大。

今天的文化景觀裡充斥著公開資訊發出的各種雜音，所以我們很容易對於不公不義與集體受苦的根本原因充耳不聞。爲了蓋過這些沒完沒了的白噪音，我們由外轉內，專注於自己的數據、自己的數位足跡、自己的虛擬靈魂，以便因應與政治脫鉤、愈來愈分裂而消權的世界。在二十一世紀，數據成了網路大眾的另類鴉片。

第六章

在歷史的盡頭
規劃你的人生

大數據與數位技術快速改寫了我們的世界與我們的自我感。它們不僅改變現世的方向，也翻轉人類的歷史，尤其改變了我們個人和群體與過去交涉的方式，並試圖改變我們的未來。此外，時間觀也被改變，一切都「數據化」，數據反映了個體自己數位捕捉到的經驗，並據此絲毫不差地預測自己的未來。我們現在所在的時代，自己的命運不再掌握於衆神手中，而是掌握在演算法手裡。

這種數據革命造成的影響，已出現在古典歷史的領域。具體而言，量化分析法已被應用於古代文本與故事，藉此「進一步理解我們的文化遺產」。[1] 回到現在這個時代，大家愈來愈是自己生平史的記錄者、史學家、檔案保管員。現在更流行的說法是「生活日誌」（life logging），這是「一種現象，大家可透過數位方式記錄每天生活的點滴，詳細程度可根據各種目的而定。這多多少少全面記錄了人類生活活動的『黑盒子』，可望提供探索或了解自己怎麼生活的潛力」。[2]

然而，這種對高科技的迷戀，也非常弔詭。僅僅在三十年前，冷戰剛結束，象徵「歷史終結」。這一度被視爲勝利宣言，而今成了活生生的夢魘，無法在意識形態上重塑一個問題重重的世界，包括不公平加劇、環境恐遭浩劫和社會分裂。[3] 既然不能重塑，我們能做到最好的似乎是「恢復」現狀——在面對經濟、文化和生態諸多危機之際，恢復一個極端不公正、無法持之以恆的現狀。[4]這反映當代史的深層諷刺，我們在這個歷史裡，持續記錄我們個人的變化與轉型，而社會現狀是垂危的金融與政治機構依舊屹立不搖，似乎永恆不墜，穿越時間線。[5]

不過，科技有望突破這一歷史僵局，打開「智慧」、更賦權社會的可能性。的確，即使是最初宣布「歷史終結」的思想家，現在也表示人類進入了「大斷層」（great disruption）時期。[6]然而，這樣的動盪對資本主義現狀及其歷史構成了難解的問題，亦即，資本主義要如何繼續自圓其說？一方面說資本主義與資本主義菁英亙古不變，但另一方面又說人類的存在是動態、不斷移動、充滿能動性的？的確，資訊時代來臨，人工智慧與大數據崛起，到底是「什麼」構成「生活3.0」，這個存在性問題漸受關注。[7]此外，綜觀歷史，技術革新引起了各種經濟性與社會「焦慮」，大家擔心科技會導致去人性化與道德沉淪。[8]最近這些憂慮體現於擔心出現「破壞式」的反烏托邦未來，懷疑這些數位技術到時會反過來對付我們。[9]若說有什麼可樂觀的事，大概是能夠找到一種辦法，「儘管科技讓我們失望，我們仍能繼續人類之旅」。[10]

大數據似乎讓人類處於存在性的十字路口。早在六〇年代，經濟學家沙克爾（G. L. S. Shackle）推出他倡議的「存在主義經濟學」（existentialist economics）——

> 決策是自相矛盾的……這些假說的正式內容都標上了未來的日期，並涉及每個可能採取行爲的結果，以提供決策依據。然而那個未來……只能有效存在於現在。這是決策者在做決定的當下、他的現在，憑空生出的想像與互爲矛盾的臆測。他腦海牢記的壓力或喜歡的事物，是他發揮想像力的結果，實際上與他在日曆軸遙遠地點發現的東西有關，他將距今遙遠的事物作爲思想的對象與架構，但是占據他現在心思的想像力，僅能提供他經驗，或是讓他擔心互爲矛盾以及互爲相容的可能經歷。[11]

關鍵在於人類是否有重新想像的能力，進而選擇一個不同於現在與未來的社會，還是他們會繼續抱著「對自由市場充滿不信任」的心態不放。[12]

智慧技術的出現讓兩種可能性都存在，不過，更大的可能性是善用自我監控的文化現象，透過大數據主導自己的個人命運，同時接受當前新自由主義在歷史上不墜的可能性。透過演算法、自我追蹤、社群媒體等，我們比以往任何時候都更能夠歸檔我們的過去、量化我們的現在、預測我們的未來。因此，人類是自己歷史的數據探索家，這樣的探索提供了企業與政府可剝削的嶄新機會，因而愈來愈多人受到鼓勵，以智慧方式「在歷史盡頭規劃自己的人生」。

◀快用盡的資本主義時間

人類時間傳統上是線性的，並按時間先後排列記載，亦即它沿著一條直線從過去、現在，一直到未來。然而，知名物理學家羅維理（Carlo Rovelli）早已提醒過我們：「時間是簡單而根本的東西，流動方向一致，獨立於一切事物之外，從過去到未來，時間可用鐘錶測量。時間前進的路徑上，世上的事件一個接一個循序登場：過去、現在、未來。過去是固定不會流動的，未來是開放的……其實這一切原來都是錯的。」[13]

對時間有了新的認識，似乎也顯現於我們對當前資本主義史以及技術的見解。事事並非一條直線直直往前進，以登陸月球為例，這是全球一體的先驅事件，但我們似乎遇到瓶頸，停滯不前，感覺彷彿技術繼續前行，而大多數人類卻被拋在後面。在二〇一三年備受肯定的科幻電影《末日列車》（*Snowpeircer*）呈現了這一個黯淡的景象，片中的未來世界遭逢環境浩劫，迫使留下的人類全部擠在一列火車上，不停地繞著相同的軌道行駛，列車內部分爲菁英搭乘的豪華頭等車廂，其他人則擠在人滿爲患的普通車廂。

批評新自由主義的人士最近挑戰了這種直線式進步的敘事法，這派傳統上用於合法化市場社會。它被稱爲「賭場資本主義（casino capitalism）時代的殭屍政治與文化」，硬是結合了一成不變的政治想像力與高風險經濟，[14]暗喻死掉的政治吞噬了一切創新、締造新猷的努力。技術已將我們變成後人類「殭屍」，沒有意識的行屍走肉，跟著其他人一窩蜂消耗所有創新產品，自己卻沒有任何行動力去徹底改變什麼。[15]

同時，歷史似乎快速地向前推進，背後的動力來自技術，少了人類介入踩煞車。加速主義（accelerationism）不管是右派還是左派，都預告了今日的資本主義加速前進，讓我們覺得時間飛逝。[16]儘管自由市場猶如脫韁野馬，看不到任何減速的跡象，不過其速度與方向倒是可以被引導，指揮其向後或向前。根據右派的觀點，透過數位技術加速資本主義生產，有助於市場集中強化，創造更智慧的人類，而左派的觀點認爲，這樣的加速可以應用於新自由主義以外的領域，遂行解放與革命的目的。[17]換言之，這些創新可以打開視窗，看到未來的諸多可能性與機會，進而回饋到現在，形成一個數位反饋網，讓這些「科幻」（sci-fi）潛力成爲明天的現實。[18]

未來加速衝向我們，儘管技術先進，但仍像是進入了死胡同。這樣的恐懼感出於人類可能無力再掌控我們集體的命運，變化的速度之快，讓我們無力思考自己的社會以及人類這個物種最後的結局。結果，我們被鎖在無法避免的智慧「惡托邦／反烏托邦」（dystopia），在這惡托邦，人類政治（如果還有的話）無足輕重。[19]這多多少少只是當代對於過去的殖民史仍念念不忘。視科技爲入侵的歷史力，反映了不久前的現象：明目張膽地讓一個族群殖民另一個族群。這些將過去的恐懼投射到未來的現象，進一步見諸當前文化非常關注入侵的外星人，以及他們可能造成人類滅絕。[20]這些預言也預告新自由主義的末日將至，到時生態被破壞殆盡，環境受到摧殘，不僅爲我們的歷史敲下喪鐘，也終結人類本身。[21]

走到最後，感覺無論是現在還是可預見的未來，我們都擺脫不了資本主義。這個時代的特徵是「一切悉數資本化」，包括我們的時間與抱負。[22]具體而言，社群媒體與數位溝通結合企業全球化，造就了可怕的二十四小時不停機的資本主義，「不夜城」、對勞工的要求沒完沒了，勞工必須隨時隨地為之服務。[23]

照此下去，退休後的生活大概也不會大幅改善。說來諷刺，現代資本主義的存續靠的是承諾大家有個美好的未來。儘管就社會及意識形態而言，它不可能容許出現社會主義或是無政府世界，但是在個人層面上，它鼓勵大家全力貢獻給工作，等到年紀大了，就可以成功退休，卸下資本主義勞動。[24]然而，新自由主義連「老了可以退休享福」的承諾都要剝奪。如今我們的退休金已經不保，未來顛簸不定，[25]這些恐懼因為優渥退休制度不保而加劇，[26]這些充滿社會主義色彩的退休制一如更簡單、經濟更安穩的時代一樣——已經過時而慘遭淘汰。對於上了年紀的人而言，新自由主義及其相關的技術，再度讓他們心生焦慮，因為對自我已經習以為常的了解與認識，竟被打上問號，加上一些具體的福祉突然之間不保。[27]

自由市場勝出後，一度標榜將終結人類的悲劇史，解放個體，放手讓大家追逐夢想，而今卻讓大家自暴自棄，覺得自己沒有可指望的未來。大數據也推波助瀾這樣的集體悲觀情緒，將原本連貫的生活軌跡，拆解成易於消化但往往不連貫的位元大小碎片。

隨著工作開始主宰我們生存形態的各個面向，以及這現象遲早結束的可能性似乎愈來愈小，看來我們終於快要用完資本主義的時間，卻沒有其他地方可去。

◀締造歷史

若說大數據迄今尚未徹底開啟我們的能力，讓我們能完全改變人類史進程，至少也已大幅改變我們對生存的看法。我們對生存的形態有了新的見解，凌駕一般常見的抨擊，包括資訊重組我們的大腦或是改變我們的人際關係。其實，大數據徹底改變了與生死相關的課題。由於現代醫療及技術不斷精進，延長了我們的壽命，而新近的研究與創新恐讓我們得以數位永生（digital immortality）。我們嚥下最後一口氣之後，有關我們的數據在他人收藏與保存之下，仍有可能透過社群媒體及虛擬現實，讓我們起死回生、永生不死。[28]也許在不久的將來，我們的數據可以被移植到另一個肉體，然後演算法根據我們生前的行爲，預測「重新復活」的我們會有什麼行爲表現。[29]我們也許會死，但是再過不久，我們的個人檔案將永遠流存在世上。

我們生命存在的時間已然改觀，因此更需要設備監控我們的數位存在。這催生了個人典藏（personally archiving）的現象，以便管理我們的個人數據。當然，數據無法為自己說話，所以早在資訊爆炸的時代來臨前，大家就知道必須謹慎思考數據是為誰說話，以及誰詮釋了數據。[30]這尤其適用於大數據，因為「數據揭露的關係絕非無中生有，也絕非只為自己說話」。這衍生了嚴重的實務、法律、倫理問題——到底有多少這類資訊可以被收集、詮釋、傳播？[31]

儘管這些疑慮主要針對研究人員，但愈來愈擴及至一般大眾。數據收集與分析已成主流，似乎每個人都念念不忘隨時隨地收集自己和他人的資訊。因此，數位典藏（digital archiving）成了愈來愈多人的日常活動。這類「i-典藏」（iarchiving）突顯「近來技術的突破不僅提供新管道，用於自我表達、動員、反抗，也能幾乎無所不在地追蹤、側寫、形塑新崛起的主體性」。[32]透過典藏打造身分與認同，這需要大量的自我監控；大量的資訊以及透過數位方式「全都錄」，會導致不連貫與被拆解的感覺。[33]這些在在造成廣泛的「錯失恐懼」，因為個人數據分享的現象幾乎到了隨錄隨傳的同步化程度。[34]

時時自我典藏是一種手段，用以確定自己是誰，以及希望自己成為什麼樣的人。這是建立個人史的過程——敘述自己的人生故事，並透過典藏，讓這些故事更逼真，甚至更有影響力。這個做法，理論上反映了小鎮乃至「車庫裡的陽春小公司」，如何成為「呼風喚雨的中心，遠距離控制其他許多地方」。[35]同理，在當代，我們利用數位技術，動員自己的「虛擬世界」，以便影響他人，以及在日益分散的現實世界裡，建立自己的一席之地。數位記錄技術是這個動員力的核心一環，畢竟數位記錄技術可以遠距離造冊建檔，因此可以活化一些行動，同時也可以讓一些行動失去效力。[36]時時記錄自己，其實是對自我生命行使控制權的機會，這是廣泛「對人類進行分類」的一部分行動。[37]這點很重要，畢竟在這個時代，氾濫的資訊導致定義與認識自我，看似成了不可能的任務。就這點而言，「大數據等於人」的說法不無道理，因為「點擊流量的總數，並非呈現我們這個人的客觀度量，但是可以呈現我們的希望與欲望」。[38]

當代的自我表達方式已經改道，由不斷管理我們的個人數位史取而代之。透過個人資料夾，我們記錄了自己的社會性存在，將虛擬的分身呈現於外，這些分身符合我們希冀的自我形象。社群網路提供了空間與機會，讓我們為了網路空間的觀眾而轉譯（translate）自我，至於我們線下的生活則深藏不露，或是被重新架構，以便能和線上方寸空間的形象與表演搭上線。然而，匠心打造「數據化」自我的機制本身，不僅記錄，也會左右、限制我們的自我身分。隱藏的演算法分析了你的個人史，這麼一來，不僅能夠預測也能指揮你的未來；它們會建議，哪些新聞報導或產品會讓「眞正的你」感興趣，強化這個虛擬分身，並極盡利用，讓你提高數位消費至最大程度。演算法是「轉譯社會學」（sociology of translation）的更新版，「試圖切斷所有潛在的連結，重新建構一套聯盟系統，社會與自然實體可成形並加以鞏固強化」，以符合這些數位理解。[39]具體而言，這是根據績效指標進行「自我組織」（selves-organizing）的一個例子，這些指標會僞裝成對生活有幫助的實用建議。[40]

重要的是，以數據爲基礎的自我建構，在意識形態上絕非中立。其實，論述是經過安排，自由揮灑的程度也有限，以便遮掩實際的社會建構。尤其是它允許我們在字面上和比喻上，感覺是自己執筆「寫自己的故事」。透過部落格、傳送訊息、臉書貼文與其他線上互動方式，我們得以書寫自己的數位史；透過這類書寫與記錄，進一步允許我們有機會理解這個世界，以及我們是誰。然而這類創作（創造性地控制我們身分）分散了我們的注意力，忽略企業多重決定（overdetermination），以及政府利用這些最新技術把我們過去的資料導引於打造現在的我們。這反映了允許本應受到規範的資本主義制度，策略性使用「自由選擇」，因爲「自由市場必須翻轉被動的個體，這些個體受到社會主義家父式制度的悉心照料，特色是悲觀、虛僞、受民粹煽動吸引、缺乏公民美德，所以要讓這些個體搖身變成主動、願意做選擇、負責、自主的個體，務必要自由，過著看似出於自由選擇的自在生活」。[41]

此處提及的傳統「企業我」（entrepreneurial self）被轉型爲資訊時代的「寫作我」（authoring self）。[42]更重要的是，在同步記錄的網路空間裡，透過書寫自己的歷史，我們看不到有多少歷史已爲我們製造了出來。

◀對現在進行數據挖礦

在新的千禧年，數據已成爲最有價值的商品之一。儘管石油仍足以掀起戰爭，毒品繼續在全球肆虐造成許多人枉死，水源之爭勢必成爲未來廝殺的戰場；但是對資訊的需求及角力，就重要性而言，可能凌駕於所有爭奪戰之上。資訊是取之不盡但非常珍貴的資源，必須妥善保護，但也要與他人分享；既要保留，也要被他人所用。它握有通往更美好未來的金鑰匙——在不久的將來，將出現智慧城市、智慧人類、智慧社會。更明顯的是，資訊是建立個人史與集體史的基礎，在今天，「你等於你的數據」絕非誇張的說法，因為「詳細的量化數據，其定價已高於其他圍繞一個人生活、健康、幸福相關的資訊形式」。[43]

所以，不僅必須發現更新、更豐富的數據脈絡，也要能夠持續重新詮釋現有的數據集，以便擁有更新穎的看法。因此，人必須既是數據探勘者，也要是數據挖礦者。技術上，數據挖礦（data mining）指的是統計技術與機器學習方法，目的是從原始數據中找出模式與可用的見解。挖礦是「在數據庫中發掘知識」這個更大作業流程中的一個分析組件，[44]數據挖礦被企業策略性地應用於各種不同的剝削式用途，諸如挖礦潛在客戶的「網路聊天」，找出其中的意義；[45]也可以進行「身分挖礦」與「身分探勘」，目的是增強數位形式的「身分管理」，以便提升網路安全。[46]

儘管數據挖礦是一套複雜的數據分析方式，但它也標誌了我們理解或是與自身數據打交道的方式，已出現文化性轉變。值得注意的是，這是一種心態，我們須重新安排社交與個人的時間，人愈來愈被視爲「即時同步」（real-time）的資訊主體。我們的數位身分隨時有受攻擊或剽竊之虞，因此亟需「防詐欺的偵測技術」保護個資。[47]消費者與客戶樂見「工業物聯網」，用以同步追蹤生產或是運送過程中哪裡出了差池，以便盡快替換。[48]此外，我們也需要善用演算法，以便跨越多重的個人數據串流（諸如健康、財務、社群媒體），抽絲剝繭找出即時同步模式。[49]

我們對於即時數據分析的渴求之大，猶如無底洞，影響所及，無可避免地上演數據的「軍備競賽」，亦即大家都想搶第一，看誰能最快提供資訊。企業不斷向客戶和普羅大眾誇口，稱揚自己的挖礦能力與處理數據的速度之快，已超出一般人所能想像。值得注意的是，這樣的競賽既是社會建構，也是精進技術的可能性。的確——

> 快速分析至關重要，有助於推廣與強化以數據爲基礎的決策、治理、下單訂購等流程。如果可以同步得到訊息，組織對於速度及靈活度的需求可望被滿足。結果就是推倒數據化的諸多限制……業界開始接觸、培養，乃至整軍部署，希望能進一步合理化對速度的需求。[50]

「求速度」眞正取代了批判性思考（後者需要時間與反覆斟酌），爲的是即刻得到「客觀」知識的快感。此外，「求速度」將我們的身分置於演算法及控制演算法專家的手裡，畢竟我們就是透過這樣的數據挖礦被「做出來」，以及一而再、再而三被做出來。因此，「大數據分析背後的邏輯，標榜了演算法分析量化數據時，有其無可挑剔的客觀性，這剝奪了個體定義自我的能力，並關閉所有挑戰或抵制這些推論的機會」。[51]

這揭露我們爲求能時時快速增修以及取得即時「知識」，放棄了自我的行動力。這種病態的迷戀，使監控技巧與技術不斷壯大，進而得到合理化的基礎。根據這個精神，其重新建構了大數據的眞正意義，所謂的大數據應該被定義爲「數據的規模迫使我們放棄了行之多年、可靠、屢試不爽的普遍方法」。[52]大數據應用的範圍進一步擴大至更多領域——體育迷可以利用大數據增加觀看的選擇性，教練可以善用大數據，取得旗下選手與競爭對手的最新資訊。然而在這些好處的背後，「富數據」（data rich）與「窮數據」（data poor）造成的社會不平等現象將會愈來愈明顯。[53]此外，自我挖礦實際上也改寫了世界地圖，大家利用演算法取得或是傳播有關全球轉移變化的地理與地圖，以及居住於其中的人民。一如古時的地圖繪製者，根據數據所繪的地圖，會刻意遺漏一些東西，以便強化目前全球的國力差異。[54]

可以想見，這樣的數據提取（data extraction）要實現的最高目標並不具善意，多半只是爲了發現、優化企業的經濟價值。因此，「數據沉默（data silence）或數據鴻溝（data gap）的現象，是因有些數據被認爲值得製造與儲存之故。簡言之，企業數據爲的是獲利，所以眞實性次於經濟價值。實務上，這代表數據的每日規模就是商品化數據點（data point）的規模，每個人都是從那裡衍生出來」。[55]分析這類數據如果求快，就無法彌補這些數據集已經缺失的部分。由於收集數據受到意識形態左右，因此數據的「客觀性」包裝（儘管多半隱而未現）會遭到破壞。此外，它會去脈絡化（decontextualise）我們的生活與經驗，讓這些簡化爲數據點，以供研究、分析、獲利之用。所謂「數據替身」的設計印證了這個現象，亦即以摘要方式提取，導致我們的身分與「所在的地理設定」脫節，並拆分成一系列不連貫的片段，然後被無止境地挖了又挖，從中獲取訊息。[56]我們被簡化爲位元大小的數據集，透過創新的監控與分析，既有的不平等與現狀，會再次被確認與再次複製。因此，在當今這個時代，我們挖礦的數據愈多，對於自我與世界的認識就愈不深入。

◀預測你的未來

如果建檔是記錄你的過去，數據挖礦是同步分析你的現在，那麼預測性演算法（predictive algorithms）與機器學習就是占卜你的未來。我們已經目睹了大數據有能力分析你做過以及正在做的事，以便對最可能發生在你身上的事加以分類。[57]過去的占卜師成了當今二十一世紀的資訊標誌，迷信已被「精準的」數據預測所取代。社群媒體的聲量與活動提供了櫥窗，讓你一窺未來數位化的模樣。[58]我們可以利用不斷更新的數據流，立刻修正、重新載入對未來的預測。[59]許多人擔心人類可能滅絕的同時，我們卻比以往任何時候都還念念不忘地想精確了解命運對我們的安排。

此一態勢是對當代人的深刻諷刺。看來我們對集體命運的控制愈少，就愈想努力掌控個人的未來，換句話說，我們似乎無能爲力對抗社會不可避免地走下坡，於是我們積極擁抱大數據，以便重新調整個人未來的可能性。影響所及，在數位科技崛起以及虛擬力出現後，我們大幅改變我們的抱負，甚至改變了道德觀。大家不再被社會或天意的決定所左右，取而代之的是，自己負責規劃個人精彩的潛能，並不斷自我監控，確保潛能可以開花結果。在這個過程中，我們會被重新編程，成爲「數據的時間旅人」，探索更多的虛擬現實，確保能夠獲利。

本著這種精神，透過不斷監控，我們至少能夠掌控一部分自己的人生。虛擬環境，例如〈第二人生〉，提供大家機會，探索不同的生活方式與個人各種的可能性。例如，假如我其實是個醫師而非失業者，那會怎麼樣？或者如果我不是律師，而是罪犯呢？這些探索隱含的想法是，儘管我們「眞實的」未來或許相當封閉，而且多半被固定在某個位置，但我們的虛擬未來卻是完全敞開的。這些無限的可能性爲掌權者創造了監視主體的新機會，利用主體對於不一樣的存在心存幻想，以此爲誘餌，讓掌權者可以進一步監控主體的希望、夢想與偏好。然而，這也會催化用戶開發「反技術」（counter-technologies），用以保護他們眞實及虛擬的自我，以免受到這些祕密入侵的監控，並且在此一過程中，捍衛他們現有的身分與未來的自我。[60]

此外，儘管大數據的預測能力乍看之下受到限制，實際上卻能拓展民眾與組織無限的可能性。商業智慧（business intelligence）端賴各種「迷思」，包括「數據驅動（data-driven）、預測與主動、共同對結果負責、愛追根究柢」。[61] 數據已經質變，從未來一定會怎樣的仲裁者，變成了影響未來可能會怎樣的資源。大家堅信，透過更精準的自我監控與演算法預測，我們可以即時鑄出或重鑄我們的未來。我們對於當前知道得愈多，我們的命運就愈清晰。收集、分類、不斷更新我們的生活數據，這爲我們開了一條路，通往可能的未來；這也是一種探索，找出我們的潛能。我們還把窗戶打得更開，讓企業與政府張著偷窺的眼，監測這些虛擬自我。

放任數據監控，讓它們以虛擬方式進入未來，掩蓋了這些數位技術對我們的影響，以及它們如何過度地決定我們該是什麼樣子。此外，祕密地（當然也沒有那麼祕密）從外部監測我們的數據，也讓我們漸漸接受數據的權威性。最近在生物傳感技術（bio-sensing technology）的測試裡，受試者有機會根據顯現他們情緒的服飾做出反應，這些智慧服飾收集穿戴者釋出的個人數據之後，再即時將其情緒顯現在外。有趣的是，大家幾乎很少（如果有的話）質疑這些穿戴裝置數據監測技術的合法性與客觀性。更令人憂慮的或許是，數位技術被授予更大權力，辨識我們的情緒與感受，多少會讓一些人心生不安，擔心「自己還有多少能力能讀懂自己的情緒」。[62]我們一方面希望代理人監測我們的個人數據，一方面又希望判讀的結果安全無虞，兩者之間存在的張力與不確定性在在顯示，我們心甘情願讓生活、情緒、想法、行動都受到數據主宰。在某種意義上，我們接受成爲數據探勘者的機會，交換條件是，我們被數據「客觀地」告知我們是什麼樣的人，以及可能變成什麼樣的人。

◀虛擬進步

拜大數據之賜，未來的特徵可能是個人化、賦權、理論上安全、被用到極致。未來介於《伊底帕斯》（*Oedipus*）經典悲劇以及「努力工作，夢想就會成眞」這個自由市場標榜的幻象之間。現在要問的不是我們能否擺脫命運，而是我們能否擺脫被數據分析的命運。儘管這問題只針對個人，但愈來愈適用於集體。數據分析直接挑戰了我們已走到人類歷史死胡同的想法，這反而揭露了我們集體改進的可能性。此外，它也鼓勵了更多的虛擬潛力（virtual potentials），包括市場化我們的虛擬未來。

這為現代進步的概念提供了新的啟示。儘管這個想法看似不受時間限制，但是誠如偉大歷史學家伯里（J. B. Bury）猶如先知般事先提醒了我們，此觀念相當新穎，十六世紀才真正開始流行，[63]於十九世紀左右在西方達到巔峰，見證於菁英階層對於工業革命持樂觀態度。然而——

儘管二十世紀距離對進步完全失去信仰還遠得很，但是有一個立足點不錯的主張認為，當我們這個世紀的特徵最後是由歷史學家定調，那麼這世紀最重要的特徵之一，並非相信社會在進步，而是放棄相信社會在進步。對於「西方在進步」持懷疑看法的人，原本僅限於十九世紀一小群知識分子，而今在二十世紀最後二十五年，人數不斷增加，不僅擴及至絕大多數的知識分子，也擴及至西方數百萬民眾。[64]

此外，有人批評這些進步觀，以「未來日子將會更好」之名，合理化了當今不公不義不均的現象。無論是全球發展戰略、殖民國嘗試「文明化」殖民地，乃至共產主義，當今各種受苦與磨難，老是被即將到來的烏托邦式進步合理化。進步觀進一步地指揮人類以線性方式思考過去——「我們應該要有信心可以一路邁向更美好的未來」，因而強化了這種據稱勢必向上發展的意識形態。最近的理論家提出了不一樣的後結構主義（post-structuralist）進步觀，倡議「帶有未來感的自由觀，開放得更徹底，這樣的未來保留各種可能性，我們奉行的規範、思考與下單訂購的方式都已被汰舊換新，因此變得非常陌生」。[65]

大數據社會對於進步也有自己的版本，類似伯里的預言，但帶著災難性的後現代視角。根據大數據的版本，進步是「徹底開放」，宣稱幾乎一切皆有可能，唯一受限的是我們的想像力，但其實受限的不只一個，而是兩個。首先是你嚮往的未來，不管現狀多麼激進或多麼有挑戰性，追根究柢都是原始的數位資源，方便進一步數據提取與挖礦，因此能爲有權有勢者提供更多資訊，以利其在經濟與政治上獲利。第二，只要任何可能性無法在「財政上」永續，那麼徹底開放對其毫無用武之地，就這層意義而言，想像的美好未來需要個人和社群攜手，發揮創意構思拯救資本主義的辦法，讓資本主義能適合任何一種新技術、文化價値、激進重組的社會關係。

這顯示數位建構了進步主體 2.0（progressive subject 2.0），這些主體肩負的任務是善用所有可用的技術資源，讓世界更好、更能獲利，這得和自我追蹤技術結合，才能持續監控自我與他人，確保自己邁向所嚮往的未來。[66]市場理性與先進的數位技術相結合，製造了經濟上有德之人，名副其實「掌握充分資訊」的實業家能夠讓未來的世界更好，不要遲疑，就從今天開始。

「量化我」被大數據與隱身在背後的演算法這兩個科技魔法棒一揮，變身成爲「虛擬我」(virtual self)。大家必須盡職地收集數據，然後聰明地將數據轉化爲機會，讓自己這輩子得到充分發展、事業有成、實現社會正義；數據成了取之不盡的再生資源，助你成就這些目標。「數據資本」(data capital) 被認爲是無可匹敵、不可取代、植基於經驗的，需要搭配數據平等、數據流動性和數據管理。數據探勘讓你看到之前看不見的連結與觀點，當新的問題出現時，這些都會被擱置在一旁。[67]値得注意的是，這不僅能改善你當前的狀況，同時也能提前部署，以便能夠最大化對未來社會與經濟的正面影響。

因此，儘管進步似乎是開放的，但事實上，它不斷被個人以及集體指揮，導向永遠能反映新自由主義價値觀的方向。「數據革命」背後有各種不同的論述，涵蓋兩大要點，一是開放(例如共享、重複使用、免費存取等)；二是市場爲本的價値(例如透明度、問責制、社會企業精神、規模經濟等）。政府與大企業採用智慧「理念」，將大數據應用於所有領域，包括「治理人民、管理組織、發揮價值、創造資本、建立更美好的場所」。[68]這是每個人的責任——設計並協助建立高效、「開放」、有價的數位美麗新世界。

◀監控你的新自由主義生活

這種進步論合理化了更廣泛的監視文化，指揮一個人所有的虛擬前景，從提高產能、效能，乃至獲利，都能符合新自由主義的特色。爲此，大數據替資本主義的時間觀增加了一點新的想法，不僅指導一個人的人生路徑，也指揮他們線上各種我的人生。企業與政府時時刻刻監視你在網路上的各種分身，目的是找出新的方法，物盡其用這些分身。因此，新穎的「數據化模型」開始問世，「應用預測性分析技術，分析收集到的現成數據，從中得出更多某個人的個人資訊」。[69]這麼做等於是挖礦，以及高明地（往往是神不知鬼不覺）暗示每個人這一生的各種際遇與經驗，對挖礦的人而言，其實都是有價之寶。[70]

行動技術尤其能讓當權者追蹤我們的一舉一動，而且漸漸地，連我們的思想也不放過。訊息、貼文、電話交談內容、線上購物，都會留下「數位麵包屑」，讓窺探的雙眼知道更多有關我們的訊息，進而提高對我們的掌控。[71]被揭露的是一種名為「現實挖礦」（reality mining）的新形態追蹤[72]——

有了行動電話和其他數位基礎設施，革命性的感應式偵測工具應運而出，提供我們檢視自己的上帝視角。人類史上第一次，我們可以精準繪出許多人日常生活的行為……「這些工具」也給了我們另一種有力的方式，了解並管理人類團體、企業，乃至整個社會。藉由使用更先進的統計模型和感應設備，提高了這些偵測工具的性能，我們已可針對人類組織與人類社會建立量化、可預測的科學。同時，這些新工具可能會讓國家進行喬治．歐威爾（George Orwell）所描寫的無所不在的監控成眞。我們使用這股新力量的方式，結果將決定我們不是得救，就是毀滅。[73]

值得注意的是，這位高科技老大哥不僅注視我們在做什麼，也預測並試圖支配我們的下一步。

這些預測形成了令人生畏又銘刻在心的數位預期，並指出只要我們稍稍再努力、再自律一些，就有機會實現目標、成就最好的自己。這是一種手段，同時主張「控制自我與自我控制」，過程中，「演算法治理術（algorithmic governmentality）可以成爲新的治理範式，靠的是夢想有朝一日，現實若能被正確地探索與記錄，治理可以是被動、無害、非強制性的……而被社會排擠的人也會不同於現在，很可能是那些無法或不願意『做自己』的人，這些人否認數位設備的客觀追蹤和不容反駁的記錄，否認被追蹤與預測的『這個我』」。[74]我們必須不斷努力，不辜負數據主人對我們的期許。

當然，可以預見這樣的數位監控將引領你的未來，並使社會爲未來朝著友善市場的方向偏移，它們會自願或非自願地引領我們個人與社會整體的發展。[75]你所有的行動、行爲、心血來潮和他人分享的想法、線上偏好，都可能被武器化，成爲一種數位手段，根據嚴格、永不滿足現狀的新自由主義標準，反過來對你品頭論足。我們在網路留下的數位足跡與數據煙霧（data fumes），主要目的是將「某些意義嵌入量化的空間資訊」。[76]

這些資訊成為手段，可在民眾變成市場主體時，用這些資訊來回顧以及前瞻性地預測其行為。

在這些條件下，符合二十一世紀資本主義需求的新自我，被精心預測以及製造了出來。數據驅動的未來固然精彩可期，但表層之下藏著陰險又有控制慾的數位現實。我們的生活和夢想一直在更新狀態，代表發揮自律與開發自己的機會一直都在。我們的存在愈來愈「移動」（motile），以動態與靈活的方式控制我們短期與長期的各種網路可能性。因此——

> 被賣的「你」——我們貢獻的社交數據一開始只是表達我們的社會性，這些數據都會移動；亦即，它從我們所在的平台流了出去，經過我們各種個人的技術性巧思，以及雲端運算錯綜複雜的加工。然而它的移動不受我們指揮，而且幾乎是百分之百的自主，不受我們控制。確實，我們貢獻的數據愈來愈在資金與國家的要求之下移動。[77]

在這些可被消費的現在、未來身分之下，是一個複雜又危險的實時監控機制。也許更讓人不安的是，監控利用無所不在的數據挖礦技術，終結一些人的生命，同時挽救其他人的生命。因此，「分析技術將大家的注意力與決策集中在一些特定的人與物身上，卻抹去或忽略這些人與物所在的實質脈絡」。[78]我們被轉化為容易消化與利用的數據之後，自此被永遠定型在我們「選擇」落腳的虛擬現實裡，成為數位控制與利用的主要來源。

◀智慧時代

大數據時代的出現為我們預想的生活創造了更多的期待，我們不再把命運交給風，隨風而飄，也不會一味相信天道酬勤。我們改而勤奮地收集、分類、分析數據，並採取行動。我們擁抱幕後演算法客觀眞實的預測，我們每天追蹤自己的命運，並相應地改變我們的行為。應運而生的數據管理橫跨我們線上與離線的時段，讓我們能掌控自身資訊，並不斷利用它來建立我們的優勢。[79]

這反映在人類史的演變，該演變與「數據化」的後現代現實相符。具體而言，它圍繞著追求心理完整性打轉，而這與我們對數據管理和監控的幻象有關。大家看見智慧分析呈現的完美我模樣，並努力實現這樣的形象。他們勤奮工作，定期檢視當下數據呈現的我，對照於他們嚮往有一天能變成的虛擬形象，迫切地想縮短兩者的距離。在分散的技術世界裡，此一數位追求提供了本體安全感與穩定的身分，這跟大數據提供的情感承諾息息相關。這也呼應了拉岡所描述的歷史，他認爲歷史會循環，追根究柢，歷史是周而復始地努力追求難以捉摸的完美與和諧。

這種歷史的核心是幻想有取之不盡的資訊、無極限的個人發展、永不停止的社會進步。我們需要不停認識自己以及我們所在的社會，以期兩者能不斷進步。因此，「大數據不僅僅是爲了溝通，它的功能是，我們可以從大量的資訊了解一些事物，若資訊不夠多，我們是難以了解這些事物的」。[80] 就這點而言，資訊顯然愈多愈好。這發揮了數據分析技術神話般的特質，的確，演算法的功能遠超過數學函數或技術解決方案，它們幾乎跟魔法一樣，而這魔法可以深入我們的現在，並預示我們的未來。演算法的「社會力」在於能夠大幅改變我們的「理性思維與看世界的方式」，[81] 讓我們覺得自己生活在「智慧時代」，我們實現夢想所需的所有資訊都存在於這個世界，也存在於我們的內在。

儘管大數據吹捧一堆令人眼花撩亂的承諾與希望，但是撥開這些表面，會發現充滿焦慮而嚴守紀律的生存狀態。大數據不僅是我們的救星，也是我們的高科技獄警，追蹤我們的一舉一動，分析我們所做的一切。誠如知名技術學者凱特・克勞福（Kate Crawford）的觀察，「在大數據活生生的現實裡，充滿了對監視的焦慮——擔心我們每天流出去的資訊會把自己私密的一面過度攤在陽光下，也可能無法如實代表我們，以致別人曲解與誤會」。[82]此外，這樣的不安不僅限於被監視的人，也包含那些負責利用大數據監看我們一舉一動的人。克勞福稱這現象是「監看者的焦慮」，表示「不管他們掌握多少數據，永遠也無法百分之百完整，而數據量之大，可能會形成層層迷霧，遮蔽了關鍵訊號」。[83]

這些現象顯示存在所謂數據化的「大他者」，這個大他者確實擁有完整的數據化資訊，因此大家爲了自己的福祉，願意徹底監看自己。除了感到焦慮，也覺得無招架之力，所以希望大數據協助我們理解這個資訊飽和的社會，告訴我們怎麼做才好。這多半是利用大數據技術與方法，簡化我們所處的環境，讓我們多元的網路存在狀態能夠統一。這又產生了「控制焦慮」，顯示「想要分辨（清楚知道）與想要指揮（決定透露）有關自己的個人空間大數據流，同時感覺到自己試圖發揮這樣的掌控權其實是徒勞的」。[84]就這點而言，大數據既是我們感覺自己失去控制權的肇因，也是解決方案。

幻想我們能對自身生活發揮數位控制，這難以捉摸的幻象有可能改變當代對不平等的理解。不再聚焦於傳統的資源與權力分配不均，改而著眼於大家在利用大數據「智慧地」改善生活與決策時，是否存在差異與不均。這代表著「新型的數據差異：有人可仰賴數據知識做出明智決策，有人則無這樣的資源，兩者之間形成了鴻溝」。[85]想要更「智慧」地做出選擇，讓我們不停向「數據主體」靠攏。我們追蹤、分析、善用我們這個主體的數據，希望最後能如願掌控自己的數位命運；我們以爲只要掌握更多資訊，就可以找到正確的方式、做出理想的選擇、優化自己的生活。

因爲這種渴望，我們忽略了大數據以具體而虛擬的方式，已經快速且往往不知不覺地掌控我們的生活。我們沾沾自喜、得意忘形，因爲自覺能對數據監控「過量」或是做白工的現象保持冷嘲熱諷的態度，因而忽略了大數據催生「數據化」主體的整體性影響。影響所及，它似乎過大或過於無效，以致無法受到該有的監控。[86]一方面冷嘲熱諷，一方面又擁抱數據可賦權的好處，讓菁英與資本主義系統繼續不受監督，也無法被監督，儘管它們愈來愈左右並規範我們的存在狀態。人民很清楚自己受到監視，我們自己的數據被用來反制我們，演算法指揮我們的選擇。然而當我們提出異議時，也只能得到愛莫能助的回應，彷彿這是我們透過數據追求更好生活所必須付出的代價——可接受的數據化黑暗面。這也是生存在智慧時代必須付出的代價。

◀在歷史的盡頭規劃你的人生

自由市場民主制希望成為「歷史的終結階段」，人類經過幾千年的戰爭、主宰、剝削之後，自由市場民主制是人類成就的最後勝利與最後的篇章，但是金融危機的幽靈與大數據的潛能，顛覆了這個一度勝出的結論。未來似乎既黑暗也光明。反烏托邦的觀點認為，企業會繼續壟斷，技術會繼續去人性化，甚至加劇不平等的現象，威脅到「智慧」技術帶給我們會繼續進步的樂觀榮景。人們擔心，我們正被大數據入侵與控制，進一步加劇了這些疑慮。在這些現存的不安中，或許同一時間更深層的改變正在發生。數位技術快速改變了我們的思考和生活方式，讓我們得以建檔自己的歷史，監控我們的現在，以便能實現個人更好的明天。數據測量到的現狀，為我們建立更精彩的虛擬未來提供基礎。

監控文化與崛起的「虛擬力」模式相關。監控文化讓你可以規劃、說明自己的未來，這攸關賦權以及控制當代的主體。主體利用監控技術與科技管理的個人「生活史」，規劃並預測該怎麼做，才能讓短、中、長期的行動盡可能有成效、有生產力並獲利。這種時時刻刻不停記錄一個人的存在狀態，在「歷史的終結階段」催生了希望與行動力，影響所及，沒有任何一個社會可以超越自由市場。此一階段不僅打開了邁向充滿希望與各種可能性的大門，也為現實與想像的人生開啟了紀律與利用效能。

| 第七章 |

極權主義 4.0

你是個好人嗎？你對社區和社會有正面還是負面影響？這些是多數人經常自問的問題。至目前爲止，答案基本上很主觀也無法測量。中國的目標是徹底重新恢復個人私德與社會公益，不只是觀念，也包括實踐。中國領導人正設法對全國老百姓落實革命性的社會信用系統，有些人悲觀地稱此舉是「大數據遇到老大哥」：

想像你在這麼一個世界，許多日常活動不停受到監控與分析：你在實體店面與網路商店買了什麼；在某個時間，你人在哪兒；你的朋友是誰，你如何和他們互動；你花多少時間上網、打電動；你支付了（或沒有支付）哪些帳單、繳了什麼稅……現在，想像有一個系統，上述這些行爲會被評定爲正或負，然後濃縮成一個數字，給分標準是根據政府制定的規則。[1]

儘管國外批評人士擔心會出現最壞的情況，但中國政府將這定調爲現代「社會主義社會創新的一環。中國政府宣稱，這個以數據爲本的「信用」制度勢在必行，「建立誠信文化，落實誠信與傳統美德，以守信的激勵和失信的約束爲獎懲機制，目的是提高全社會的誠信意識和信用水平」。[2]在實務上，不良的社會信用評分會限制你出遊，降低你的網速，你的小孩無法進入一流學校，你也無法找到好工作，無法進入高檔旅館，被貼上「壞公民」的羞辱標籤。[3]在已開始實施社會信用制度的城市，一些公民已經見識到其正向成效。三十二歲的實業家陳先生表示：「我覺得過去六個月來，大家的行爲愈來愈好。例如，我們開車時，現在一定會在行人穿越道前停下車禮讓路人。如果你不停車，你會被扣分。起初，我們是因爲擔心被扣分，而今則是習慣停車禮讓了。」[4]

儘管有人給予肯定，但這套系統依舊讓人打從心底擔心人類自由的未來。最起碼，它「讓人民承受成爲模範公民的壓力」。[5]它代表可能不是那麼混亂，但堪比二十一世紀的數位文化大革命，而且此現象不僅限於中國。誠如著名技術理論學家亞當．格林菲爾德（Adam Greenfield）所言：「這絕非中國所獨有，所以會擴大到其他地方，（一旦）別處的條件也成熟。社會信用的到來，預告了世界各城市的生活將會出現戲劇性的重大變化，這也包括你可能稱之爲家的地方。」[6]

但是原則上，它也可以充當爲一次激進的機會，藉由大數據讓企業和政府更負責，因爲它們的數據必須被公開追蹤與分享。不過實務上，一個更壓榨的現實埋伏在角落，蠢蠢欲動。社會信用制度的政策在貴州這樣的窮鄉僻壤先行上路測試，並非巧合，這裡的規定少，公共關注度也低，所以吸引了科技巨擘，諸如谷歌、微軟、百度、華為、阿里巴巴，皆陸續在此成立研究機構與數據中心，蘋果（Apple）在二〇一八年稍後跟進。就此而言，「作為中國數據中心的地位，貴州雀屏中選成為地方政府實驗社會信用制度的理想實驗室」。[7]這點揭露了科技界試圖把對數據那種「多還要更多」的無止盡欲望，結合了追求社會進步與文化美德，這景象頗振奮人心，但聽起來也非常極權。

中國的社會信用制度只是最新又最明顯的威脅，顯示全面可行、市場化的數位極權主義（digital authoritarianism）威脅並非空穴來風。這是當代的壓迫形式，建立的基礎是，我們生活裡有愈來愈多面向可被轉換為量化的數據，[8]成為監控我們的主要資源。因此，「許多國家陷入陣痛期，辯論政府可對人民的監視程度。但是在其他國家，對國家監控權的約束少之又少（如果有的話），因此數據獨裁已經近在眼前」。[9]同樣讓人不安的是，「大數據、老大哥、大把銀子」[10]三者之間的關係日益綿密複雜，催生了「智慧」鎮壓。

這些政策以及隨之而來可能成真的做法，再一次引起大家的疑慮，不禁要質疑演算法在人治（human governance）上的角色；演算法成了一種「迷思」，祕密控制我們的生活。[11]各種演算法的影響力愈來愈大，規範我們的人際關係與社會，影響程度之大，前所未見。[12]它們放棄使用數據調查所在的世界，改而愈來愈集中於「繪出」（mapping）我們生活、行動、想法的全貌；[13]這麼做，靠的不是監獄的瞭望塔、政府到家裡安裝的電視監視器，或是街上的監視攝影機，而多半靠的是你手上行動裝置的應用程式，可能是你主動下載，但更常是你沒有掏錢買的程式。

新的老大哥並非電影裡或海報上那個凶巴巴看著你的獨裁者，而是無所不知的數位「雲」，會「連續、全程、偷偷分析你的數位足跡，這些數據來自於你的種種行爲，包括工作、購物、睡覺、飲食、運動、溝通」。[14]這種侵入性監視受惠於我們持續產出的「數位軌跡」（digital tracks），[15]這些數位軌跡是我們在線上凡走過必留下的痕跡，被資本主義體制下的政與商所用，進行經濟剝削。[16]但我們也不用全然絕望，這些侵犯個人自由及隱私的行爲，同時也助長了各種形式的反抗。對抗這種侵入式的監控，叫做反監控（sousveillance），亦即受監控的對象重新定位追蹤與監看的鏡頭，以便更清楚地「看見監控者」。[17]例如現在有一種「haccessible」眼鏡，可以記錄你的活動與行爲，萬一你被冤枉，被指控犯了罪，可以將此作爲「數位不在場證明」，還自己清白。[18]就政治上而言，手機讓每個市井小民可以拍下警察與政治人物，揭露他們濫權的一面，並將其醜行上傳到更大的網路世界。

不過，此一最新版本的威權主義實例及其堅定的反對者，並未說明全貌。關於以數據行壓迫之實，背後有更黑暗的一面：在我們日常生活的決策模型裡，演算法會發揮威權角色，甚至到了不受人類控制的程度。其實，人力（human power）的功能被限縮到執行數據統治者下達的「客觀」決定，以及監督那些膽敢反抗的人。如果這聽起來過於牽強，那麼考慮一下這個已經出現但規模較小的實例：航空公司往往會超賣機位，然後利用複雜的演算法決定把哪一位持票旅客趕下飛機；超賣以及趕乘客下機的做法雖違反「常理」，但至今員工或旅客仍拿它沒轍。值得注意的是，「一旦啟動，威權式決策（不容反抗，照做就是！）可能導致暴力升級」。[19]

它也助長了當代公民一種矛盾但由衷的渴望，亦即克服世上種種艱鉅的挑戰，畢竟全球資本主義在當今給世人製造的問題似乎甚過福祉。因此「臉書、谷歌、『大數據』革命，削弱了西方民主，反而使威權國家的影響力上升，強化它們應對全球化挑戰的分量」，[20]尤其是讓計畫經濟的想法死灰復燃，主張大數據是有效協調與組織經濟關係的關鍵。據稱，「現代世界數據暴增說不定（至少理論上）可以提供所需資訊，大幅提升管理決策，降低計畫經濟與市場經濟之間的資訊失衡。中央計畫者快速取得工具，可以更有效地處理與消化數據」。[21]

本章將詳細敘述數位技術如何對極權主義構成了政治風險。值得注意的是，這描繪了一個令人不安的未來，不久之後，我們所做的一切都會受到滴水不露的監控與分析，以評斷其經濟價值。本章也會揭露這種「極權主義 4.0」如何讓菁英階層藉由更新的技術進一步規避個人責任，以及繼續放任資本主義系統性地逃避責任。本章建議，我們應該擺脫「監控」或「反監控」，進入「全面監控」（totalveillance）時代，在這個環境裡，所有人都試著二十四小時彼此監督與競爭，看看誰可以在全面監控的文化裡受益最大。本章將透過分析包羅萬象的「虛擬」以得出結論，虛擬力漸漸被去個人化，無限延展到我們一切虛擬與具體的互動上。

◀封閉的情資

二十一世紀原本應該是民主的黃金期，蘇聯解體，象徵專制與獨裁統治結束。當然這並非一夕之間發生，但大家預期自由市場、民主化是未來的必然趨勢，過去所有形式的暴政都會被這巨浪呑沒。沒想到這些夢想在短短數十年後，成了夢魘。新的千禧年第一部分，已被威權主義與非自由主義（illiberalism）破壞，很大程度顯示，資本主義（儘管樂觀人士稱，它是通往民主的唯一必經路徑）爲國家壓迫、文化暴力、寡頭統治、大規模監禁等大開方便之門。[22]不過，數位進展改變了高度依賴技術官僚統治（technocracy）以及壓迫的現象，把數據定位爲「智慧」管理的最終可用資源，幾乎不需人爲干預。數據提供「客觀」知識，靠的是預測分析、即時政策工具技術，從而在宏觀及微觀層面上，重新塑造權威。[23]

數位治理的好處之一是大幅提升透明度，對於相對封閉以及視資訊爲力量的社會，「開放資料」（open data）有明顯的吸引力。因爲按理，這可讓資訊從封閉的高牆後被釋放出來，提供我們未經修飾、更精準的分析，有助於我們了解自己及所處的社會。然而這類披露，「開放」的程度不見得如我們所認定的。值得注意的是，「中介技術（mediating technologies）在這裡指的是揭露工具，它們擁有獨特的組織特性，對於監控具備重要功能。它們扮演重要角色，試圖揭露客體、主體、行爲背後隱而不見的現實，也有助於建立或瓦解組織內與跨組織的關係」。[24]因此，如何讓資料「開放」以及爲什麼要「開放」，會左右當代社會關係、透明度論述，乃至問責制的關鍵。此外，還有其他值得注意的面向：誰是促進開放資料的「資料中間人」？其動機與意識形態是什麼？[25]因此，這清楚說明了，政府宣揚「開放性」的重要性之際，卻也積極起訴愛德華．史諾登（Edward Snowden）這樣的吹哨者。史諾登一案揭露了國家贊助的監控機構偵蒐的廣度與深度之大，令人瞠目。這些疑慮因爲「數據黑暗時代」風雨欲來而雪上加霜，大家擔心大量的網路資訊因爲儲存在過時的系統裡，可能會憑空不見或受損。[26]因此，當今我們務必要問，哪些資訊是被公開攤在陽光下，哪些是被隱藏在數位陰影裡。

相較於我們在數位知識上的落差，更重要的是，數據如何包裝人類的偏見與不平等，讓它們披上高科技外袍，顯示出科學上的「客觀性」。即便是最基礎的水平，有偏見的抽樣也往往會讓大數據偏斜，之所以有偏見，是因自我選擇（self-selection）之故。[27]也就是說，人的因素被忽略了——誰在收集他們的數據？收集者在明與在暗的偏見如何汙染了這樣的共享？除了有偏見的抽樣，演算法在深度學習與分析的過程中，還會重複系統性的種族主義、性別歧視、恐同症與階級主義。[28]它所提供的情資會延續這些系統性的偏見，甚至透過據稱是意識形態中立、不受人類干預的演算法，而強化了這些偏見。

可以預見，大數據已成爲政治與社會控制的武器，作爲更廣泛控制的一環，用於鎖定歷史上被邊緣化的人群。例如，它進一步豎起一系列藩籬，阻礙窮人取得社會福利與改善經濟的機會。[29]在當今時代，可以公平地說，數據有助於富者更富、窮者不幸地變得更窮。數據也用來監控少數團體，以便能訓誨與規範他們的行爲，這延續了長期以來倚賴技術維持現狀與權力分配的做法。一如媒體正義中心（Center for Media Justice）創辦人暨執行總監梅爾基埃．西里爾（Malkia A. Cyril）所觀察到的：

> 早期的技術以及在背後支撐這些技術的政策與做法，目的是區隔公民與奴隸。當年的奴隸通行證、在奴隸身上烙印、燈籠法（lantern laws），猶如現代的手機追

蹤程式、臉部辨識軟體、穿戴式攝影機。然而今昔做法的目的與功能實則如出一轍——差別在於現在進入了數位時代。這些技術與各個層面的執法過程互相結合，包括了預測性演算法，評估審判前的風險與犯罪活動，以及廣泛應用於警用的技術，受到的監督少之又少，甚至完全沒有。這些技術（包括僞基地台、監視攝影機），應用於有色人種社區（尤其是非裔）、移民、阿拉伯裔和穆斯林。在每一種情況下，技術與演算法被譽爲對抗偏見的關鍵，儘管有充分證據顯示，出自歧視性做法的數據會強化而非消除偏見。30

這顯示數據情資（data intelligence）漸進式、帶目的性的壓迫形式已經崛起，爲的是捕獲愈多數據愈好，然後在策略上盡可能利用蒐集到的數據，實現支配與獲利的目的。這猶如變形的軍備競賽，核心是誰擁有可蒐集以及有效利用最多數據的技術，而這反過來代表了一種全新的監控形態，亦即一種「結構上不對等」的監控，畢竟「僅有那些可進入數據庫、握有處理權限的人可以進行監控……同理，這樣形成的知識必然是不透明的；並非可共享以利了解這世界的知識，而是行動情資（actionable intelligence），目的是落實一個非做不可的措施，或是回答數據庫掌控者心裡的疑慮與問題」。[31]因此，我們已經從迫在眉睫的末日式威脅（大規模毀滅性武器），轉變爲隱蔽但同樣危險的「數學毀滅性武器」。[32]

◀實時專制

大數據不僅升級了傳統的威權主義，也快馬加鞭提高其速度。事實上，政治和宰制很大程度上只是時機的問題，例如，不同的思想與意識形態有時代性，可以精準地根據「時間性」加以判斷它們屬於哪個年代，並從中找出不同的思想與意識形態如何影響所在年代的人，對時間的理解與體驗。[33]具體而言，爲社交與治理方式設下截止日期與時間表，對於維持現狀有巨大的「政治價值」。[34]當代逐漸掉入「虛擬時間」的陷阱，它可根據每個人的需求靈活地客製化，然而，它也包含二十四小時實時監視和監控，以便確保時間能被善用，提高產能與獲利。

治理本身迅速擺脫了人類時間。傳統上，統治權建立在統治者擁有清楚的地理版圖與統治時間，傅柯稱這是「國家控制」（étatisation），創立一個界線分明的國家，統治者代表這個國家，負責制定短期與長期的戰略及狡猾的決策。現代民主出現，進一步制度化了時間，所以會定期舉行選舉，官僚式的治理方式與作業也有固定的時間表。而今數位化時代，需要不斷更新數據，承受全球資本主義二十四小時「不停機」的壓力，讓傳統的時間觀顯得過時。取而代之的是，根據「客觀」資訊提供即時、可預測結果的機制，以便迅速而明智地做出重要決策。[35]數位時代需要後人類形式的統治，這類統治很大程度上不受人類監督。爲此，「以大數據爲本的做法有助於即時反思與覺察，同步管控出現的危機與問題，這麼做有助於培養自我管理，提高社會的韌性與適應力」。[36]

再過不久，將出現嶄新的技術官僚統治，煥然一新是因爲既要根據即時數據定期更新，又要壓抑我們對於資訊「多還要更多」的無止盡渴望。「智慧」治理需要即時數據支撐，從而導致「技術官僚式的治理與城市發展；企業化的城市治理與技術鎖定（technological lock-in）；脆弱、可被駭、可被全景監控的城市」。[37]這個仰賴演算法的統治方式可以監視我們個人舉動，以便能沒完沒了地監控、指揮我們的集體發展。既有的人類偏見搭配「智慧」治理，「客觀地」再現既有的不平等及系統性的歧視。影響所及，打著「技術官僚的價值以及發展不公」的名義，將民主打入冷宮。[38]

不過，這種仰賴數據的專制統治，並不僅僅是監督公共政策，說不定也可用於指導我們作爲數位公民（digital citizen）的行爲。它代表了個人與社區落實自動守規矩的可能性，遵循一系列高科技工具以及往往隱藏的暗示，落實社會期待的價值與行動。這種對人類行爲細膩而強迫性的管理，當然並非前所未見的新鮮事，例如，在資本主義下的工作日，學校如何按日程表操課？其中一個方式是敲鐘提醒學生上下課時間到了，或是每完成一個活動就敲一下鐘，彷彿學生是工廠的僱員。[39]然而，當代在一個關鍵面向上和以往有所不同，它會不知不覺地利用公民嘗試不同的社會存在狀態與時機，以便最大化效能和獲利。想像出現「瓦登3.0」（Walden 3.0）——「隱私問題被視爲『掌控資訊』，顯而易見的是，在數位世界，有些領域可能通往我所謂的瓦登3.0：社區會受到各種測量工具及實驗的影響與控制」。[40]大數據的部署若是爲了解決塞車問題，或是改善看病的等待時間，肯定會受到大家歡迎，但是，它們也有恐遭濫用的風險，例如蒐集更多資訊，方便剝削他人。

值得注意的是，這種自動化的政治學，操弄大家愈來愈樂見出現更「開放」的社會與更高的社會可見度。[41]儘管演算法隱身在幕後，但它所倚賴的數據倒是能讓我們所有人看見，因此，這在表面上具備了透明度，合法取代了公開審議與民主問責。大家接受數據也許治理了我們的國家，並規範了我們的生活，但是過程中所用的數據必須開放且清晰。同理，以公開方式進行的數位羞辱與懲處也是說得通的。回到中國的社會信用系統，一個人的社會信用系統若顯示他是「壞公民」，他將會在社群媒體和告示板被「公開」譴責。這現象也許看似極端，但多少已出現在全球的經濟做法中，例如「不良信用評分」可以被用來禁止某人申請房貸、購車，甚至不得增貸以便有錢繼續進修。

這類「公開」方式的懲治，顯示公共責任已從制度轉嫁到個人身上。信用評分不佳，錯誤不在於被不正當操弄的經濟，迫使我們爲了生存只好接受不公平的貸款條件；而是反映我們自己個人能力不足，沒能力管好自己的財務。就這點而言，數據成了工具，能夠「科學地」證明一個人是否爲優良的市場主體、是否該受罰或受賞。同理，對於「後人類」治理的渴望，掩蓋了在高科技治理背後眞正有利人類的利益，讓菁英得以掩飾自己如何操弄經濟與政治，以便圖利自己，卻稱這個操弄是「智慧地做決策」。此外，它讓菁英更靈活地更新並調整自己的權力，以適應一變再變的社會環境，並不斷監控社會趨勢，防範任何危及他們特權與優勢的「病毒」。這些努力必然無法盡善盡美，卻也代表他們努力建立一種實時專制。

◀全面監控

每個極權政府的夢想，也幾乎是每一位公民的夢魘，就是能夠在合法統轄範圍的內外，滴水不漏地監視每一個人、每一件事，在某種程度上，這等於是最極端的統治權類型。值得注意的是，知名的馬基維利主義（Machiavellian）當中的王子，是能充分了解臣子的人物，所以他可以保護臣子，並維持對臣子的統治權。極權主義的動力也許是爲了赤裸裸的權力，但深層的理由是掌握資訊，以利有效且睿智地統治。大數據讓這樣全面監控的渴望歷來首見地更進一步貼近現實，社會鼓勵監控現象，大家不僅會自我監控，也自願讓菁英監控他們。

因此，監控不僅大幅度地擴張，也被徹底改變。由上而下的傳統式監控與規範，正逐漸被淘汰，取而代之的是無所不在、分散、共享方式的監控，一個人的權威與支配靠的是三百六十度監控。個人愈來愈頻繁地監控自己與他人，這之所以可行，靠的是數位技術和大數據。這直接關係到當代資本主義裡「生產時間」（productive time）的增值（valorisation）——畢竟每一分鐘都代表一個機會，看看能否在這一分鐘更快速完成其他工作。[42]我們現在參與的是數位生產性消費，亦即我們同時間生產與消費社群媒體內容和網路購物，監控其他人的體驗與心得，根據這些公開的共享資訊，調整自己的行爲。[43]因此，我們成了隨時隨地被監控的主體，監控的範圍與界線蕩然無存，我們「既是生產者，同時也是家庭的一分子及消費者」，[44]不論什麼角色，一律都會被隨時追蹤與監控。

這顯示了監控潛在的「全面性」，換個說法，理論上已經不難想像以下現象：我們的私人生活與共享生活都可被收集、分類、分析。也許這是史上首見，人類得眞正面對「隱私權終結」的威脅。[45]儘管這現象距我們還很遠，但終究還是顯示出監控與權力之間的關係發生了劇烈變化。值得注意的是，全面監控的過程往往有著此一目的——灌輸服膺的意識形態。全面性包含了要大家接受、內化、遵守主流的價值觀，只不過在數位化時代，全面性的目的更細緻，也更具教化功能。每個人的所有行爲幾乎都成了被收集的對象，爲了剝削這些個體，並從他們身上獲利，得想辦法收集更多數據。就這點而言，權力現在不僅牽涉生產力，而且也絕對要有創造力。「全面監控」的鏡頭不僅涵蓋我們所做的事，也包含我們預期我們可能會做的一切。

然而，如果這類全面性監控制度鼓勵探索，那也會催生各種有創意的數位反抗方式，尤其是社會運動，可能改採祕密行動，降低了當權者監視其行爲、追蹤其運動的能力：

> 當一方對另一方的行爲與做法做出反應時，抵抗與監視之間的相互關係就開始了：只要活躍人士保護他們通訊內容的做法取得進展，監視團體會更專注於「元資料」（meta-data），以便找出他們目標物的下落。爲了對抗這種威脅，唯有停用手機。[46]

不過這種抵抗在效果上始終存在矛盾，因爲個體愈能有創意地抵抗這樣的監控，愈是能告訴當權者，哪些新方法有助於克服數據顚覆，也提供當權者新的機會，對廣大人口實施數位控制。

值得注意的是，因爲去政治化現象有增無減，監控的範圍與程度也不斷擴大。雖然極權主義的傳統論述不外乎是：在高度政治化的社會裡，迫害事件屢見不鮮，大家有必要時時刻刻提高警覺，防範國家這個「敵人」。但是在數位時代，監控的論述多半專注於協助民衆與社會提升管理效率。表面上的目標並非「接管世界」或是「根據它的形象重新塑造社會」，而是「收集、處理、分類數據，目的是數據挖礦及個人資料剖析」，這些作業是「協助個體與組織應對不確定性，或是在他們面對例行、瑣碎情況時，減輕他們詮釋事件與做決定的負擔，這些決定對於預防犯罪、衛生管理、行銷或是娛樂等公民營領域的活動都極爲重要」。[47]監控有助於大家了解分散又令人困惑的現實，以及更安全的居住環境。它打著只是「幫忙」建立友善地球村的幌子，掩蓋了政治與剝削的意圖。

因此，它在新自由主義的基礎上又增加了一層威權主義。原本屬於個人的責任，挪出一部分由演算法這位專家代勞。這個高科技統治的現象，逐漸侵入當今社會所有層面，例如高科技公司準備接管公共教育：

這些新學校被設計成可大可小的技術平台；由商業「公益創投」事業體出資贊助；職員與管理階層由矽谷最成功的新創和網路公司的高階主管或工程師出任。雙方合作，共同打造了一個強大可共享的「演算法想像」（algorithmic imaginary），設法透過矽谷公益創投家專精的技術，「打破」公立學校的教育方式。[48]

這現象同樣也出現在政府機關及企業，從策略的角度，將數據形容爲「客觀的」決策工具，以便推動全面數位控制。[49]

我們正進入「全面監控」的時代，透過幾個重要而深遠的方式，達到全面監控。首先，監控生活各方面的經歷，包括實際和虛擬、眞實和想像；再者，宣稱完全壟斷客觀性與眞理；想方設法徹底征服並改造整個社會。唯一逃過被監看命運的，似乎是菁英以及資本主義制度本身。

◀ 好數據公民

希望做到全面監控，過程本身就是目的。能夠收集、分析數據，顯示資本主義永不滿足的特色。儘管自然資源有限，但數據理應取之不盡，讓數據成了資本主義的最佳拍檔，畢竟資本主義對市場的欲望也是個無底洞。然而，數據也具備重大的教化之效。全面監控的出現（無論是事實抑或理想），催生了友善市場的「好數據主體」，願意也能夠被數位監控與利用。

數據分析是監視的主要特色，也大幅提升監視在教化上的可能性，尤其可用來預測個體碰到各種外在因素和壓力時會有何反應。因此，它同時可加深並擴大監視的可用性，進一步規範、左右消費者和僱員，根據的是他們當下的偏好與行爲，同時預測並指導他們對改變會作何反應。[50]這種預測性監控將觸角延伸到政府與公民，國家若能正確預測轄下人口的動向與觀點，可先爲「衝擊」預作準備，並積極塑造民衆，以便符合現狀的需求與渴望。

這個更新版的老大哥標榜主動出擊，而非被動反應，鼓勵個體善用數據提升自己的狀態與福祉，全面監控成了個人獲得健康幸福和專業成就的先決條件。利用數據與自我追蹤技術，對自身及他人都是一種道德義務，以創新又有效的方式，「事半功倍」地提高自己對社會與職場的正面影響力。[51]此外，它爲組織裡「重要的事」奠定基礎——收集並分析理應「客觀」的數據，相連到產能與獲利的具體市場價值。[52]在宏觀層面，這些數位邏輯在全球、全國，乃至地方，打著「智慧經濟」的旗幟，推廣和推翻自由市場政策。[53]一言以蔽之，「生物特徵專案」（biometric body projects）目的在於監控我們的身體，以數位方式訓練身體，以便實現最大化的經濟價值與社會健康。[54]

儘管這類監控多半是自願的，但的確需要增強和創新監控的方式。最有趣的例子是使用社交「機器人」影響線上行爲，[55]這些網路「友人」鼓勵大家上網時要端出良好的行爲，以對抗社群媒體上的種族主義，[56]倡議更文明的互動；這些「朋友」臥底在網路上，監控個人的網路行爲，看似無害之際，也可能被用來重新設定大家的偏好。[57]這是暗中再教育個體，讓個體變得更積極，也確認大家是新自由主義的「好數據公民」。這種普遍存在的數據監控可用來維護「網路安全」、保護社會的安全，讓社會不受數位攻擊，因而被進一步合法化。[58]

緊跟在我們後面的「數位眼」無所不在，透過「電子全景」讓監控盡善盡美，滴水不漏，[59]它追蹤、預測、指引我們的行動、日常活動、敘述性偏好。這個數據催生的社會秩序是「內部全景」的衍生物，可以教化「脫離管理階層與同事影響圈的員工」。[60]雖然這樣的數位眼多多少少是危險又讓人害怕的預測，但值得注意的是，就像過去的極權政權，正因爲大家都存在這種「永遠被監視」的恐懼，所以彌補了實際監視的漏洞與侷限性。全面監控是全方位的公共症候群（public syndrome），大家集體憂慮自己被社會監控與公審。[61]這遮掩了一個現象——政府與企業依舊無法收集並分析所有的數據。然而，這種被監視的感覺，往往足以用來規訓教化大家在職場及社會上的行爲。的確，就連福利最佳的職場也因爲受到數位監控，漸漸淪爲「數位血汗工廠」。[62]

然而這種全面監控也可以透過各種自我監測的行爲，包括使用線下或線上的「生活教練」、「電腦監控」工具追蹤各種進度，以激勵自己不斷提高個人目標。[63]另一個較不明顯，但無損其影響力的是社群媒體的功能，可以被用來定期（往往是不知不覺中）規範我們的行爲。藉由固定上網（寫日誌或登錄社群媒體），我們把眞實人生的自我攤在明處與暗處的網路追蹤與教化的框架裡。[64]我們透過自我監控，希望能打入不同的線上網絡、被這些網絡接納，而數位控制技術因爲我們的自我監控被進一步強化，亦即，分享我們的成敗有助於建立支援網，激勵我們進一步朝實現個人及專業成就邁進。

不過，數據監測最讓人察覺不到其存在之處，可能是它做起來方便得很。的確，捍衛網路隱私並非易事，但更難的是顛覆數位老大哥的監視。難怪大家乾脆接受這個事實：菁英擁有我們的數據，多數人是愛怎麼使用就怎麼使用。當局爲了自己的利益，也會任意使用這些數據，其實不令人意外。要避開這些看似無所不在的數位控制愈來愈困難，除了讓人心煩，同時也讓人愈來愈不戰而潰，自願被監視。例如，美國國土安全部研發一套名爲FAST（Future Attributes Screening Technology，未來行爲篩檢技術）的應用程式，分析一個人的生理數據，判斷他們是否爲潛在的恐怖分子。「FAST使用非接觸式的感應器，遠端分析一個人的生理與行爲釋出的線索，包括眼球運動、身體動作，以及一個人通常不會有意識控制的種種行爲。FAST會即時分析收集到的數據，爲再次篩檢時提出客觀建議。」[65]在當今這個時代，我們不僅受到祕密數據警察控制，還得自掏腰包爲他們的監測活動買單。

◀積極監控

毫無疑問，數位老大哥只會更密切地監視我們，無論是線上或「實體世界」的我們。它監測的範圍愈來愈廣，侵犯我們存在的與想像的世界；它複製了物質上愈來愈常見的不均現象，靠的是提高它對我們的虛擬影響力。不論是在實體世界，還是我們普遍的想像裡，我們都被徹底監控偵測。

有趣的是，數位時代原本的初衷是開闢一個更包容、開放、全民參與的文化。媒體不再被傳統角色主導；社群媒體將民主化，讓一般人和被邊緣化的人的聲音可以被聽見。在實務上，儘管這時代的確有了多元性，但多元性底下的共通精神依舊是獲利能力，讓看似四分五裂的網路群衆得以串連在一起。因此——

使用大數據提供訊息給媒體參考，這會在公共領域上製造問題，並非因爲這會分散公共辯論，而是因爲它多少會重新聚焦大眾的參與力，將其導向於廣泛大眾與獲利能力之間的互補利益。大眾參與的問題不是因爲再也沒有那種可涵蓋一切、無所不包的媒體結構，而是因爲這些媒體收到演算法提供的資訊，只報導民粹式「可獲利與一般」的媒體素材。[66]

資本主義爲毛澤東的「百花齊放」重新注入生機，新自由主義樂得讓數位花園爭奇鬥豔，只要裡面的各種植物都能開出經濟的果實。

實現全面監控的最終手段是保持彈性與取巧性，與其說是設法建立一個龐大的監控機制，不如說是一套隨機應變的靈活技術，用以監視人類實體及虛擬的活動。因此「我們的時代充斥愈來愈多的數位技術，深入滲透到產品、服務、營運的核心，大幅改變了產品與服務創新的本質」，這個時代的「基本屬性」包含了「可被重新設定與數據同質性，兩者結合，提供了開放靈活的環境，有利於打造具有融合性與衍生性的創新產品」。[67] 就這一點，我們發現了一致性的現象，亦即我們受到各式各樣又不斷推陳出新的方式監控。

這需要重新考慮監控的本質，不妨將它視爲市場機會，不斷地問：「在監督這塊市場裡，存在什麼樣的缺口？」此時資本主義和社會控制的邏輯相結合，成了新自由主義的指令，以創新且可獲利的方式塡補這些監督上的缺口。馬克思的著名主張之一，是他認爲在市場經濟中，原本只是偏好的東西，而今成了社會必需品。當然，當代鉅細靡遺地揭露這點，例如就在不久前，電腦與手機被視爲個人奢侈品，而今卻成了連結以及成功生活的必需品。同樣地，監視已從一種控制方式，轉變成高科技奢華生活的一部分，甚至是必備的生活品，以便進一步透過數據自我賦權。因此，監視成了可分享的動態活動，介於前端生產者與尾端消費者之間：

> 根據共同演化（co-evolutionary）的觀點，演算法集體制、意識形態、中介者、參與者等眾多角色，也在以下幾個面向出現演變。首先，在建構的現實裡愈來愈個人化；再者，牽涉的參與人數。整體而言，相較於由傳統大眾媒體建構的現實，演算法所建構的現實多了個性化、商業化、加重不均現象、去領域化，並降低了透明度、可控性、可預測性。[68]

因此，監視的另一個同義詞必須是創新。如果對於原始數據的需求是個無底洞，那麼收集數據的手段也必須一再推陳出新，永遠沒有止步的一天。此外，不停地收集，必須搭配同步出現的需求，所以不管收集數據用的是什麼手段，都必須在經濟上有利可圖。在這一點上，人類的存在狀態已變成自然資源，成爲不斷升級與擴大版圖的數據探勘業所開採的對象。每一個人的冀求與專業抱負都可以被重新包裝，變成另一個被監測的機會與對象。因此，以前監視受到的侷限（監視「缺口」），都被轉化爲讓人興奮的經濟與行銷機會。

值得注意的是，這得授權個人，讓其盡責地當個「積極進取」的監控主體。這種精神反映了新自由主義國家的教育角色，國家必須落實「一項政策，讓政府能刻意介入，以鼓勵民衆培養進取、有競爭力、商業化的行爲」。[69]到了數位時代，這個做法已演變成要求個人擔當起辨識監視缺口的責任，並找出克服缺口的創新手段。例如應用程式和新創產業的手段，是將傳統市場的理性融合了民主化監控。大家每天利用「駭客」追蹤自己的行爲，希望生活能容易且輕鬆一些。這是暗中利用數位控制，催生積極進取的行爲，爲的是擴大網路老大哥的虛擬凝視。

◀ 智慧老大哥

如今的老大哥之所以令人害怕，不僅是因爲規模更大，也因爲更智慧。數據技術提高了監控的預測性、靈活度、「智商」、侵入性；自我追蹤、積極監控、數據管理等現象，讓這問題雪上加霜。重要的數據研究顯示「數據聚合（data assemblages）在以下領域的確有其作用，包括數據監控、侵犯隱私、個人資料剖析、社會分類、預期治理、數據再利用、控制潛變」。[70]儘管這些做法確實有其重要性，但仍有必要好好調查全面監控這種數位控制與獨裁體制的吸引力。

大數據的廣大吸引力凌駕了經濟或社會的潛在功能，它是解開宇宙所有最深奧謎團的鑰匙，它是解決我們存在與精神問題的敲門磚。因此，「我們有能力捕獲、儲存、了解大量的數據，改變了科學、醫藥、商業與技術。隨著收集的事實與數據不斷增加，回答這些根本性問題的機會也跟著增加」。[71]我們已到了臨界的邊緣，每多收集一個位元，就能朝數據啟蒙多邁進一步。

這揭露了當代「大數據」幻象的關鍵要素。數位時代讓我們看到何謂自由的悖論，我們似乎比以往任何一個年代都擁有更多的選擇，但少了歷史能動力（historical agency）左右我們個人及集體的命運。更糟的是，我們觸手可及大量資訊，卻沒有實權能眞正利用這些資訊改變我們的生活或所處的世界。這些矛盾存在於能力和自由、知識和能動力之間，導致我們渴求無所不能、無所不知的超人與超能，以駕馭與控制大數據。

因此，大家渴求一個無所不知、無所不能的統治者。在這個分散的資本主義時代，需要一個能夠多工的獨裁者；需要一個懂技術的統治者，具有「廣泛的能力，能夠根據各式各樣的情資行動，並管理各種新型的知識性技術，同時這樣的管理依舊可行」。[72]當代多觸角的監控已變成十足理想、大家夢想的自動化生活，大數據猶如隱形的經理人，確保一切井然有序、正常運作。這些渴望體現在一些流行的明星商品上，諸如亞馬遜的 Echo，這是一款語音個人助理，負責收集個人食衣住行、愛情、娛樂等私密數據，供幕後眞正的主人——企業所使用。

需要藉助大數據進行個人化管理的需求有增無減，讓大家對高科技的預期性治理有了浪漫憧憬。以數據爲基礎的威權主義建立在能夠預測未來，看透虛擬世界複雜的矩陣，以便能更輕鬆地駕馭與征服它。[73]這種預期性治理的關鍵，在於認定它可以被重新導引到社會與經濟正義的方向，尤其是：

> 這也是結合參與及遠見的重要性所在。改變了平台，將以前被排拒在外、無法對未來提供建設性看法的微弱聲音放大了音量，這麼做可能無法完全解決我們的困境，不過這些聲音無疑有助於將「技科學」（technoscience）的長長弧線朝著更人性化的那端傾斜。[74]

這個道德層面提供了結合監控與創業精神的新自由主義論述，大家受數據化吸引，因爲幻想數據化等於創新、成功、有自制力的實業家。爲此——

> 一個人建立身分靠的不是「成爲」有進取精神的主體，而是主體與欲望客體之間的缺口。得不到這個欲望客體並不重要，因爲得不到才是維持欲望的核心。誠如拉岡所言，如果我們得到想要的東西，欲望便隨之瓦解，難以置信地由當初的寶淪爲屎。[75]

說來諷刺，這種渴望大權在握的感覺（透過成爲完美的數位實業家），正是讓菁英階層進行更大程度自我監控的原因。

值得一提的是，變成無所不知、精通網路的數位實業家，對於民主其實是不祥的。這合理化了權威人士的必要性，讓他們可以看透數據噪音，並果決地治理社會。因此「社會上充斥著焦點團體、共識會議、網路民調、維基百科、互動媒體，讓人感受到預期性治理無所不在的現象。這一切有意或無意地讓大家質疑國會、選舉等傳統民主制度的代表性」。[76] 埋下威權式民粹主義的種子，圍繞「棄商從政的執行長政治人物」打轉，造成危險的個人崇拜。[77] 這個症狀反映當代人打從心底渴求一位「智慧老大哥」。

◀ 極權主義 4.0

我們進入了極權主義 4.0 時代，特徵是全面監控的現象，在實體世界和網路世界的所有生活都受到監控與分析，爲的是獲利以及取得支配。更令人不安的是，我們自己求新求變的實業家精神填補了監控的缺口，此外，當今掌權的菁英多半躲過了這樣的監控，不受「智慧老大哥」的「數位眼」追蹤監督。這反映了自由市場不僅受到威權治理的支持，也積極地影響威權治理的手段，強化它的統治。大數據將我們轉化成「智慧主體」，積極且認眞地助長愈來愈全面的監控與剝削。

第八章

革命不會被監控

一九七〇年，知名激進創作歌手吉爾・史考特・海隆（Gil Scott-Heron）發表了引發熱議的名曲〈革命不會被電視轉播〉（The Revolution Will Not Be Televised），抗議大眾媒體只會報導由下而上的抗爭，目的是製造廉價的刺激和娛樂，讓民眾可以窩在舒適的家裡觀看與消費。他呼籲大家關注眞實生活中實際發生的事情，他唱道：

兄弟，你無法待在家裡
無法插上電、打開電視、隔岸觀火
無法因爲嗑藥而迷失自我
無法趁廣告時間溜走灌杯啤酒
因爲革命不會被電視轉播

今天則出現爲自由而戰的吶喊——「革命不會被監控」。

到目前爲止，本書突顯了大數據與數位技術的剝削性和威權特色，目的是揭露我們已經進入了「虛擬力」時代，不論是具體、線上，乃至想像的存在狀態，無一不會被追蹤、控制，爲經濟獲利目的所用。本書涵蓋了我們的多元自我、現實、內心欲望、有抱負的未來。此外，本書也揭露了令人不安的一點，亦即以數位方式結合了監控與市場邏輯，畢竟大家漸漸成了被數據化的主體，必須以創新方式填補經濟與政治菁英的監控缺口。這種數據賦權，有助於建立並強化新自由主義全面監控的文化，也催生了更強大的智慧老大哥。值得一提的是，這種監控文化並未及於菁英，也沒有觸及資本主義制度本身。

我們揭露了後現代虛擬力的矛盾現象，數據愈大，我們監控、問責，乃至最後改變現狀的能力就愈小。當代社會碎裂以及區隔的本質，導致大家更需要系統性的監控與個人化的監控機制。此外，數位權的辯證靠著非物質勞動得到加強，我們作爲數據探勘者和數據實業家，不斷擴大非物質勞動。因此，我們不僅成了經濟挖礦的共謀，也是「極權主義 4.0」愈來愈普及的共謀。

但是，還不用絕望。過去數年，全球右派與左派的「反建制」(anti-establishment)勢力崛起，這些政壇地震絕對和全球化有關，因爲全球化造成一大部分人感覺「被遺棄」，故對現有體制心生不滿。他們反對被納入數位化自由市場系統，認爲這套系統超出他們的控制，也被祕密挪用來對付他們。反建制運動藉由社群媒體、開放原始碼的資訊來對抗菁英統治，因而成功扭轉自己的劣勢，這並非巧合。

儘管大家可以輕易又於法有據地譴責這些數據起義與反建制運動，但這些起義也揭露了深藏不露的政治眞相。當前任何一個爭取社會改變的抗爭，都得扭轉大家對數位技術是用來控制與壓迫的悖論。愛德華・史諾登、朱利安・阿桑奇（Julian Assange）等吹哨者揭露當權者不當收集情資，他們的義舉大受讚揚，這點顯示，大家普遍要求將侵入式的監控對象轉移到當權者身上。[1] 這也顯示，得徹底改變當前資本主義的辯證：這些菁英的權力與方法愈分散，就愈需要被追蹤與分析、被公開問責。唯有這麼做，「虛擬力」才能成爲解放的力量，讓我們得以徹底探索各種我、各種現實、各種想像式未來蘊藏的潛力與可能性。

◀扭轉悖論

說到大數據時代，一個關鍵問題是：如何利用監控嘉惠多數人，而非只是讓少數人受益？我們的世界愈來愈緊密相連，同時存在由上而下的監控，也存在由下而上的反監控。多數人幾乎二十四小時被監視與審查，當權者卻利用同一套技術規避責任、隱藏不當行為，不讓公眾知道。問題不在於我們是否被監控，而是——誰被監控，以及為什麼？

合法化這種數位監控的重要邏輯是，社會與人民需要二十四小時被監督。預測性分析可以告訴你，員工或學生會成功還是失敗，但是，即便這麼做是出於善意，也總是帶著權威的觀點。數位監控以社會和人民需要被管理作為前提，從掌權的地位，約束並教化被分析對象的行為。這個現象少了由下而上的「反監控」，這種監視反過頭來監視掌權者，可以作為「有效的政治力，揭露當權者的偽善與貪腐，而這些問題與漏洞根深柢固存在於唯有由上而下監視的社會」。[2]因此有必要重新調整監看方向，第一步是找出那些真正有權有勢的人並放入監看名單，以及阻止這些菁英進行大規模監看。

權力轉移的關鍵是讓大數據民主化。具體而言，將數據催生的民主，轉型為以數據為基礎的民主。特別是——

> 數據挖礦與分析必須在三方面被民主化：它們應該受到公眾更大程度的監督與規範；應該開放給所有人存取；應被用於創造不僅是有知的大眾，也要是能反省、積極、主動學習的大眾。因此我們想像出以下的情況：數據挖礦不僅是了解大眾的手段，也是大眾用來了解自己的手段。[3]

這類民主化也能用來進一步了解宏觀與微觀的權力關係，讓我們不僅進一步認識自己，也了解自己是如何被剝削與受控制。活躍分子與政策制定者已經利用大數據追蹤全球的人口走私，下一步是追蹤在世界各地發生的勞動剝削，希望能建造一個更自由的世界。

居關鍵角色的重新編程（reprogramming）需要把焦點從大數據轉移到「反身」（reflexive）數據，這涉及到採用的技術必須喚起數位質疑，而非只是鼓勵消費與合規。研究員提出「數位口述」（digital orality）的概念，這是一種利用大數據、全新又有意義的說故事方式，[4]更廣泛地說，這會重新包裝運算與大數據的發展史，與當今資本主義的敘事方式分道揚鑣。所以數位巨擘／強盜／男爵，包括比爾·蓋茲（Bill Gates）、史蒂夫·賈伯斯、馬克·祖克柏（Mark Zuckerberg）等人的英雄式壯舉與遠見之類的故事將被取代，登場的故事將揭露促成這些發展的集體、協作、民主衝動。[5]

這也意味著，爲了特定的政治、環境、人道主義目的而善用數據。[6]這些努力將從根本上重新調整虛擬力，數據將扭轉數位世界的矛盾現象，改爲由下而上監控並挑戰權力關係，而非提供菁英明顯的與暗中的支持。因此，數據可擴大我們個人與社會的想像力，而非箝制與約束想像力。

◀重新監控權力

我們要做的不僅是重新調整大數據的目的，其實，重新部署大數據以便監看權力，這是極其重要的事，尤其得用大數據的顯微鏡監看當前的權力關係，分析這些權力關係在我們整個人生裡，對日常生活的影響。換言之，找出它如何影響我們的數位虛擬自我、如何限縮了我們的線上可能性、如何降低眞實人生裡的自由度。這麼做需要催生另一種監看權力的機制。

短期而言，要讓圍繞「數位公民權」（digital citizenship）打轉的觀念與想法更激進。因此——

數位公民是一個新興跨學科研究領域，希望能深入了解數位技術的角色，尤其在提供服務、組織、公民賦權的關係型模型中，數位技術所扮演的角色。例如從交易型服務模型轉換到關係型的服務模型時，數位技術如何支撐這樣的轉變，以及在重新配置公民、社區、國家之間的權力關係時，這樣的模型有何潛力。[7]

儘管這些公民技術大抵服膺代議民主制的自由價值觀，也符合市場對於提供服務的假設，但它們很有希望能擴大二十一世紀的政治並鬆綁現狀。諸如區塊鏈之類的技術已改變了「金錢、商業、全世界」，漸漸削弱國家對金錢的壟斷權。[8]此外，「中介公民（mediating citizen）崛起」的現象也值得注意，這些人善用社群媒體技術，例如網路眾籌（crowdsourcing），以直接影響政治政策。[9]

縮小規模來看，它需要找出辦法善用這些數位進展，以便催生更進步的「數據公眾」（data publics），[10]不該只是使用社群媒體成立網路社群，或者只是用社群媒體改善實體社交圈的聯繫狀態，而是應該善用這些數位技術，反過來質疑這些技術在催生更平等社會關係時所扮演的角色。因此，藉由用戶主導、彼此協作而成的數據觀點與實踐，諸如「數據行腳」（data walks）、「全民放手寫」（writing free-for-alls），個體可以開始討論什麼該納入數據，還有數據該如何被善用以嘉惠大眾。[11]更廣泛地說，它有助於重新定義公共數據賦權的內涵與範圍。當今「開放數據運動」可「重新闡明民主、參與、新聞的概念，方法是把出自開放原始碼文化的做法與價值，應用到數據的創造與使用上」。[12]特別值得一提的是，它鼓勵活躍人士分享原始數據，從「開放原始碼參與模式」，變成「政治參與模式」，將新聞業視爲批判性的數位實踐，從中試著把想法變成現實。

在這點上，大數據必須在意識形態及具體做法上，與資本主義的根脫鉤。它革命性的潛力受到自由市場的起源與偏見所阻礙，不過誠如社會評論家潘卡吉・梅塔（Pankaj Mehta）在左翼刊物《雅各賓》（*Jacobin*）所言：

> 大數據和所有技術一樣，滲透到社會關係裡。不管是倡議人士還是批評者的言

論，大數據本質談不上進步或嚴酷。一如其他技術，它的用途反映了所在社會的價值。在我們現有的體制下，軍方和政府使用大數據鎮壓人民、監視百姓。企業用它提高利潤、增加產能、將商品化過程深入到我們生活的各層面。但是數據與統計演算法不會產生這樣的結果——會的是資本主義。爲了實現大數據說不定讓人稱奇的好處，我們必須對抗非民主的勢力，以免大數據淪爲商品化及壓迫的工具。大數據無可避免將與我們共存，問題是，在資本主義之下，誰會控制它，以及誰會從中獲得好處。[13]

那麼眞正的挑戰在於，我們是否可以讓數位技術與資本主義脫鉤，讓它朝進步、公平正義、解放的一端靠攏？

這牽涉到把全面監控的威脅，轉化爲振奮人心的「力監控」（powervelliance）。一方面，這需要善用數位監控方式了解既有的權力關係與不平等現象，而且要盡可能做到徹底與系統化的程度，另一方面，這需要善用同樣的技術，開發另一種不同於資本主義的日常生活形態。換言之，我們要問：「對於／透過數據，我們該如何（設計）不一樣的欲望以及感受方式？而非（利用設計）刺激對商品以及提升自我的欲望？」[14]例如，研究員利用生物傳感技術讓數據驅動的現象可視化，這麼一來「能夠抗拒數據被量化與集中化；反之，看到視像的那一刻，它喚起某人的好奇心，並用另一種不同方式，體驗平日習以爲常的環境。它開闢了一條顛覆路徑，穿越優化城市的都市數據景觀。這能授權我們去要求、感受、攀爬嗎？而非只是一味要求我們符合常規與期待？」[15]這是一個極具說服力的例子，顯示數位技術可以重新監控，更正確地說，重新配置當代的權力關係。

◀用不盡的數據

值得注意的是，所謂的「數據革命」會如何擴大而非限縮社會的可能性。理論上，傅柯的主張有助於重新思考權力，不從脅迫的嚴苛形式思考，改而從「具有可能性的場域」思考。傅柯主張「權力只有在付諸行動時才存在，而它分散在各種可能性場域上，後來才被整合，以及被永久結構所接收」。[16]他強調，形塑的過程也是一種策略。他說：「與其尋找主題、圖像、意見在時間上的永久性，與其重新追蹤他們衝突的辯證法以便讓群體陳述體現各自的特點，一個人能否不要標注分散的選擇點，在任何選項之前，在任何主題偏好之前，定義策略可能性場域？」[17]在當今這個時代，這個問句可被改寫爲：大數據可以何種方式縮小並擴大我們個人及集體的可能性？

根據這種精神，社群媒體可以作爲主力，揭露大數據在當代社會與政治有其侷限。例如，大家可利用部落格提出質疑，質問哪些人的聲音和觀點沒有被聽到，以及爲什麼會這樣。[18]此外，「混亂訊息」（messy information）也能進入公眾領域，[19]這些做法在有爭議和衝突的環境下特別有效，例如戰區。爲了這點，伊拉克女性推出「戰爭部落格」（warblogs）——

> 可以理解爲自我的實踐，讓外界一窺伊拉克諸多有趣、互相競爭起衝突的可能性場域……可能性場域多多少少是東拉西扯閒聊所建構的社會空間，與正在展現的自我之間有高度的移動性。在線上場域，我們不僅會聊天或怒吼，也會分享自我的各種碎片，以及認識生活與世界。我們能夠看到正在成形的自我：我們是誰，我們在某個時刻對他人與環境的想法。我支持數位自我出現在網路空間。[20]

這些原始數據並非試著釐清或預測她們的行為，而是透露這些主體「自由受限」的經歷。

話說回來，這些實踐導致了「由下而上」數據導向的政治。這不只暗示「向上看」，還要監督有權者，它活化了個人與社群的能動力，利用「演算力」掙脫加諸她們身上的束縛與限制。[21]尤其在打造社群、進行數據分析時，必須想著擴大而非限制社會聲音。這些做法被激進「網路行動主義」（cyber-activism）所接收，阿拉伯之春期間，女性部落客被稱為「twitterati」，因為她們的推特帳號擁有大批追隨者，以及在激勵這些起義行動上，她們扮演重要的角色。[22]

全面的「數位反叛」陸續出現，社群媒體與大數據重構了社會運動及變革的可能性。放眼全球，它們協助活躍分子與尋常百姓串連，傳播不一樣的意識形態，並組織顛覆性的行動，挑戰之前被認為永遠不可撼動的政權與現狀。[23]這些網路起義顯然還在初期萌芽階段，但在許多方面都有了成績，從反動右派到進步左派，都交出不俗的成績。無論如何，靠「電腦仲介」進行溝通，以便藉網路發動革命的現象還只是開始。[24]未來即便下線，依舊可以像在線上一樣，凝聚並維繫團結力。

然而這個革命性轉變，並未也不能被限於僅僅是爭取社會轉型的激進運動，它們必須將注意力導向改變大眾對數據本身的觀感。目前數據的形式是收集有關我們的資訊，以便控制我們的現在式，並預測我們的未來式。數據並沒有那麼在乎可能性，它更在乎的是擴大它本身，讓它變得「更大」，以便能更了解現在以及未來的我們。反之，激進的觀點將促進「數據用不盡」的可能性，推廣數位技術與分析，用之突顯社會可能性，而非精準地評估我們個人及集體的侷限性。

◀虛擬力解放自我

本書介紹了虛擬力的概念。進入新的千禧年後，霸權與支配的範圍大幅擴張。權力不再只滿足於線下的實體世界，也不願侷限於線下實體事件與具體關係，亦不想跟過去一樣，必須限制社會上的各種可能突破。其實，虛擬力的焦點是找出創新的方式，探勘人們的虛擬想像力，善用他們線上與線下的多元存在狀態。

為了對抗這種虛擬攻勢，有必要進行集體而激進的揣測。大家常感嘆假新聞正一點一滴地摧毀這個時代，沒錯，社群媒體與網路互動揭露了潛伏在每個「事實」背後的偏見，以及每個「眞相」底下都有偏頗觀點支撐。以前大家會討論新聞報導準確與否，而今這問題質變為：「你最相信誰虛構的現實？」儘管這些無疑會對活躍人士與公民構成新一波挑戰，但是即時的事實查核遠遠不夠，重要的是要發揮虛擬力，推廣新的觀點與視野，刺激對未來的願景。阿德里安·馬雷·布朗（Adrienne Maree Brown）與瓦麗達·伊馬里沙（Walidah Imarisha）等知名的批判性學者，試圖在她們的「虛幻小說」（visionary fiction）裡激進地介入社會現象。她們主張：「每次我們虛構一個沒有戰爭、沒有暴力、沒有監獄、沒有資本主義的世界，我們都在創作科推小說（speculative fiction）。活動策劃人、激進分子不倦地創造並想像另一個或是好幾個不一樣的世界，一如科幻小說作家。」[25]

儘管虛幻小說明確鎖定顚覆現狀的可能性，文體上類似科幻小說，但也為虛擬革命的可能性指出了方向。大家對於模擬的功能愈來愈感興趣（諸如線上遊戲、虛擬實境），藉此擴大我們個人及文化的視界。只要戴上頭盔，大家就可沉浸在世界上任何一個文化裡，探索遙遠的空間與遙遠的過去。它們可以提供室內網路、「夢想」工作場所，[26]或是整個社會裡實施民主的可能性，[27]而且，它們也可以提供我們更深遠的革命性夢想，包括讓自己沉浸在「後資本主義未來」或是「沒有監獄的未來世界」。虛擬技術可以讓曾經只是假設又抽象的渴望，變成明確的現實。

這些假設性的革命有能力把可能破壞社會的技術，變成令人興奮的賦權技術。即將出現的人工智慧、機器人、進一步升級的大數據，讓許多人感到膽戰心驚，這些技術並未讓人聯想到烏托邦式的進步論劇本，反而是技術掛帥的反烏托邦式未來，包括大量失業、環境破壞與社會脫節。然而，數位技術已經開始將這些破壞之舉重新包裝，變成可行的市場契機，例如「生活日誌」等做法，把大家對未來的恐懼變成日日「自我追蹤」的技術，讓大家可以提升自我、變得更好。[28]基本上，大數據被用於「管理破壞性技術造成的風險」，提供投資人長期的安全感，也讓尋常百姓擁有存在的安全感。[29]同理，這些進展可以轉化為高科技資源，發揮想像力，重新建構並逐步落實心儀的未來，這個未來打破了新自由主義的現狀，變得更平等、自由、公正。

最明確的是，這會牽涉到利用虛擬實境推廣另一種社會秩序。這需要意識到「虛擬資本主義」（virtual capitalism）構成的威脅，在虛擬資本主義之下，我們的能動力、勞動與重要的想像力，被稍縱即逝的虛擬享樂所取代：

> 虛擬資本主義的運作如下：日本鋼鐵公司NKK旗下有個即將倒閉的造船廠，因此他們想要把造船廠改建爲娛樂設施，在巨蛋裡蓋室內沙灘，配備造浪機與衝浪比賽。賣點是在這室內沙灘上盡情享樂，忘卻不快、不適、不便——一座人類最後的樂園。以交換價值之名的虛擬化，是從工業資本主義過渡到虛擬資本主義的公式。[30]

我們在日常生活經驗裡目睹了這樣的轉變，從「社會主義」過渡到友善市場的「線上社交」，按讚和被標注的次數成了「數位禮物」，代表互相認可，無聲地支持龐大的企業平台。[31]

然而，反烏托邦式的虛擬未來絕非板上釘釘、不容改變。它絕非數位命運的唯一結果，因此大家必須投入虛擬抗爭，爭取自由與平等。更精準地說，「奪回」控制權，主導自己的想像力與幻構力，形塑自己的經驗，支配自己的人生。這麼做，必須去客觀化大數據資本主義，亦即剝掉大數據資本主義自以為科學、客觀、以經驗論為本的表象。正如批判性思想家威廉·戴維斯（William Davies）編輯的論文集《經濟學科幻小說》（*Economic Science Fictions*）序言所指出的：「資本主義絕非從小說中解放出來的系統，它應該被視為一種解放小說的系統，讓小說能統治這個社會……在此必須強調，小說不見得是造假或說謊，絕非如此。經濟與社會小說遠離經驗主義，因為它們並非靠經驗而寫成，它們是結構所經歷的產物。」[32]

無所不在的監視機制、侵入式的監控文化，皆與建構我們時代的大數據虛構產物相關，這些虛構與想像要求反抗式的政治，書寫自己的解放版小說，內容強調不受意識形態鎖鏈束縛的可能性，強調民眾在很大程度上不受監控，而治理民眾的制度（以及試圖剝削民眾的菁英）清楚地暴露在公眾視野範圍內，並在我們的控制之下。

◀數位革命

這些虛擬反抗與激進未來的危險性，在於它們從來沒有在「眞實人生」中開花結果。一如大家在網路上結交的好友，從來沒有在實體世界見過面，或是就算網友眞的見了面，情況也不如他們想像。數位反抗的風險在於，從網路世界走入實體世界時，抗爭運動恐失去動力，此外，網路社會轉型從來沒有在線下世界實現過。爲了避免這樣的命運，避免被棄如敝屣、扔到虛擬史的垃圾桶裡，有必要把網路革命轉型爲每天都是實體的存在狀態。

這時，虛擬的、具體的、政治的，悉數整合交融在一起。社會大幅改變並非只是因爲大數據或是數位技術，也因爲奈米技術、機器人學、基因工程之故。這些領域的進展會完全改變「人類」與「活著」的概念。然而，隨它們而來的是政治疑慮與角力，不明白這些技術創新對於我們的存在狀態會有多麼戲劇化的影響，也擔心它們的安全性、存取管道、開放程度。詹姆斯・休斯（James Hughes）在二〇〇五年的重要著作《賽博格公民》（*Cyborg Citizen*）裡預告：「變得超越現在人類，有助於改善所有人類的生活，唯有新形態的超人類（trans-human）公民與民主可以讓我們更加自由、平等、團結。」[33]此外，「網路公民」（cyber-citizen）的崛起，也同樣引起希望與恐懼的矛盾反應，擔心網路投票與網路上針對某議題的討論，可能比政治上的賦權更有壓迫性。[34]再者，有人主張，正是這些互動的虛擬性在本質上並不民主，因為「理想的民主政治仰賴的是『共享空間』（commons）這個概念，將之視為一個大家可進行政治活動、辯論、交流的實體空間。虛擬空間無法替代它。民主政治的前提是必須在實空間（real space）裡成立實機構（real bodies）面對實問題（real problems）」。[35]

儘管這些疑慮百分之百成立，也來得是時候，但卻冒著本質化這些技術的風險。該如何使用它們？以及最重要的目的是什麼？善用資訊科技是一個很好的例子，因為「如何將資訊科技用於軍事及社會運動文化」存在著重大差異，前者使用資訊科技是根據「安全警察模式，以求量化與控制社會空間，進而實現低強度、鎮壓叛亂、維持政權等目標（或是用於募兵與公關）」。對比之下，「對於社會運動文化而言，例如埃及革命人士、西班牙的 15－M 運動（Los Indignados）、加拿大的停止空轉（Idle No More）運動等，社群媒體是生活不可或缺的一環，是脈絡。不同於這些橫向水平運動，軍事機構屬於層級分明的垂直結構，阻止社群媒體成為組織與決策文化的一部分」。[36] 同樣重要的是，「差異不僅僅是資訊科技的預設用途如何匹配不同的技術文化。橫向水平式社會運動將推陳出新的資訊科技視為自我控制的手段，而軍方則設法將其涵蓋在垂直的控制範式中」。[37]

在這方面，關鍵重點是能夠使用數位技術，以大大小小的方式重構社會關係。在流行文化裡，駭客形象多半圍繞著否認一切存在、欲顛覆現有文化的人物打轉，電腦天才獨自一個人窩在房間裡，發動惡意攻擊、製造災難；正面而言，他們是賣座電影與電視節目裡的「奇才」（whizzes），有能力闖入任何一個系統，找到所需的背景資訊，成功出擊，但這些幾乎談不上革命觀。電視影集《駭客軍團》（*Mr. Robot*）是引人矚目的特例，劇中駭客從事的活動具十足的革命性，只不過成效不一。除了娛樂性之外，「市民」駭客文化具有重新調整大數據方向的潛力，創造更公平、可持續的「智慧城市」，挑戰一切向市場看齊的都市發展模式，[38]這類的「激進駭客主義」（hacktivism）可以點燃眞正的全球革命運動。[39]我們從中也看到愈來愈多人希望能用不同的方式看待數據，當務之急是善用數據賦權給民衆，成爲他們「互用性」（inter-operability）的一部分——他們的日常例行工作與實踐。[40]

我們需要新形態的「激進情資」（radical intelligence），可掙脫大數據資本主義與數據控制的狹隘視角。這麼做的目的是——

重新發現錯誤、創傷、災難等在設計智慧設備、擴增機器認知理論時的角色。這些都是及時又迫切的議題：媒體炒作人工智慧的奇點，似乎只是餵養了行人災變論（pedestrian catastrophism），卻沒有提供基本的知識論模型（epistemic model），爲這種「智慧爆炸」提供框架。[41]

不重視預測，也不收集個人的「客觀」事實，更該重視的是數據可如何「破壞」我們的傳統認知。因此，大家公認，自我追蹤應用程式，諸如與性、生產相關的程式，「成功地讓常態性的刻板印象與假設（男女是性行爲與孕育下一代的主體）永久生根」。[42]然而，如果應用程式重新調整方向，揭露我們最私密的領域存在各種偏好，這可能會給占主導地位的性別假說造成麻煩，並爲我們擁抱新的可能性以及不同的文化實踐，闢出一條新徑。

因此，數據將負責激發更激進的社會渴望。現階段，欲透過優化自我來讓身分變得完整，其手段是數位監控以及追蹤我們這一生的「更深層數據」。但是，如果我們調整方向，將自己導向自我及社會創造的革命性數據工程，其目標不在於追求完整與完美，而是探索我們的虛擬可能性，那麼數據將經歷「激進民主」轉型，遠離剝削的資本主義之根。這種轉型呼應了精神分析政治理論專家亞尼斯．史塔夫拉卡基斯（Yannis Stavrakakis）的激進民主見解，民主「不僅僅是不同利益的集合，或是根據人權與政治權利的憲法結構，而是將欠缺和對抗制度化，建立可持續、不間斷的質疑，允許社會反思式的自我創造」。[43]當大數據代表我們可自由改造我們的社會，用的是意想不到、進步的方式，那麼大數據就不再是用來控制社會的工具，而是變成了一股不可預測的革命力量。

◀革命不會被監控

我們正快速進入虛擬力時代。大數據理應讓我們的反應與行爲更能被預測，不過實際上它揭露了我們擁有重新想像現在與未來的無限可能性。我們虛擬想像出來的一切，可望成爲現實，一開始在數位世界，繼而在實際生活裡。資本主義的「客觀性」、自由市場、寡頭統治不見得是我們歷史的終結，它們說不定可成為我們進入更有創意、更平等世界的跳板。

正是這個原因，大數據的潛力被強化，它不僅控制我們現在的行動，還可控制我們尚未想到的各種可能性。因為數位無窮的潛力，所以需要引導、縮小、指揮大數據朝著意識形態以及可獲利的目標發展。此外，系統裡的空白也要求對我們進行全面監控，我們必須轉型為積極進取、自我監控的主體。使用我們的數據探索虛擬現實時，我們發現了數據賦權的可能性，矛盾的是，也正是這個賦權讓菁英以及支持菁英的剝削性系統，不受任何監督與公眾的審視。由於「不可能」現在已變得愈來愈「可能」，代表它必須被嚴格監控，以免破壞現狀。

但是，大數據時代不必然被監視的欲望以及奇想（whims）所統治。新千禧年不必然是二十世紀資本主義與支配的復辟。我們的資訊不必然是我們最寶貴的資源，被猶如統治者的高科技企業入侵，任其殖民與探勘。我們的多元存在狀態，不見得要被智慧老大哥的電子眼緊迫盯人地監視。我們可以善用「用不盡的數據」（而非大數據或深層數據）往前挺進，捨數位控制，而就數據可能性；捨虛擬力，而就虛擬的可能性。未來是我們的，由我們登錄，任我們探索，之前被漠視的一群人現在有了麥克風，照亮我們複雜的現在以及令人興奮的未來，因為革命不會被監控。

37. 同上。
38. Townsend, A. M. (2013). *Smart Cities: Big Data, Civic Hackers, and the Quest for a New Utopia*. W.W. Norton and Company.
39. Konig, T. (2014). 'Revolutionaries' Tech Support: Hacktivism and Anonymous in the Egyptian Uprising'. In Hamed, A. (ed.), *Revolution as a Process: The Case of the Egyptian Uprising*. Wiener Verlag fur Sozialforschung; Also Soldatov, A. and Borogan, I. (2015). *The Red Web: the Struggle Between Russia's Digital Dictators and the New Online Revolutionaries*. Hachette.
40. Neff, G. (2013). 'Why Big Data Won't Cure Us'. *Big Data*, 1(3):117–23.
41. Halpern, O. (2015). 'The Trauma Machine: Demos, Immersive Technologies and the Politics of Simulation'. In Pasquinelli, M. (ed.), *Alleys of Your Mind: Augmented Intellligence and Its Traumas*. Meson Press.
42. Lupton, D. (2015). 'Quantified Sex: A Critical Analysis of Sexual and Reproductive Self-tracking Using Apps'. *Culture, Health & Sexuality*, 17(4): 440–53.
43. Stavrakakis, Y. (2007). *Lacanian Left*. Edinburgh University Press. 也可見 Glynos, J. (2000). 'Thinking the Ethics of the Political in the Context of a Postfoundational World: From an Ethics of Desire to an Ethics of the Drive'. *Theory & Event*, 4(4).

（注釋請從第 349 頁開始翻閱）

nication. IGI Global.

25. Brown, A. M. and Imarisha, W. (eds) (2015). *Octavia's Brood: Science Fiction Stories from Social Justice Movements*. AK Press: 3.
26. Heide, M. (2015). 'Social Intranets and Internal Communication: Dreaming of Democracy in Organisations'. In Coombs, W. T. Falkheimer, J., Heide, M. and Young, P. (eds), *Strategic Communication, Social Media and Democracy*. Routledge.
27. Jimenez, L. F. (2015). 'The Dictatorship Game: Simulating a Transition to Democracy'. *PS: Political Science & Politics*, 48(2): 353–7.
28. Selke, S. (ed.) (2016). *Lifelogging: Digital Self-tracking and Lifelogging: Between Disruptive Technology and Cultural Transformation*. Springer.
29. Ganguly, A., Nilchiani, R. and Farr, J. V. (2017). 'Technology Assessment: Managing Risks for Disruptive Technologies'. In Daim T. U. (ed.), *Managing Technological Innovation: Tools and Methods*. World Scientific.
30. Kroker, A. and Weinstein, M. A. (2015). *The Political Economy of Virtual Reality: Pan-capitalism*. Ctheory.
31. Romele, A. and Severo, M. (2016). 'The Economy of the Digital Gift: From Socialism to Sociality Online'. *Theory, Culture & Society*, 33(5): 43–63.
32. Davies, W. (ed.) (2018). *Economic Science Fictions*. MIT Press: xii.
33. Hughes, J. (2004). *Citizen Cyborg: Why Democratic Societies Must Respond to the Redesigned Human of the Future*. Basic Books.
34. Gray, C. H. (2000). *Cyborg Citizen: Politics in the Posthuman Age*. Routledge.
35. Koch, A. (2005). 'Cyber Citizen or Cyborg Citizen: Baudrillard, Political Agency, and the Commons in Virtual Politics'. *Journal of Mass Media Ethics*, 20(2–3): 159–75.
36. Gray, C. H. and Gordo, A. J. (2014). 'Social Media in Conflict: Comparing Military and Social-movement Technocultures'. *Cultural Politics*, 10(3): 251.

294–307.

11. Larner, J. and Mullagh, L. (2017). 'Critical Reflection on Data Publics: a Multi-methodology Perspective'. *Data Publics*.
12. Baack, S. (2015). 'Datafication and Empowerment: How the Open Data Movement Re-articulates Notions of Democracy, Participation, and Journalism'. *Big Data & Society*, 2(2): 1.
13. Mehta, P. (2015) 'Big Data's Radical Potential'. *Jacobin*, 12 March.
14. Howell, N. and Niemeyer, G. (2018). 'Reconfiguring Desires and Data'. Report from University California, Berkeley, March.
15. 同上。
16. Foucault, M. (1982). 'The Subject and Power'. *Critical Inquiry*, 8(4): 788.
17. Foucault, M. (2013). *Archaeology of Knowledge*. Routledge: 40.
18. Yang, S. H. (2009). 'Using Blogs to Enhance Critical Reflection and Community of Practice'. *Journal of Educational Technology & Society*, 12(2).
19. Barros, M. (2018). 'Digitally Crafting a Resistant Professional Identity: the Case of Brazilian "Dirty" Bloggers'. *Organization*, https://doi.org/10.1177/1350508418759185.
20. Campbell, P. (2015). *Digital Selves: Iraqi Women's Warblogs and the Limits of Freedom*. Common Ground: xxv.
21. Couldry, N. and Powell, A. (2014). 'Big Data from the Bottom Up'. *Big Data & Society*, 1(2): 1–5.
22. Radsch, C. (2012). 'Unveiling the Revolutionaries: Cyberactivism and the Role of Women in the Arab Uprisings'. James A. Baker III Institute for Public Policy, Rice University.
23. Callahan, M. (2015). Review of Todd Wolfson, *Digital Rebellion: The Birth of the Cyber Left*. The Research Group on Socialism and Democracy.
24. Gamie, S. (2013). 'The Cyber-propelled Egyptian Revolution and the De/Construction of Ethos'. In Folk, M. and Apostel, S. (eds), *Online Credibility and Digital Ethos: Evaluating Computermediated Commu-*

Data Surveillance: Snowden, Everyday Practices and Digital Futures'. In Basaran, T., Bigo, D., Guittet, E.-P. and Walker, R. B. J. (eds), *International Political Sociology*. Routledge.

2. Mann, S. and Ferenbok, J. (2013). 'New Media and the Power Politics of Sousveillance in a Surveillance-dominated World'. *Surveillance & Society*, 11(1/2): 18–34.
3. Kennedy, H. and Moss, G. (2015). 'Known or Knowing Publics? Social Media Data Mining and the Question of Public Agency'. *Big Data & Society*, 2(2): 1.
4. Papacharissi, Z. (2015). 'The Unbearable Lightness of Information and the Impossible Gravitas of Knowledge: Big Data and the Makings of a Digital Orality'. *Media, Culture & Society*, 37(7): 1095–100.
5. Mansell, R. (2017). 'Imaginaries, Values, and Trajectories: A Critical Reflection on the Internet'. In Goggin, G. and McLelland, M. (eds), *The Routledge Companion to Global Internet Histories*. Routledge.
6. Boyd, E., Nykvist, B., Borgstrom, S. and Stacewicz, I. A. (2015). 'Anticipatory Governance for Social-ecological Resilience'. *Ambio*, 44(1): 149–61.
7. Vlachokyriakos, V., Crivellaro, C., Le Dantec, C. A., Gordon, E., Wright, P. and Olivier, P. (2016). 'Digital Civics: Citizen Empowerment With and Through Technology'. In *Proceedings of the 2016 CHI Conference Extended Abstracts on Human Factors in Computing Systems*: 1096.
8. Tapscott, D. and Tapscott, A. (2016). *Blockchain Revolution: How the Technology Behind Bitcoin is Changing Money, Business, and the World*. Penguin.
9. Heikka, T. (2015). 'The Rise of the Mediating Citizen: Time, Space, and Citizenship in the Crowdsourcing of Finnish Legislation'. *Policy & Internet*, 7(3): 268–91.
10. DeLyser, D. and Sui, D. (2014). 'Crossing the Qualitative–Quantitative Chasm III: Enduring Methods, Open Geography, Participatory Research, and the Fourth Paradigm'. *Progress in Human Geography*, 38(2):

68. Just, N. and Latzer, M. (2017). 'Governance by Algorithms: Reality Construction by Algorithmic Selection on the Internet'. *Media, Culture & Society*, 39(2): 238.
69. Gilbert, J. (2013). 'What Kind of Thing is "Neoliberalism"?'. *New Formations: A Journal of Culture/Theory/Politics*, 80(80): 7.
70. Kitchin, R. and Lauriault, T. P. (2014). 'Towards Critical Data Studies: Charting and Unpacking Data Assemblages and their Work'. The Programmable City Working Paper, 2.
71. Anderson, C. (2008). 'The End of Theory: the Data Deluge Makes the Scientific Method Obsolete'. *Wired*, 16 July.
72. Guston, D. H. (2008). 'Preface'. In Fisher, E., Selin, C. and Wetmore, J. M. (eds), *The Yearbook of Nanotechnology in Society: Presenting Futures*, Vol. 1. Springer: v–viii.
73. Milakovich, M. (2012). 'Anticipatory Government: Integrating Big Data for Smaller Government'. Paper for conference Internet, Politics, Policy 2012: Big Data, Big Challenges; Evans, K. G. (1997). 'Imagining Anticipatory Government: A Speculative Essay on Quantum Theory and Visualization'. *Administrative Theory & Praxis*, 355–67.
74. Guston, D. H. (2014). 'Understanding "Anticipatory Governance"'. *Social Studies of Science*, 44(2): 234.
75. Jones, C. and Spicer, A. (2005). 'The Sublime Object of Entrepreneurship'. *Organization*, 12(2): 237.
76. Fuller, S. (2010). 'The New Behemoth (Review of "Acting in an Uncertain World")'. *Contemporary Sociology*, 39(5): 533–6.
77. Bloom, P. and Rhodes, C. (2018). *The CEO Society*. University of Chicago Press.

第❽章　革命不會被監控

1. Lyon, D. (2014). 'Surveillance, Snowden, and Big Data: Capacities, Consequences, Critique'. *Big Data & Society*, 1(2); Lyon, D. (2016). 'Big

world, 10 April.

58. Chan, J. and Bennett Moses, L. (2017). 'Making Sense of Big Data for Security'. *The British Journal of Criminology*, 57(2): 299–319; Casciani, D. (2015). 'Three Ways Secret Data Collection Fights Crime'. BBC, 11 June.
59. Bain, P. and Taylor, P. (2000). 'Entrapped by the "Electronic Panopticon"? Worker Resistance in the Call Centre'. *New Technology, Work and Employment*, 15(1): 2–18.
60. Jackson, P., Gharavi, H. and Klobas, J. (2006). 'Technologies of the Self: Virtual Work and the Inner Panopticon'. *Information Technology & People* 19(3): 219–43.
61. Rosenfeld, P., Booth-Kewley, S., Edwards, J. E. and Thomas, M. D. (1996). 'Responses on Computer Surveys: Impression Management, Social Desirability, and the Big Brother Syndrome'. *Computers in Human Behavior*, 12(2): 263–74.
62. Attewell, P. (1987). 'Big Brother and the Sweatshop: Computer Surveillance in the Automated Office'. *Sociological Theory*, 87–100.
63. DeTienne, K. B. (1993). 'Big Brother or Friendly Coach? Computer Monitoring in the 21st Century'. *The Futurist*, 27(5): 33.
64. Trottier, D. (2016). *Social Media As Surveillance: Rethinking Visibility in a Converging World*. Routledge; Norris, C. and Moran, J. (2016). *Surveillance, Closed Circuit Television and Social Control*. Routledge.
65. Anon. 'DHS Science And Technology Directorate: Future Attribute Screening Technology'. Homeland Security. 線上來源： www.dhs.gov/sites/default/files/publications/Future%20Attribute%20Screening%20Technology-FAST.pdf.
66. Harper, T. (2017). 'The Big Data Public and Its Problems: Big Data and the Structural Transformation of the Public Sphere'. *New Media & Society*, 19(9): 1424.
67. Yoo, Y., Boland Jr, R. J., Lyytinen, K. and Majchrzak, A. (2012). 'Organizing for Innovation in the Digitized World'. *Organization Science*, 23(5): 1398.

45. Whitaker, R. (2010). *The End of Privacy: How Total Surveillance Is Becoming a Reality*. ReadHowYouWant.Com.
46. Leistert, O. (2012). 'Resistance Against Cyber-surveillance Within Social Movements and How Surveillance Adapts'. *Surveillance & Society*, 9(4): 441.
47. Rouvroy, A. (2013). 'The End(s) of Critique: Data Behaviourism Versus Due Process'. In Hildebrandt, M. and de Vries, K. (eds), *Privacy, Due Process and the Computational Turn*. Routledge: 147.
48. Williamson, B. (2018). 'Silicon Startup Schools: Technocracy, Algorithmic Imaginaries and Venture Philanthropy in Corporate Education Reform'. *Critical Studies in Education*, 59(2): 218.
49. Christin, A. (2016). 'From Daguerreotypes to Algorithms: Machines, Expertise, and Three Forms of Objectivity'. *ACM SIGCAS Computers and Society*, 46(1): 27–32.
50. Kosinski, M., Stillwell, D. and Graepel, T. (2013). 'Private Traits and Attributes Are Predictable from Digital Records of Human Behavior'. *Proceedings of the National Academy of Sciences*, 110(15): 5802–5.
51. Bloom, P. (2017). *The Ethics of Neoliberalism: The Business of Making Capitalism Moral*. Routledge.
52. Moore, P. and Robinson, A. (2016). 'The Quantified Self: What Counts in the Neoliberal Workplace'. *New Media & Society*, 18(11): 2774–92.
53. Wilson, K. (2013). 'Agency as "Smart Economics": Neoliberalism, Gender and Development'. In Madhok, S., Phillips, A., Wilson, K. and Hemmings, C. (eds), *Gender, Agency, and Coercion*. Palgrave Macmillan.
54. Sanders, R. (2017). 'Self-tracking in the Digital Era: Biopower, Patriarchy, and the New Biometric Body Projects'. *Body & Society*, 23(1): 36–63.
55. Gehl, R. W. and Bakardjieva, M. (eds) (2016). *Socialbots and their Friends: Digital Media and the Automation of Sociality*. Taylor and Francis.
56. Munger, K. (2016) 'This Researcher Programmed Bots to Fight Racism on Twitter: It Worked'. *Washington Post*, 17 November.
57. Jee, C. (2018). 'The Best Ways Businesses Are Using Chatbots'. *Tech-*

30. Cyril, M. (2017). 'The Antidote to Technology'. *The Atlantic*, 8 May.
31. Andrejevic, M. and Gates, K. (2014). 'Big Data Surveillance: Introduction'. *Surveillance & Society*, 12(2): 192.
32. O'Neil, C. (2016). 'Weapons of Math Destruction: How Big Data Increases Inequality and Threatens Democracy'. Broadway Books.
33. Osborne, P. (1995). *The Politics of Time.* Verso: 196.
34. Cohen, E. F. (2018). *The Political Value of Time: Citizenship, Duration, and Democratic Justice.* Cambridge University Press.
35. Oliver, N. (2018). 'The Tyranny of Data? The Bright and Dark Sides of Algorithmic Decision Making for Public Policy Making'. In Gomez, E. (ed.), *Assessing the Impact of Machine Intelligence on Human Behaviour: An Interdisciplinary Endeavour.* European Commission: 58.
36. Chandler, D. (2015). 'A World Without Causation: Big Data and the Coming of Age of Posthumanism'. *Millennium*, 43(3): 833–51.
37. Kitchin, R. (2014). 'The Real-time City? Big Data and Smart Urbanism'. *GeoJournal*, 79(1): 1.
38. Shelton, T. and Clark, J. (2016). 'Technocratic Values and Uneven Development in the "Smart City"'. *Metropolitics/Metropolitiques*.
39. Reich, R. (1991). *The Wealth of Nations*. Alfred A. Knopf.
40. Van Otterlo, M. (2014). 'Automated Experimentation in Walden 3.0: The Next Step in Profiling, Predicting, Control and Surveillance'. *Surveillance & Society*, 12(2): 255.
41. 例子請見 Grosser, B. (2017). 'Tracing You: How Transparent Surveillance Reveals a Desire for Visibility'. *Big Data & Society*, 4(1).
42. Wajcman, J. (2015). *Pressed for Time: The Acceleration of Life in Digital Capitalism*. University of Chicago Press.
43. Fuchs, C. (2014). 'Digital Prosumption Labour on Social Media in the Context of the Capitalist Regime of Time'. *Time & Society*, 23(1): 97–123.
44. Fleming, P. and Spicer, A. (2004). '"You Can Checkout Anytime, But You Can Never Leave": Spatial Boundaries In A High Commitment Organization'. *Human Relations*, 57(1): 75–94.

Sous) Veillance society'. In IEEE, *Information Society (i-Society): 2013 International Conference*.

19. Perez, C. (2017). 'How Algorithms and Authoritarianism Created a Corporate Nightmare at United'. *Medium*, 14 April.
20. Foster, P. (2018) 'Why Big Data is Killing Western Democracy: And Giving Authoritarian States a New Lease of Life'. *The Telegraph*, 24 April.
21. 'The Big Data Revolution Can Revive the Planned Economy'. *Financial Times*, 17 September.
22. Bloom, P. (2016). *Authoritarian Capitalism in the Age of Globalization*. Edward Elgar.
23. Williamson, B. (2016). 'Digital Education Governance: Data Visualization, Predictive Analytics, and "Real-time" Policy Instruments'. *Journal of Education Policy*, 31(2): 123–41.
24. Hansen, H. K. and Flyverbom, M. (2015). 'The Politics of Transparency and the Calibration of Knowledge in the Digital Age'. *Organization*, 22(6): 872.
25. Schrock, A. and Shaffer, G. (2017). 'Data Ideologies of an Interested Public: A Study of Grassroots Open Government Data Intermediaries'. *Big Data & Society*, 4(1).
26. Ashley, M. (2009). 'Deep Thinking in Shallow Time: Sharing Humanity's History in the Petabyte Age'. In Tsipopoulou, M. (ed.), *Proceedings for Digital Heritage in the New Knowledge Environment: Shared Spaces and Open Paths to Cultural Content*; Brand, S. (1999). 'Escaping the Digital Dark Age'. *Library Journal*, 124(2): 46–8.
27. Hargittai, E. (2015). 'Is Bigger Always Better? Potential Biases of Big Data Derived from Social Network Sites'. *The ANNALS of the American Academy of Political and Social Science*, 659(1): 63–76.
28. 尤其請見 Noble, S. U. (2018). *Algorithms of Oppression: How Search Engines Reinforce Racism*. NYU Press.
29. Madden, M., Gilman, M., Levy, K., and Marwick, A. (2017). 'Privacy, Poverty, and Big Data: A Matrix of Vulnerabilities for Poor Americans'. *Washington University Law Review*, 95(2): 53.

4. Ma, A. (2018). 'China Ranks Citizens with a Social Credit System: Here's What You Can Do Wrong and How You Can Be Punished'. *The Independent*, 10 April.
5. Zeng, M. (2018). 'China's Social Credit System Puts Its People Under Pressure to Be Model Citizens'. *The Conversation*, 23 January.
6. Greenfield, A. (2018). 'China's Dystopian Tech Could be Contagious'. *The Atlantic*, 14 February.
7. Zeng, M. (2018). 'China's Social Credit System Puts Its People Under Pressure to Be Model Citizens'. *The Conversation*, 23 January.
8. Mayer-Schonberger, V. and Cukier, K. (2013). *Big Data: A Revolution that Will Transform How We Live, Work, and Think*. John Murray.
9. Corera, G. (2015). 'Will Big Data Lead to Big Brother?'. BBC, 17 November.
10. Lesk, M. (2013). 'Big Data, Big Brother, Big Money'. *IEEE Security & Privacy*, 11(4): 85–9.
11. Ziewitz, M. (2016). 'Governing Algorithms: Myth, Mess, and Methods'. *Science, Technology, & Human Values*, 41(1): 3–16.
12. Musiani, F. (2013). 'La gouvernance des algorithmes'. Hypotheses.org.
13. Kitchin, R. (2013). 'Big Data and Human Geography: Opportunities, Challenges and Risks'. *Dialogues in Human Geography*, 3(3): 262–7.
14. Estrin, D. (2014) 'Small Data, Where N = Me'. *Communications of the ACM*, April: 32.
15. Girardin, F., Calabrese, F., Dal Fiore, F., Ratti, C. and Blat, J. (2008). 'Digital Footprinting: Uncovering Tourists with Usergenerated Content'. *IEEE Pervasive Computing*, 7(4).
16. Dalton, C. M. and Thatcher, J. (2015). 'Inflated Granularity: Spatial "Big Data" and Geodemographics'. *Big Data & Society*, 2(2).
17. Mann, S., Nolan, J. and Wellman, B. (2003). 'Sousveillance: Inventing and Using Wearable Computing Devices for Data Collection in Surveillance Environments'. *Surveillance & Society*, 1(3): 331–55.
18. Mann, S., Ali, M. A., Lo, R. and Wu, H. (2013). 'Freeglass for Developers' Haccessibility and Digital Eye Glass+ Lifeglogging Research in a (Sur/

77. Cote, M. (2014). 'Data Motility: The Materiality of Big Social Data'. *Cultural Studies Review*, 20(1): 123.
78. Amoore, L. and Piotukh, V. (2015). 'Life Beyond Big Data: Governing with Little Analytics'. *Economy and Society*, 44(3): 341–66.
79. Selwyn, N. (2015). 'Data Entry: Towards the Critical Study of Digital Data and Education'. *Learning, Media and Technology*, 40(1): 64–82.
80. Cukier, K. and Mayer-Schoenberger, V. (2013). 'The Rise of Big Data: How It's Changing the Way we Think About the World'. *Foreign Affairs*, 92: 28–40.
81. Beer, D. (2017). 'The Social Power of Algorithms'. *Information, Communication and Society*, 20(1): 1.
82. Crawford, K. (2016). 'The Anxieties of Big Data'. *New Inquiry*, 30 May.
83. 同上。
84. Leszczynski, A. (2015). 'Spatial Big Data and Anxieties of Control'. *Environment and Planning D: Society and Space*, 33(6): 965–84.
85. Hilbert, M. (2013). 'Big Data for Development: From Information-to Knowledge Societies'. Unpublished paper.
86. Kaplan, M. (2018). '"Spying for the People": Surveillance, Democracy and the Impasse of Cynical Reason'. *JOMEC Journal*, 12: 166–90.

第❼章　極權主義 4.0

1. Botsman, R. (2017) 'Big Data Meets Big Brother As China Moves to Rate Its Citizens'. *Wired*, 21 October.
2. CCP (2015) 'Planning Outline for the Construction of a Social Credit System (2014–2020)'. Updated 25 April.
3. 請見 Bad Social Credit score, Fullerton, J. (2018). 'China's "Social Credit" System Bans Millions from Travelling'. *The Telegraph*, 24 March; Mistreanu, S. (2018). 'Life Inside China's Social Credit Laboratory'. *Foreign Policy*, 3; Brown, J. (2018). 'Would You Choose a Partner Based on their "Citizen Score"?'. BBC, 13 March.

and Growth. Courier Corporation.

64. Nisbet, R. (2017). *History of the Idea of Progress*. Routledge: chapter 9 abstract.
65. Allen, A. (2016). *The End of Progress: Decolonizing the Normative Foundations of Critical Theory*. Columbia University Press.
66. McMahon, J. (2015). 'Behavioral Economics As Neoliberalism: Producing and Governing Homo Economicus'. *Contemporary Political Theory*, 14(2): 137–58.
67. Brynjolfsson, E. (2016) 'The Rise of Data Capital'. MIT and Oracle Report.
68. Kitchin, R. (2014). *The Data Revolution: Big Data, Open Data, Data Infrastructures and their Consequences*. Sage.
69. Mai, J. E. (2016). 'Big Data Privacy: The Datafication of Personal Information'. *The Information Society*, 32(3): 192.
70. Safier, S. (2000). 'Between Big Brother and the Bottom Line: Privacy in Cyberspace'. *Virginia Journal of Law & Technology*, 5: 1.
71. Pentland, A. (2009). 'Reality Mining of Mobile Communications: Toward a New Deal on Data'. In Dutta, S. and Mia, I. (eds), *The Global Information Technology Report 2008–2009*. World Economic Forum.
72. Eagle, N. and Pentland, A. S. (2006). 'Reality Mining: Sensing Complex Social Systems'. *Personal and Ubiquitous Computing*, 10(4): 255–68.
73. Pentland, A. (2009). 'Reality Mining of Mobile Communications: Toward a New Deal on Data'. In Dutta, S. and Mia, I. (eds), *The Global Information Technology Report 2008–2009*. World Economic Forum: 80.
74. Reigeluth, T. (2014). 'Why Data is Not Enough: Digital Traces As Control of Self and Self-Control'. *Surveillance & Society*, 12(2): 251.
75. Taylor, L. and Schroeder, R. (2015). 'Is Bigger Better? the Emergence of Big Data As a Tool for International Development Policy'. *GeoJournal*, 80(4): 503–18.
76. Thatcher, J. (2014). 'Big Data, Big Questions / Living on Fumes: Digital Footprints, Data Fumes, and the Limitations of Spatial Big Data'. *International Journal of Communication*, 8: 19.

53. Hutchins, B. (2016). 'Tales of the Digital Sublime: Tracing the Relationship Between Big Data and Professional Sport'. *Convergence*, 22(5): 494–509.
54. Kwan, M. P. (2016). 'Algorithmic Geographies: Big Data, Algorithmic Uncertainty, and the Production of Geographic Knowledge'. *Annals of the American Association of Geographers*, 106(2): 274–82.
55. Dalton, C. M., Taylor, L. and Thatcher, J. (2016). 'Critical Data Studies: A Dialog on Data and Space'. *Big Data & Society*, 3(1): 6.
56. Haggerty, K. D. and Ericson, R. V. (2000). 'The Surveillant Assemblage'. *The British Journal of Sociology*, 51(4): 605–22.
57. Obermeyer, Z. and Emanuel, E. J. (2016). 'Predicting the Future: Big Data, Machine Learning, and Clinical Medicine'. *The New England Journal of Medicine*, 375(13): 1216.
58. Asur, S. and Huberman, B. A. (2010). 'Predicting the Future with Social Media'. In IEEE Computer Society, *Proceedings of the 2010 IEEE/WIC/ACM International Conference on Web Intelligence and Intelligent Agent Technology*, Volume 1; Choi, H. and Varian, H. (2012). 'Predicting the Present with Google Trends'. *Economic Record*, 88: 2–9.
59. Gilbert, D. T., Gill, M. J. and Wilson, T. D. (2002). 'The Future is Now: Temporal Correction in Affective Forecasting'. *Organizational Behavior and Human Decision Processes*, 88(1): 430–44.
60. Martin, J. (2012). 'Second Life Surveillance: Power to the People or Virtual Surveillance Society?'. *Surveillance & Society*, 9(4): 408.
61. Verma, N. and Voida, A. (2016). 'On Being Actionable: Mythologies of Business Intelligence and Disconnects in Drill Downs'. In *Proceedings of the 19th International Conference on Supporting Group Work*: 35.
62. Howell, N., Devendorf, L., Vega Galvez, T. A., Tian, R. and Ryokai, K. (2018). 'Tensions of Data-Driven Reflection: A Case Study of Real-time Emotional Biosensing'. In *Proceedings of the 2018 CHI Conference on Human Factors in Computing Systems*. ACM.
63. Bury, J. B. (1987). *The Idea of Progress: An Inquiry into Its Origin*

43. Lupton, D. (2016). 'You Are Your Data: Self-tracking Practices and Concepts of Data'. In Selke , S. (ed.), *Lifelogging*. Springer: 61.
44. Fayyad, U., Piatetsky-Shapiro, G. and Smyth, P. (1996). 'From Data Mining to Knowledge Discovery in Databases'. *AI Magazine*, 17(3). 也可見 Han, J., Pei, J. and Kamber, M. (2011). *Data Mining: Concepts and Techniques*. Elsevier. Larose, D. T. and Larose, C. D. (2014). Discovering Knowledge in Data: An Introduction to Data Mining. John Wiley and Sons.
45. Tirunillai, S. and Tellis, G. J. (2014). 'Mining Marketing Meaning from Online Chatter: Strategic Brand Analysis of Big Data Using Latent Dirichlet Allocation'. *Journal of Marketing Research*, 51(4): 463–79.
46. Caruso, C., Dimitri, A. and Mecella, M. (2016). 'Identity Mining vs Identity Discovering: A New Approach'. Unpublished manuscript.
47. Tsikerdekis, M. (2017). 'Real-time Identity Deception Detection Techniques for Social Media: Optimizations and Challenges'. *IEEE Internet Computing*.
48. Velandia, D. M. S., Kaur, N., Whittow, W. G., Conway, P. P. and West, A. A. (2016). 'Towards Industrial Internet of Things: Crankshaft Monitoring, Traceability and Tracking Using RFID'. *Robotics and Computer-integrated Manufacturing*, 41, 66–77.
49. Patel, J. (2016). 'Real Time Big Data Mining'. Doctoral dissertation, Rutgers University-Camden Graduate School; Zheng, Z., Wang, P., Liu, J. and Sun, S. (2015). 'Real-time Big Data Processing Framework: Challenges and Solutions'. *Applied Mathematics & Information Sciences*, 9(6): 3169.
50. Beer, D. (2017). 'The Data Analytics Industry and the Promises of Real-time Knowing: Perpetuating and Deploying a Rationality of Speed'. *Journal of Cultural Economy*, 10(1): 21.
51. Baruh, L. and Popescu, M. (2017). 'Big Data Analytics and the Limits of Privacy Self-management'. *New Media & Society*, 19(4): 597.
52. Jacobs, A. (2009). 'The Pathologies of Big Data'. *Communications of the ACM*, 52(8): 36–44.

30. Gould, P. (1981). 'Letting the Data Speak for Themselves'. *Annals of the Association of American Geographers*, 71(2): 166–76.
31. Parry, O. and Mauthner, N. S. (2004). 'Whose Data Are they Anyway? Practical, Legal and Ethical Issues in Archiving Qualitative Research Data'. *Sociology*, 38(1): 139–52.
32. Potzsch, H. (2017). 'Archives and Identity in the Context of Social Media and Algorithmic Analytics: Towards an Understanding of iArchive and Predictive Retention'. *New Media & Society*, online first.
33. Burkell, J. A. (2016). 'Remembering Me: Big Data, Individual Identity, and the Psychological Necessity of Forgetting'. *Ethics and Information Technology*, 18(1): 17–23.
34. Przybylski, A. K., Murayama, K., DeHaan, C. R. and Gladwell, V. (2013). 'Motivational, Emotional, and Behavioral Correlates of Fear of Missing Out'. *Computers in Human Behavior*, 29(4): 1841–8.
35. Latour, B. (1987). *Science in Action: How to Follow Scientists and Engineers Through Society*. Harvard University Press: 224.
36. Robson, K. (1992). 'Accounting Numbers as "Inscription": Action at a Distance and the Development of Accounting'. *Accounting, Organizations and Society*, 17(7): 685–708.
37. Lemov, R. (2015). *Database of Dreams: The Lost Quest to Catalog Humanity*. Yale University Press.
38. Lemov, R. (2016) 'Big Data is People'. *Aeon*, 16 June.
39. Callon, M. (2007). 'Some Elements of a Sociology of Translation'. In Asdal, K., Brenna, B. and Moser I. (eds), *Technoscience: The Politics of Interventions*. Unipub: 65.
40. Dambrin, C. and Robson, K. (2010). *Multiple Measures, Inscription Instability and Action At a Distance: Performance Measurement Practices in the Pharmaceutical Industry*. Groupe HEC.
41. Miller, P. and Rose, N. (2008). Governing the Present: Administering Economic, Social and Personal Life. Polity: 18.
42. 例子請見 Makovicky, N. (2016). Neoliberalism, Personhood, and Postsocialism: Enterprising Selves in Changing Economies. Routledge.

celerationist Politics'. *Critical Legal Thinking*, 14 May.

18. Noys, B. (2013). 'Days of Phuture Past: Accelerationism in the Present Moment'. Unpublished paper; O'Sullivan, S. (2015). *Accelerationism, Hyperstition and Myth-science: Accelerationism and the Occult*. Punctum Books.
19. Kunkel, B. (2008). 'Dystopia and the End of Politics'. *Dissent*, 55(4): 89–98.
20. Comaroff, J. and Comaroff, J. L. (2001). 'Naturing the Nation: Aliens, Apocalypse, and the Postcolonial State'. *Social Identities*, 7(2): 233–65.
21. Swyngedouw, E. (2010). 'Apocalypse Forever?'. *Theory, Culture and Society*, 27(2–3): 213–32.
22. Leyshon, A. and Thrift, N. (2007). 'The Capitalization of Almost Everything: The Future of Finance and Capitalism'. *Theory, Culture & Society*, 24(7–8): 97–115.
23. Crary, J. (2013). *24/7: Late Capitalism and the Ends of Sleep*. Verso. 也可見 Hassan, R. and Purser, R. E. (2007). *24/7: Time and Temporality in the Network Society*. Stanford University Press.
24. Graham, C. (2012). 'The Subject of Retirement'. *Foucault Studies*, 13: 25–39.
25. Neilson, B. and Rossiter, N. (2005). 'From Precarity to Precariousness and Back Again: Labour, Life and Unstable Networks'. *Fibreculture*, 5.
26. Rudman, D. L. (2005). 'Understanding Political Influences on Occupational Possibilities: An Analysis of Newspaper Constructions of Retirement'. *Journal of Occupational Science*, 12(3): 149–60.
27. Polivka, L. (2011). 'Neoliberalism and Postmodern Cultures of Aging'. *Journal of Applied Gerontology*, 30(2): 173–84.
28. Tietz, T., Pichierri, F., Koutraki, M., Hallinan, D., Boehm, F. and Sack, H. (2018). 'Digital Zombies: The Reanimation of our Digital Selves'. In International World Wide Web Conferences Steering Committee, *Companion Proceedings of the Web Conference 2018*.
29. 同上。例如，在網飛原創節目《黑鏡》（*Black Mirror*）某一集中，可看到具有相當破壞性的結果。

Crisis and Its Aftermath'. *Culture and Organization*, 19(5): 396–412.
5. De Cock, C., Baker, M. and Volkmann, C. (2011). 'Financial Phantasmagoria: Corporate Image-work in Times of Crisis'. *Organization*, 18(2): 153–72.
6. Fukuyama, F. (2017). *The Great Disruption*. Profile Books.
7. Tegmark, M. (2017). *Life 3.0: Being Human in the Age of Artificial Intelligence*. Knopf.
8. Mokyr, J., Vickers, C. and Ziebarth, N. L. (2015). 'The History of Technological Anxiety and the Future of Economic Growth: Is This Time Different?'. *Journal of Economic Perspectives*, 29(3): 31–50.
9. Hirsch-Kreinsen, H., Weyer, J. and Wilkesmann, J. D. M. (2016). *'Industry 4.0' as Promising Technology: Emergence, Semantics and Ambivalent Character*. Universitätsbibliothek Dortmund.
10. Ayres, E. (2018). Defying Dystopia: Going on with the Human Journey After Technology Fails Us. Taylor and Francis.
11. Shackle, G. L. S. (1961). *Decision, Order, and Time in Human Affairs*, Volume 2. Cambridge University Press: 10.
12. Bloom, P. (2018) *The Bad Faith in the Free Market: The Radical Promise of Existential Freedom*. Palgrave Macmillan.
13. Rovelli, C. (2018). 'The Order of Time'. *C-span*.
14. Giroux, H. A. (2011). *Zombie Politics and Culture in the Age of Casino Capitalism*. Peter Lang.
15. Lauro, S. J. and Embry, K. (2008). 'A Zombie Manifesto: The Nonhuman Condition in the Era of Advanced Capitalism'. *boundary 2*, 35(1): 85–108; Lanci, Y. (2014). 'Zombie 2.0: Subjectivation in Times of Apocalypse'. *Journal for Cultural and Religious Theory*, 13(2): 25–37. 有關更多「殭屍文化」的極端可能性，請見 Schneider, R. (2012). 'It Seems As If⋯ I Am Dead: Zombie Capitalism and Theatrical Labor'. *TDR/The Drama Review*, 56(4): 150–62.
16. Noys, B. (2014). *Malign Velocities: Accelerationism and Capitalism*. John Hunt Publishing.
17. Williams, A. and Srnicek, N. (2013). '#Accelerate: Manifesto for an Ac-

63. Foucault, M. (1982). 'The Subject and Power'. *Critical Inquiry*, 8(4): 783.
64. Schull, N. D. (2016). 'Data for Life: Wearable Technology and the Design of Self-care'. *BioSocieties*, 11(3): 317.
65. Uricchio, W. (2017). 'Data, Culture and the Ambivalence of Algorithms'. In Schaefer, M. and van Es, K. (eds), *The Datafied Society*. Amsterdam University Press: 134.
66. Drucker, J. (2014). *Graphesis: Visual Forms of Knowledge Production*. Harvard University Press.
67. Stark, L. and Crawford, K. (2015). 'The Conservatism of Emoji: Work, Affect, and Communication'. *Social Media+ Society*, 1(2): 1–11.
68. Marwick, A. E. (2012). 'The Public Domain: Social Surveillance in Everyday Life'. Surveillance & Society, 9(4): 378.
69. Thatcher, J., O'Sullivan, D. and Mahmoudi, D. (2016). 'Data Colonialism Through Accumulation by Dispossession: New Metaphors for Daily Data'. *Environment and Planning D: Society and Space*, 34(6): 990.
70. Bloom, P. (2016). 'Work As the Contemporary Limit of Life: Capitalism, the Death Drive, and the Lethal Fantasy of "Work–Life Balance"'. Organization, 23(4): 588–606.

第❻章　在歷史的盡頭規劃你的人生

1. Kenna, R., MacCarron, M., and MacCarron, P. (eds) (2017). *Maths Meets Myths: Quantitative Approaches to Ancient Narratives*. Springer.
2. Gurrin, C., Smeaton, A. F. and Doherty, A. R. (2014). 'Lifelogging: Personal Big Data'. *Foundations and Trends in Information Retrieval*, 8(1): 2.
3. Mirowski, P. (2013). *Never Let a Serious Crisis Go to Waste: How Neoliberalism Survived the Financial Meltdown*. Verso.
4. De Cock, C., Vachhani, S. and Murray, J. (2013). 'Putting into Question the Imaginary of Recovery: A Dialectical Reading of the Global Financial

tions. IGI Global: 1582.

51. Hansen, M. (2000). *Embodying Technesis: Technology Beyond Writing*. University of Michigan Press: 17.
52. Stephens-Davidowitz, S. and Pinker, S. (2017). *Everybody Lies: Big Data, New Data, and What the Internet Can Tell Us About Who We Really Are*. HarperLuxe.
53. Wachter-Boettcher, S. (2017). *Technically Wrong: Sexist Apps, Biased Algorithms, and Other Threats of Toxic Tech*. W.W. Norton and Company.
54. Mathiesen, T. (1997). 'The Viewer Society: Michel Foucault's Panopticon Revisited'. *Theoretical Criminology*, 1(2): 215.
55. Davies, W. (2018). 'The Political Economy of Pulse: Technosomatic Rhythm and Real-time Data'. *Ephemera*, 18(4).
56. James, G. 'How Steve Jobs Trained His Own Brain'. *Inc.com.*
57. Widdicombe, L. (2015). 'The Higher Life'. *The New Yorker*, 6 July.
58. McAbee, S. T., Landis, R. S. and Burke, M. I. (2017). 'Inductive Reasoning: The Promise of Big Data'. *Human Resource Management Review*, 27(2): 277–90.
59. Stephens-Davidowitz, S. (2017). 'Everybody Lies: How Google Search Reveals Our Darkest Secrets'. *The Guardian*, 9 July.
60. Fox, J. and Tang, W. Y. (2014). 'Sexism in Online Video Games: The Role of Conformity to Masculine Norms and Social Dominance Orientation'. *Computers in Human Behavior*, 33, 314–20; Wolf, W., Levordashka, A., Ruff, J. R., Kraaijeveld, S., Lueckmann, J. M. and Williams, K. D. (2015). 'Ostracism Online: a Social Media Ostracism Paradigm'. *Behavior Research Methods*, 47(2): 361–73; Fuchs, C. (2015). *Culture and Economy in the Age of Social Media*. Routledge.
61. Pantzar, M. and Ruckenstein, M. (2015). 'The Heart of Everyday Analytics: Emotional, Material and Practical Extensions in Selftracking Market'. *Consumption Markets & Culture*, 18(1): 92.
62. Ray, J. A. (2008). *Harmonic Wealth: The Secret of Attracting the Life You Want*. Hachette Books.

Religions of Modernity. Brill: 6–7.
37. Grossman, C. (2014). 'New "Soulpulse" App Lets Users Monitor their Spirituality in Real Time'. *Washington Post*, 10 January.
38. Indick, W. (2015). *The Digital God: How Technology Will Reshape Spirituality*. McFarland.
39. Berry, D. M. (2012). 'Introduction: Understanding the Digital Humanities'. In Berry, D. M. (ed.), *Understanding Digital Humanities*. Palgrave Macmillan: 3.
40. Klauser, F. R. and Albrechtslund, A. (2014). 'From Self-tracking to Smart Urban Infrastructures: Towards an Interdisciplinary Research Agenda on Big Data'. Surveillance & Society, 12(2): 273.
41. Gray, K. (2017). 'Inside Silicon Valley's New Non-religion: Consciousness Hacking'. *Wired*, 1 November.
42. Dean, M. (2017). 'Political Acclamation, Social Media and the Public Mood'. *European Journal of Social Theory*, 20(3): 417–34.
43. Cobb, J. J. (1998). *Cybergrace: The Search for God in the Digital World*. Random House.
44. 例子請見 Kanter, R. M. (1972). *Commitment and Community: Communes and Utopias in Sociological Perspective*, Volume 36). Harvard University Press.
45. Luhmann, M. (2017). 'Using Big Data to Study Subjective Well-being'. *Current Opinion in Behavioral Sciences*, 18: 28–33.
46. Loewe, E. (2018). 'The Rise of Spiritual Tech'. *MBG Mindfulness*, 9 (February).
47. Krotoski, A. (2011). 'What Effect Has God Had on Religion'. *The Guardian*, 17 April.
48. 同上。
49. Cederstrom, C. and Spicer, A. (2017). *Desperately Seeking Selfimprovement: A Year Inside the Optimization Movement*. OR Books.
50. Marcengo, A. and Rapp, A. (2016). 'Visualization of Human Behavior Data: the Quantified Self '. In Information Resources Management Association, *Big Data: Concepts, Methodologies, Tools, and Applica-*

25. 例子請見 Papadopoulos, D. and Tsianos, V. (2007). 'How to Do Sovereignty Without People? the Subjectless Condition of Postliberal Power'. *boundary 2*, 34(1): 135–72; Barnett, C., Clarke, N., Cloke, P. and Malpass, A. (2014). 'The Elusive Subjects of Neo-liberalism: Beyond the Analytics of Governmentality'. In Binkley, S. and Littler, J. (eds), *Cultural Studies and Anti-Consumerism*. Routledge.
26. Waihenya, W. (2018). 'Technology May Be Glorified But it Has Made Us Soulless Creatures'. *Daily Nation*, 15 June.
27. Frangos, J. M. (2014). 'Will Technology Rob Us of Our Humanity?'. *World Economic Forum*, 12 September.
28. Noto La Diega, G. (2018). 'Against the Dehumanisation of Decision-making: Algorithmic Decisions at the Crossroads of Intellectual Property, Data Protection, and Freedom of Information'. *Journal of Intellectual Property, Information Technology and Electronic Commerce Law*, 9(1).
29. O'Connor, S. (2016). 'When Your Boss is an Algorithm'. *Financial Times*, 8 September.
30. Harrison, M. (2015). 'Large Numbers Are Dehumanising, So Should Big Data Worry Us?'. *The Guardian*, 16 April.
31. Manovich, L. (2017). 'Cultural Analytics, Social Computing and Digital Humanities'. In Schaefer, M. and van Es, K. (eds), *The Datafied Society*: 55.
32. Cep. C. (2014). 'Big Data for the Soul'. *New Yorker*, 5 August.
33. Rogers, R. (2017). 'Foundations of Digital Methods: Query Design'. In Schaefer, M. and van Es, K. (eds), *The Datafied Society*. Amsterdam University Press.
34. Costas, J. and Fleming, P. (2009). 'Beyond Dis-identification: a Discursive Approach to Self-alienation in Contemporary Organizations'. *Human Relations*, 62(3): 353–78.
35. Abbott, A. (2000). 'Reflections on the Future of Sociology'. *Contemporary Sociology*, 29(2): 296–300.
36. Houtman, D. and Aupers, S. (2010). 'Religions of Modernity: Relocating the Sacred to the Self and the Digital'. In Aupers, S. and Houtman, D. (eds),

Elgar; Maurer, B. (2005). *Mutual Life, Limited: Islamic Banking, Alternative Currencies, Lateral Reason*. Princeton University Press.

16. Stiglitz, D. (2009). 'Moving Beyond Market Fundamentalism to a More Balanced Economy'. *Annals of Public and Cooperative Economics*, 80(3): 345–60.
17. Boltanski, L. and Chiapello, E. (2005). 'The New Spirit of Capitalism'. *International Journal of Politics, Culture, and Society*, 18(3–4): 161–88.
18. Cooper, M. E. (2011). *Life as Surplus: Biotechnology and Capitalism in the Neoliberal Era*. University of Washington Press.
19. Thompson, C. J. and Coskuner-Balli, G. (2007). 'Countervailing Market Responses to Corporate Co-optation and the Ideological Recruitment of Consumption Communities'. *Journal of Consumer Research*, 34(2): 135–52; Loacker, B. (2013). 'Becoming "Culturpreneur": How the "Neoliberal Regime of Truth" affects and Redefines Artistic Subject Positions'. *Culture and Organization*, 19(2): 124–45; Bain, A. and McLean, H. (2012). 'The Artistic Precariat'. *Cambridge Journal of Regions, Economy and Society*, 6(1): 93–111.
20. Mercier, A. (2010). 'Interview with Christian Arnsperger: Capitalism is Experiencing an Existential Crisis'. *Truthout*, 15 April.
21. Bloom, P. and Rhodes, C. (2018). *The CEO Society: The Corporate Takeover of Everyday Life*. Zed Books.
22. Fries, C. J. (2008). 'Governing the Health of the Hybrid Self: Integrative Medicine, Neoliberalism, and the Shifting Biopolitics of Subjectivity'. *Health Sociology Review*, 17(4): 353–67; Young, S. L. and Reynolds Jr, D. A. J. (2017). '"You Can Be an Agent of Change": The Rhetoric of New Age Self-help in Enlightened'. *Western Journal of Communication*, 81(1): 1–20.
23. Doran, P. (2018). 'Mcmindfulness: Buddhism As Sold to You by Neoliberals'. *The Conversation*, 23 February.
24. Elliott, L. (2018). 'Robots Will Take Our Jobs: We'd Better Plan Now, Before It's Too Late'. *The Guardian*, 1 February.

South African Theological Seminary, 4(9): 41–64.

9. Gaillard, A. and Garaudi, R. (1974). 'Christianity and Marxism'. No. CERN-AUDIO-1974-004; MacIntyre, A. (1984). *Marxism and Christianity*. University of Notre Dame Press; Lowy, M. (1993). 'Marxism and Christianity in Latin America'. *Latin American Perspectives*, 20(4): 28–42.
10. Perry, L. (1973). Radical Abolitionism: Anarchy and the Government of God in Antislavery Thought. University of Tennessee Press; Stewart, J. B. and Foner, E. (1996). Holy Warriors: The Abolitionists and American Slavery. Macmillan; Emerson, M. O. and Smith, C. (2001). Divided by Faith: Evangelical Religion and the Problem of Race in America. Oxford University Press.
11. Houck, D. W. and Dixon, D. E. (eds) (2006). *Rhetoric, Religion and the Civil Rights Movement, 1954–1965*, Volume 2. Baylor University Press; Smith, C. (ed.) (2014). *Disruptive Religion: The Force of Faith in Social Movement Activism*. Routledge; Hunt, L. L. and Hunt, J. G. (1977). 'Black Religion As Both Opiate and Inspiration of Civil Rights Militance: Putting Marx's Data to the Test'. *Social Forces*, 56(1): 1–14.
12. Berryman, P. (1987). *Liberation Theology*. McGraw-Hill.; Smith, C. (1991). *The Emergence of Liberation Theology: Radical Religion and Social Movement Theory*. University of Chicago Press; Berryman, P. (1987). *Liberation Theology: Essential Facts About the Revolutionary Movement in Latin America – and Beyond*. Temple University Press; Boff, L. (2012). *Church: Charism and Power: Liberation Theology and the Institutional Church*. Wipf and Stock Publishers.
13. Mihevc, J. (1995). *The Market Tells Them So: The World Bank and Economic Fundamentalism in Africa*. Zed Books; also Hicks, A. (2006). 'Free-market and Religious Fundamentalists Versus Poor Relief'. *American Sociological Review*, 71(3): 503–10.
14. Boldeman, L. (2013). *The Cult of the Market: Economic Fundamentalism and its Discontents*. ANU Press: 316.
15. Lewis, M. K. and Algaoud, L. M. (2001). *Islamic Banking*. Edward

3. Klein, N. (2016). 'It Was the Democrats' Embrace of Neoliberalism that Won it for Trump'. *The Guardian*, 9 November.
4. Duara, P. (2001). 'The Discourse of Civilization and Pan-Asianism'. *Journal of World History*, 12(1): 99–130; Ashcroft, B. (2013). 'Post-colonial Transformation'. Routledge; Dussel, E. D., Krauel, J., and Tuma, V. C. (2000). 'Europe, Modernity, and Eurocentrism'. *Nepantla: Views from South*, 1(3): 465–78; Cooper, F. and Stoler, A. L. (eds) (1997). *Tensions of Empire: Colonial Cultures in a Bourgeois World*. University of California Press; Linklater, A. (2005). 'A European Civilising Process'. In Hill, C. and Smith, M. (eds), *International Relations and the European Union*. Oxford University Press.
5. 引用自 Bloom, P. (2016). *Beyond Power and Resistance: Politics at the Radical Limits*. Rowman and Littlefield International.
6. 例子請見 Thompson, F. M. L. (1981). 'Social Control in Victorian Britain'. *The Economic History Review*, 34(2): 189–208; Jones, G. S. (2014). *Outcast London: A Study in the Relationship Between Classes in Victorian Society*. Verso; Searle, G. R. (1998). *Morality and the Market in Victorian Britain*. Oxford University Press; Ignatieff, M. (1978). A Just Measure of Pain: The Penitentiary in the Industrial Revolution, 1750–1850. Macmillan.
7. Weber, M. (2002). *The Protestant Ethic and the Spirit of Capitalism*. Wilder Publications; 也可見 Furnham, A., Bond, M., Heaven, P., Hilton, D., Lobel, T., Masters, J., et al. (1993). 'A Comparison of Protestant Work Ethic Beliefs in Thirteen Nations'. *The Journal of Social Psychology*, 133(2): 185–97. Giorgi, L. and Marsh, C. (1990). 'The Protestant Work Ethic as a Cultural Phenomenon'. *European Journal of Social Psychology*, 20(6): 499–517.
8. Bowler, K. (2018). *Blessed: A History of the American Prosperity Gospel*. Oxford University Press; Koch, B. A. (2010). 'The Prosperity Gospel and Economic Prosperity: Race, Class, Giving, and Voting'. PhD dissertation, Indiana University; Lioy, D. (2007). 'The Heart of the Prosperity Gospel: Self or the Savior?'. *Conspectus: The Journal of the*

urban Space in Manila's Fringe'. *Urban Geography*, 33(8): 1118–43.
36. Foucault, M. (1984). 'Of Other Spaces: Utopias and Heterotopias'. *Architecture/Mouvement/Continuite*, 5: 46–9.
37. Ong, A. (2007). 'Neoliberalism As a Mobile Technology'. *Transactions of the Institute of British Geographers*, 32(1): 3.
38. Lombardi, P. and Vanolo, A. (2015). 'Smart City As a Mobile Technology: Critical Perspectives on Urban Development Policies'. In Rodriguez-Bolivar, M. (ed.), *Transforming City Governments for Successful Smart Cities*. Springer: 147.
39. Boltanski, L. and Chiapello, E. (2007). 'The New Spirit of Capitalism'. *Capital & Class*, 31(2): 198–201.
40. Žižek, S. (2004). 'What can Psychoanalysis Tell Us About Cyberspace?'. *The Psychoanalytic Review*, 91(6): 801–30.
41. Przybylski, A., Murayama, K., DeHaan, C. and Gladwell, V. (2013). 'Motivational, Emotional, and Behavioral Correlates of Fear of Missing Out'. *Computers in Human Behavior*, 29(4): 1841–8.
42. Mitchell, T. (1999). 'Dreamland: The Neoliberalism of Your Desires'. *Middle East Report*, (210): 28.
43. Sparke, M. (2006). 'A Neoliberal Nexus: Economy, Security and the Biopolitics of Citizenship on the Border'. *Political Geography*, 25(2): 151–80.
44. Bauman, Z. (2000). *Liquid Modernity*. Polity: 7.

第❺章　數位救贖

1. Wucker, M. (2018) 'How to Have a Good Fourth Industrial Revolution'. *World Economic Forum*, 21 June.
2. Spicer, A. and Cederstrom, C. (2015). 'The Dark Underbelly of the Davos "Well-being" Agenda'. *Washington Post*. 此見解其實是來自於 Christopher Lasch 在 1970 年代發表的原始想法：Lasch, C. (1976). 'The Narcissist Society'. *New York Review of Books*, 30 September.

M. (eds), *Neoliberalism and Technoscience: Critical Assessments*. Ashgate: 29.

23. Goggin, G. (2012). *Cell Phone Culture*. Taylor and Francis: 206–7.
24. Odendall, N. (2016). 'Smart City: Neoliberal Discourse or Urban Development Tool?'. In Grugel, J. and Hammett, D. (eds), *The Palgrave Handbook of International Development*. Palgrave Macmillan: 615.
25. Bourdieu, P. (1984). *Distinction: A Social Critique of the Judgement of Taste*. Routledge: 170.
26. Crary, J. (2013). *24/7: Late Capitalism and the Ends of Sleep*. Verso: 3–4.
27. Jarvenpaa, S. and Lang, K. (2005). 'Managing the Paradoxes of Mobile Technology'. *Information Systems Management*, 22(4): 7–23: 11.
28. 同上，7–23。
29. Binkley, S. (2009). 'The Work of Neoliberal Governmentality: Temporality and Ethical Substance in the Tale of Two Dads'. *Foucault Studies*, 6: 60.
30. Arthur, M. and Rousseau, D. (2001). *The Boundaryless Career*. Oxford University Press; Sullivan, S. and Arthur, M. (2006). 'The Evolution of the Boundaryless Career Concept: Examining Physical and Psychological Mobility'. *Journal of Vocational Behavior*, 69(1): 19–29.
31. Marx, K. (1976). *Capital: A Critique of Political Economy*, Volume 1 (1867). Penguin: 324; 也可見 Bloom, P. (2014). 'We Are All Monsters Now!'. *Equality, Diversity and Inclusion: An International Journal*, 33(7): 662–80; Neocleous, M. (2003). 'The Political Economy of the Dead Marx's Vampires'. *History of Political Thought*, 24(4): 668–84.
32. Marx, K. (1976). *Capital: A Critique of Political Economy*, Volume 1 (1867). Penguin: 945–6.
33. Hobsbawm, E. (2010). *Age of Empire*. Weidenfield and Nicolson.
34. Hollands, R. (2014). 'Critical Interventions into the Corporate Smart City'. *Cambridge Journal of Regions, Economy and Society*, 8(1): 61.
35. Ortega, A. (2012). 'Desakota and Beyond: Neoliberal Production of Sub-

Responses, Market Transitions and Global Technology. Stanford University Press: 4.
9. Jameson, F. (1985). 'Postmodernism and Consumer Society'. *Postmodern Culture*: 111.
10. Wu, M. and Pearce, P. (2013). 'Appraising Netnography: Towards Insights About New Markets in the Digital Tourist Era'. *Current Issues in Tourism*, 17(5): 463–74.
11. Jenkins, H., Ford, S. and Green, J. (2013). *Spreadable Media*. New York University Press: 1.
12. Lessig, L. (1996). 'The Zones of Cyberspace'. *Stanford Law Review*, 48(5): 1403.
13. Lefebvre, H. (1991). *The Production of Social Space*. Basil Blackwell: 26.
14. Shields, R. (1999). *Lefebvre, Love and Struggle*. Routledge.
15. Lefebvre, H., Elden, S. and Moore, G. (2004). *Rhythmanalysis*. Bloomsbury Academic.
16. Cohen, J. (2007). 'Cyberspace as/and Space'. *Columbia Law Review*, 107(1): 210.
17. Samuels, R. (2008). 'Auto-modernity After Postmodernism: Autonomy and Automation in Culture, Technology, and Education'. In McPherson, T. (ed.), *Digital Youth, Innovation, and the Unexpected.* MIT Press, 219–40.
18. Munro, R. (1997).'The Consumption View of Self: Extension, Exchange and Identity'. *The Sociological Review*, 44(1 suppl.): 248–73.
19. Thompson, C. (2005). 'Meet the Life Hackers'. *New York Times*.
20. Trapani, G. (2008). *Upgrade Your Life*. John Wiley and Sons.
21. Lockie, S. and Higgins, V. (2007). 'Roll-out Neoliberalism and Hybrid Practices of Regulation in Australian Agri-environmental Governance'. *Journal of Rural Studies*, 23(1): 1–11; Peck, J. and Tickell, A. (2002). 'Neoliberalizing Space'. *Antipode*, 34(3): 380–404.
22. Reynolds, L. and Szerszynsk, B. (2012). 'Neoliberalism and Technology: Perpetual Innovation or Perpetual Crisis?'. In Pellizzoni, L. and Ylonen,

In Mead, L. (ed.), *From Welfare To work: Lessons from America*. Institute for Economic Affairs, Health, Welfare and Work: 62.
61. Kanter, R. (1994). 'Employability and Job Security in the 21st Century'. *Demos*, 1.
62. Bauman, Z. (2013). *Liquid Modernity*. John Wiley and Sons.
63. McLaren, D. and Agyeman, J. (2015). *Sharing Cities*. MIT Press: 3.
64. Cederstrom, C. and Spicer, A. (2015). *The Wellness Syndrome*. Polity.

第❹章　智慧現實

1. Tardanico, S. (2012). 'Is Social Media Sabotaging Real Communication?'. *Forbes*, 30 April.
2. Anderson, B. (2006). *Imagined Communities: Reflections on the Origin and Spread of Nationalism*. Verso.
3. Hampton, K. (2012). 'Social Media as Community'. *New York Times*, 18 June.
4. Ritzer, G. (2004). 'The McDonaldization of Society'. *Newbury Park*: 170.
5. Goggin, G. (2012). 'The Eccentric Career of Mobile Television'. *International Journal of Digital Television*, 3(2): 119–40; Wilken, R. and Goggin, G. (2014). *Mobile Technology and Place*. Routledge.
6. Carroll, N., Richardson, I. and Whelan, E. (2012). 'Service Science'. *International Journal of Actor-network Theory and Technological Innovation*, 4(3): 51–69; Latour, B. (1987). *Science in Action*. Harvard University Press.
7. Woolgar, S. (2005). 'Mobile Back to Front: Uncertainty and Danger in the Theory-technology Relation'. In Ling, R. and Pederson, P. (eds), *Mobile Communications: Renegotiation of the Social Sphere*. Springer.
8. Newman, A. and Zysman, J. (2006). 'Frameworks for Understanding the Political Economy of the Digital Era'. In Newman, A. and Zysman, J. (eds), *How Revolutionary Was the Digital Revolution? National*

gimes: Insights from Foucault's Technologies of the Self'. *Critical Perspectives on Accounting*, 14(8): 791.

50. Gill, R. (2017). '"Life is a Pitch": Managing the Self in New Media Work'. In Deuze, M. (ed.), *Managing Media Work*. Sage.
51. Lacan, J. (2000). *Ecrites*. W.W. Norton and Company.
52. Žižek, S. (1993). *Tarrying with the Negative*. Duke University Press Books: 201.
53. Stavrakakis, Y. (2012). *Lacan and the Political*. Taylor and Francis: 29.
54. Van Zoonen, L. and Turner, G. (2013). 'Taboos and Desires of the UK Public for Identity Management in the Future: Findings from Two Survey Games'. In *Proceedings of the 2013 ACM Workshop on Digital Identity Management*: 37.
55. Costas, J. and Fleming, P. (2009). 'Beyond Dis-identification: A Discursive Approach to Self-alienation in Contemporary Organizations'. *Human Relations*, 62(3): 353–78; 也可見 Leidner, R. (2006). *Fast Food, Fast Talk*. University of California Press; Sennett, R. (1998). *The Corrosion of Character: The Personal Consequences of Work in The New Capitalism*. W.W. Norton.
56. Mumby, D. (2005). 'Theorizing Resistance in Organization Studies: A Dialectical Approach'. *Management Communication Quarterly*, 19(1): 19–44.
57. Zimmerman, M. (2000). 'The End of Authentic Selfhood in the Postmodern Age'. In Wrathall, M. and Malpas, J. (eds), *Heidegger, Authenticity, and Modernity: Essays in Honour of Dreyfus*, MIT Press: 123.
58. Dean, M. (1994). '"A Social Structure of Many Souls": Moral Regulation, Government, and Self-Formation'. *Canadian Journal of Sociology*, 19(2): 145; Rimke, H. (2000). 'Governing Citizens Through Self-Help Literature'. *Cultural Studies*, 14(1): 61–78; Rose, N. (1989). *Inventing Our Selves*. Cambridge University Press.
59. Cremin, C. (2009). 'Never Employable Enough: The (Im) possibility of Satisfying the Boss's Desire'. *Organization*, 17(2): 131–49.
60. Field, F. (1997). 'Re-inventing Welfare: A Response to Lawrence Mead'.

37. Gotsi, M., Andriopoulos, C., Lewis, M. and Ingram, A. (2010). 'Managing Creatives: Paradoxical Approaches to Identity Regulation'. *Human Relations*, 63(6): 781–805; Wasserman, V. and Frenkel, M. (2011). 'Organizational Aesthetics: Caught Between Identity Regulation and Culture Jamming'. *Organization Science*, 22(2): 503–21.
38. Alvesson, M. and Willmott, H. (2002). 'Identity Regulation as Organizational Control: Producing the Appropriate Individual'. *Journal of Management Studies*, 39(5): 620.
39. Goffman, E. (1959). *The Presentation of Self in Everyday Life*. Anchor Books.
40. Zhao, S., Grasmuck, S. and Martin, J. (2008). 'Identity Construction on Facebook: Digital Empowerment in Anchored Relationships'. *Computers in Human Behavior*, 24(5): 1816.
41. Lupton, D. (2012). 'M-health and Health Promotion: The Digital Cyborg and Surveillance Society'. *Social Theory & Health*, 10(3): 229–44.
42. Gardner, H. and Davis, K. (2013). *The App Generation*. Yale University Press: 66.
43. Fleming, P. and Sturdy, A. (2009). 'Just Be Yourself!'. *Employee Relations*, 31(6): 569–83.
44. Bloom, P. (2013). 'Fight for Your Alienation: The Fantasy of Employability and the Ironic Struggle for Self-exploitation'. *Ephemera*, 13(4): 785–807.
45. Foucault, M. and Sheridan, A. (1977). *Discipline and Punish*. Vintage: 215.
46. 同上，138。
47. Krahnke, K., Giacalone, R. and Jurkiewicz, C. (2003). 'Point-Counterpoint: Measuring Workplace Spirituality'. *Journal of Organizational Change Management*, 16(4): 397.
48. Willmott, H. (1993). 'Strength is Ignorance; Slavery is Freedom: Managing Culture in Modern Organizations'. *Journal of Management Studies*, 30(4): 515–52.
49. MacLullich, K. (2003). 'The Emperor's "New" Clothes? New Audit Re-

Review, 36(2): 272–96.

26. Ma, M. and Agarwal, R. (2007). 'Through a Glass Darkly: Information Technology Design, Identity Verification, and Knowledge Contribution in Online Communities'. *Information Systems Research*, 18(1): 42–67.
27. Hearn, A. (2017). 'Verified: Self-presentation, Identity Management, and Selfhood in the Age of Big Data'. *Popular Communication*, 15(2): 62–77.
28. Cullen, J. (2009). 'How to Sell Your Soul and Still Get into Heaven: Steven Covey's Epiphany-inducing Technology of Effective Selfhood'. *Human Relations*, 62(8): 1231–54.
29. Paruchuri, V. and Chellappan, S. (2013). 'Context Aware Identity Management Using Smart Phones'. In *Broadband and Wireless Computing, Communication and Applications (BWCCA): 2013 Eighth International Conference On*.
30. Sullivan, J. (2013). 'How Google Is Using People Analytics to Completely Reinvent HR'. *Talent Management and HR*; Bryant, A. (2011). 'Google's Quest to Build a Better Boss'. *New York Times*.
31. Fecheyr-Lippens, B., Schaninger, B. and Tanner, K. (2015). 'Power to the New People Analytics'. *McKinsey Quarterly*: 1.
32. Isson, J. and Harriott, J. (2016). *People Analytics in the Era of Big Data: Changing the Way You Attract, Develop, and Retain Talent*. John Wiley and Sons: xv.
33. Burchielli, R., Bartram, T. and Thanacoody, R. (2008). 'Work-Family Balance or Greedy Organizations?'. *Relations Industrielles*, 63(1): 108.
34. Hardey, M. (2002). '"The Story of My Illness": Personal Accounts of Illness on the Internet'. *Health*, 6(1): 31–46.
35. Busold, C., Heuser, S., Rios, J., Sadeghi, A. and Asoken, N. (2015). 'Smart and Secure Cross-Device Apps for the Internet of Advanced Things'. In Bohme, R. and Okamoto, T. (eds), *Financial Cryptography and Data Security*. Springer: 1.
36. Grace, R. (2015). 'These Eight Work-Life Balance Apps Will Transform Your Business and Life'. *Huffington Post*.

and Impacts on Purchase Intentions: A Consumer Socialization Framework'. *Journal of Interactive Marketing*, 26(4): 198–208.

16. Lupton, D. and Seymour, W. (2000). 'Technology, Selfhood and Physical Disability'. *Social Science & Medicine*, 50(12): 1851–62.
17. Garza, A., Tometi, O. and Cullors, P. (2014). 'A Herstory of the #Black Lives Matter Movement'. In Hobson, J. (ed.), *Are All the Women Still White: Rethinking Race, Expanding Feminisms*. State University of New York Press: 23.
18. Bennett, W. (2012). 'The Personalization of Politics: Political Identity, Social Media, and Changing Patterns of Participation. *The ANNALS of the American Academy of Political and Social Science*, 644(1): 20.
19. Laclau, E. (1996). 'The Death and Resurrection of the Theory of Ideology'. *Journal of Political Ideologies*, 1(3): 201–20.
20. Barber, B. (2000). *Jihad vs. McWorld*. MTM.
21. Turkle, S. (1995). *Life on the Screen*. Simon and Schuster.
22. Silva, P., Holden, K. and Nii, A. (2014). 'Smartphones, Smart Seniors, But Not-So-Smart Apps: A Heuristic Evaluation of Fitness Apps'. In Schmorrow, D. and Fidopiastis, C. (eds), *Foundations of Augmented Cognition: Advancing Human Performance and Decision-making through Adaptive Systems*. Springer.
23. Brown, A. (2015). 'Identities and Identity Work in Organizations'. *International Journal of Management Reviews*, 17(1): 20–40; Casey, C. (1995). *Work, Self and Society: After Industrialisation*. Taylor and Francis; Fleming, P. and Spicer, A. (2003). 'Working at a Cynical Distance: Implications for Power, Subjectivity and Resistance'. *Organization*, 10(1): 157–79.
24. Sveningsson, S. and Alvesson, M. (2003). 'Managing Managerial Identities: Organizational Fragmentation, Discourse and Identity Struggle'. *Human Relations*, 56(10): 1165.
25. Beck, U. (1997). *The Reinvention of Politics*. Polity. Boxenbaum, E. and Rouleau, L. (2011). 'New Knowledge Products as Bricolage: Metaphors and Scripts in Organizational Theory'. *Academy of Management*

1. Bauman, Z. (2000). *Liquid Modernity*. Polity: 6.
2. 同上，6。
3. Hill Collins, P. and Bilge, S. (2016). *Intersectionality*. Wiley; Crenshaw, K. (1991). 'Mapping the Margins: Intersectionality, Identity Politics, and Violence against Women of Color'. *Stanford Law Review*, 43(6): 1241–99; Hancock, A. (2007). 'When Multiplication Doesn't Equal Quick Addition: Examining Intersectionality as a Research Paradigm'. *Perspectives on Politics*, 5(1): 63–79.
4. Eisner, S. (2013). *Bi: Notes for a Bisexual Revolution*. Seal Press.
5. Castells, M. (1997). *The Power of Identity*. Blackwell: 2.
6. 同上，2。
7. Gergen, K. (2002). *The Saturated Self*. Basic Books.
8. 同上，3。
9. Cover, R. and Prosser, R. (2013). 'Memorial Accounts: Queer Young Men, Identity and Contemporary Coming Out Narratives Online'. *Australian Feminist Studies*, 28(75): 81–94.
10. Foucault, M. (1988). 'Technologies of the Self'. In Martin, L., Gutman, H. and Hutton, P. (eds), *Technologies of the Self*. University of Massachusetts Press: 16.
11. 同上，30。
12. Mennicken, A. and Miller, P. (2014). 'Michel Foucault and the Administering of Lives'. In Adler, P., Du Gay, P., Morgan, G. and Reed, M. (eds), *The Oxford Handbook on Sociology, Social Theory and Organisation Studies*. Oxford University Press: 13.
13. Cooper, C. (2015). 'Entrepreneurs of the Self: The Development of Management Control Since 1976'. *Accounting, Organizations and Society*, 47: 14–24.
14. Wallace, E., Buil, I. and de Chernatony, L. (2012). 'Facebook "Friendship" and Brand Advocacy'. *Journal of Brand Management*, 20(2): 128.
15. Wang, X., Yu, C. and Wei, Y. (2012). 'Social Media Peer Communication

10(3): 439.

85. Pongratz, H. J. and Vos, G. G. (2003). 'From Employee to "Entreployee": Towards a "Self-entrepreneurial" Work Force?'. *Concepts and Transformation*, 8(3): 239–54; 也可見 Marr, B. (2017). *Data Strategy: How to Profit from a World of Big Data, Analytics and the Internet of Things*. Kogan Page.
86. Lyon, D. (2005). 'Surveillance As Social Sorting: Computer Codes and Mobile Bodies'. In *Surveillance as Social Sorting*. Routledge.
87. 例子請見 Bain, P. and Taylor, P. (2000). 'Entrapped by the "Electronic Panopticon"? Worker Resistance in the Call Centre'. *New Technology, Work and Employment*, 15(1): 2–18.
88. Foucault, M. (1995 [1977]). *Discipline and Punish: The Birth of the Prison*. Translated by Alan Sheridan. Random House: 201.
89. 同上，220。
90. O'Neill, J. (1986). 'The Disciplinary Society: From Weber to Foucault'. *British Journal of Sociology*, 37(1): 42–60. 也可見 'The Post-panoptic Society? Reassessing Foucault in Surveillance Studies'. *Social Identities*, 16(5): 621–33.
91. Haggerty, K. D. and Ericson, R. V. (2000). 'The Surveillant Assemblage'. *The British Journal of Sociology*, 51(4): 605–22.
92. Nygren, K. G. and Gidlund, K. L. (2015). 'The Pastoral Power of Technology: Rethinking Alienation in Digital Culture'. *TripleC*, 10(2): 509–17.
93. Fernie, S. and Metcalf, D. (1998). *(Not) Hanging on the Telephone: Payment Systems in the New Sweatshops*. Centre for Economic Performance, London School of Economics and Political Science: 9.
94. Žižek, S. (1993). *Tarrying with the Negative*. Duke University Press: 201.
95. Mathiesen, T. (1997). 'The Viewer Society: Michel Foucault's Panopticon Revisited'. *Theoretical Criminology*, 1(2): 217.

ist Society'. *Contemporary Crises*, 3(2): 187–206; Eyles, J. (1985). 'From Equalisation to Rationalisation: Public Health Care Provision in New South Wales'. *Geographical Research*, 23(2): 243–68; Nyland, C. (1985). 'Worktime and the Rationalisation of the Capitalist Production Process'. Doctoral dissertation.

78. Lash, S. and Urry, J. (1987). *The End of Organized Capitalism*. University of Wisconsin Press.
79. Steele, B. J. (2005). 'Ontological Security and the Power of Self-identity: British Neutrality and the American Civil War'. *Review of International Studies*, 31(3): 519–40; Mitzen, J. (2006). 'Ontological Security in World Politics: State Identity and the Security Dilemma'. *European Journal of International Relations*, 12(3): 341–70; Brown, W. S. (2000). 'Ontological Security, Existential Anxiety and Workplace Privacy'. *Journal of Business Ethics*, 23(1): 61–65.
80. Giddens, A. (1991). *Modernity and Self-identity: Self and Society in the Late Modern Age*. Polity Press.
81. 例子請見 Block, F. and Somers, M. R. (2014). *The Power of Market Fundamentalism*. Harvard University Press; Stiglitz, D. J. (2009). 'Moving Beyond Market Fundamentalism to a More Balanced Economy'. *Annals Of Public and Cooperative Economics*, 80(3): 345–60; Kozul-Wright, R. and Rayment, P. B. W. (2007). *The Resistible Rise of Market Fundamentalism: Rethinking Development Policy in an Unbalanced World*. Third World Network.
82. Welch, M. (2006). *Scapegoats of September 11th: Hate Crimes and State Crimes in the War on Terror*. Rutgers University Press; Gurtov, M. (2006). *Superpower on Crusade: The Bush Doctrine in US Foreign Policy*. Lynne Rienner Publishers: 35.
83. Ritzer, G. (2015). 'Prosumer Capitalism'. *The Sociological Quarterly*, 56(3): 413–45; Zwick, D. (2015). 'Defending the Right Lines of Division: Ritzer's Prosumer Capitalism in the Age of Commercial Customer Surveillance and Big Data'. *The Sociological Quarterly*, 56(3): 484–98.
84. Comor, E. (2010). 'Digital Prosumption and Alienation'. *Ephemera*,

66. Beer, D. (2009). 'Power Through the Algorithm? Participatory Web Cultures and the Technological Unconscious'. *New Media & Society*, 11(6): 985–1002.
67. Kitchin, R. (2014). *The Data Revolution: Big Data, Open Data, Data Infrastructures and Their Consequences*. Sage.
68. Foster, J. B. and McChesney, R. W. (2014). 'Surveillance Capitalism: Monopoly-finance Capital, the Military-industrial Complex, and the Digital Age'. *Monthly Review*, 66(3): 18.
69. Fuchs, C. and Trottier, D. (2015). 'Towards a Theoretical Model of Social Media Surveillance in Contemporary Society'. *Communications: The European Journal of Communication Research*, 40(1): 113–35.
70. Wilson, D. and McCulloch, J. (2015). *Pre-crime: Pre-emption, Precaution and the Future*. Routledge.
71. Ball, K. and Webster, F. (2003). *The Intensification of Surveillance: Crime, Terrorism and Warfare in the Information Era*. Pluto.
72. Weizman, E. (2002). Introduction to The Politics of Verticality'. *Open Democracy*. Also Bracken-Roche, C. (2016). 'Domestic Drones: The Politics of Verticality and the Surveillance Industrial Complex'. *Geographica Helvetica*, 71(3): 167–72.
73. Wood, D. M. (2013). 'What is Global Surveillance? Towards a Relational Political Economy of the Global Surveillant Assemblage'. *Geoforum*, 49: 317–26.
74. Zimmer, M. (2008). 'The Gaze of the Perfect Search Engine: Google As an Infrastructure of Dataveillance'. In Spink, A. and Zimmer, M. (eds): *Web Search*. Springer.
75. Cote, M. (2014). 'Data Motility: The Materiality of Big Social Data'. *Cultural Studies Review*, 20(1): 121; Pasquinelli, M. (2009). 'Google's Pagerank Algorithm: A Diagram of Cognitive Capitalism and the Rentier of the Common Intellect'. *Deep Search*, 3: 152–62.
76. Mohan, S. (2016). '"Big Data is Like Sex": Here's a Peek into What Firms Desire and Actually Achieve'. *Financial Express*, 6 June.
77. Spitzer, S. (1979). 'The Rationalization of Crime Control in Capital-

53. Troullinou, P. (2017). 'Exploring the Subjective Experience of Everyday Surveillance: The Case of Smartphone Devices As Means of Facilitating "Seductive" Surveillance'. Doctoral dissertation, Open University.
54. McAfee, A. and Brynjolfsson, E. (2017). *Machine, Platform, Crowd: Harnessing Our Digital Future*. W.W. Norton and Company.
55. Vanolo, A. (2014). 'Smartmentality: The Smart City As Disciplinary Strategy'. *Urban Studies*, 51(5): 883.
56. Harper, D., Tucker, I. and Ellis, D. (2013). 'Surveillance and Subjectivity: Everyday Experiences of Surveillance Practices'. In Ball, K. and Snider, L. (eds): *The Surveillance-Industrial Complex: A Political Economy of Surveillance*. Routledge.
57. Zurawski, N. (2011). 'Local Practice and Global Data: LoyaltyCards, Social Practices, and Consumer Surveillance'. *The Sociological Quarterly*, 52(4): 509–27: 509.
58. Kealy, H. (2014). 'The Apps Designed to Keep Your Teen Under Control'. *The Telegraph*, 21 August.
59. 同上。
60. Williams, R. (2015). 'Spyware and Smartphones: How Abusive Men Track their Partners'. *The Guardian*, 25 January.
61. Hayes B. (2012) 'The Surveillance-industrial Complex'. In Ball K., Haggerty K. and Lyon D. (eds): *Routledge Handbook of Surveillance Studies*. Routledge: 167; Fuchs, C. (2016). Information Ethics in the Age of Digital Labour and the Surveillanceindustrial Complex'. In Kelly, M. and Bielby, J. (eds): *Information Cultures in the Digital Age*. Springer.
62. Marx, K. (1976). *Capital: A Critique of Political Economy*, Volume I (1867): Harmondsworth, London: 342, 367.
63. Thrift, N. (2005). *Knowing Capitalism*. Sage.
64. 同上，5。
65. Stanley, L. (2008). 'It Has Always Known, and We Have Always Been "Other": Knowing Capitalism and the "Coming Crisis" of Sociology Confront the Concentration System and Massobservation'. *The Sociological Review*, 56(4): 535–51.

tion, Dataism and Dataveillance: Big Data Between Scientific Paradigm and Ideology'. *Surveillance & Society*, 12(2): 197; Degli Esposti, S. (2014). 'When Big Data Meets Dataveillance: The Hidden Side of Analytics'. *Surveillance & Society*, 12(2): 209.

40. Wood, D. M. and Ball, K. (2013). 'Brandscapes of Control? Surveillance, Marketing and the Co-construction of Subjectivity and Space in Neo-liberal Capitalism'. *Marketing Theory*, 13(1): 47–67.
41. Dyer-Witheford, N. (2015). *Cyber-proletariat: Global Labour in the Digital Vortex*. Pluto: 5.
42. O'Neil, C. (2016). *Weapons of Math Destruction*. Penguin.
43. Turner, B. S., Abercrombie, N. and Hill, S. (2014). *Sovereign Individuals of Capitalism*. Routledge.
44. Pecora, V. P. (2002). 'The Culture of Surveillance'. *Qualitative Sociology*, 25(3): 345–58.
45. Christian, B. and Griffiths, T. (2016). *Algorithms to Live By: The Computer Science of Human Decisions*. Macmillan.
46. Manovich, L. (2011). 'Trending: The Promises and the Challenges of Big Social Data'. *Debates in the Digital Humanities*, 2: 460–75.
47. Taplin, J. (2017). *Move Fast and Break Things: How Facebook, Google, and Amazon Have Cornered Culture and What It Means for All of Us*. Macmillan.
48. Ford, M. (2015). *The Rise of the Robots: Technology and the Threat of Mass Unemployment*. Oneworld Publications.
49. Bartlett, J. (2018). *The People vs Tech: How the Internet is Killing Democracy (and How We Save It)*. Penguin.
50. Townsend, A. M. (2013). *Smart Cities: Big Data, Civic Hackers, and the Quest for a New Utopia*. W.W. Norton and Company.
51. Soderstrom, O., Paasche, T. and Klauser, F. (2014). 'Smart Cities As Corporate Storytelling'. *City*, 18(3): 307–20.
52. Datta, A. (2015). 'New Urban Utopias of Postcolonial India: "Entrepreneurial Urbanization" in Dholera Smart City, Gujarat'. *Dialogues in Human Geography*, 5(1): 3–22.

nomics, 6(2): 60–112.

30. Jensen, M. C. (1993). 'The Modern Industrial Revolution, Exit, and the Failure of Internal Control Systems'. *The Journal of Finance*, 48(3): 831–80. 也可見 Burawoy, M. (1983). 'Between the Labor Process and the State: The Changing Face of Factory Regimes Under Advanced Capitalism'. *American Sociological Review*, 48(5): 587–605; Burawoy, M. (1984). 'Karl Marx and the Satanic Mills: Factory Politics Under Early Capitalism in England, the United States, and Russia'. *American Journal of Sociology*, 90(2): 247–82.
31. Lyon, D. (1994). *The Electronic Eye: The Rise of Surveillance Society*. University of Minnesota Press.
32. Gandy Jr, O. H. (1989). 'The Surveillance Society: Information Technology and Bureaucratic Social Control'. *Journal of Communication*, 39(3): 61–76.
33. Brayne, S. (2017). 'Big Data Surveillance: The Case of Policing'. *American Sociological Review*, 82(5): 977–1008.
34. West, S. M. (2017). 'Data Capitalism: Redefining the Logics of Surveillance and Privacy'. *Business & Society*. Online first publication.
35. John Walker, S. (2014). 'Big Data: A Revolution that Will Transform How we Live, Work, and Think'. *International Journal of Advertising*, 33(1): 181–3.
36. Boyd, D. and Crawford, K. (2012). 'Critical Questions for Big Data: Provocations for a Cultural, Technological, and Scholarly Phenomenon'. *Information, Communication & Society*, 15(5): 662–79.
37. Tene, O. and Polonetsky, J. (2013). 'Big Data for All: Privacy and User Control in the Age of Analytics'. *Northwestern Journal of Technology and Intellectual Property* 11(5).
38. Langley, P. and Leyshon, A. (2017). 'Platform Capitalism: The Intermediation and Capitalisation of Digital Economic Circulation'. *Finance and Society*, 3(1): 11–31.
39. Clarke, R. (1988). 'Information Technology and Dataveillance'. *Communications of the ACM*, 31(5): 498–512; Van Dijck, J. (2014). 'Datafica-

Ethnicity and Education, 18(2): 183–201.
15. Andrejevic, M. (2007). *iSpy: Surveillance and Power in the Interactive Era*. University Press of Kansas: 182.
16. Moore, P. V. (2017). *The Quantified Self in Precarity: Work, Technology and What Counts*. Routledge.
17. Till, C. (2014). 'Exercise As Labour: Quantified Self and the Transformation of Exercise into Labour'. *Societies*, 4(3): 446–62.
18. Ajana, B. (2017). 'Digital Health and the Biopolitics of the Quantified Self'. *Digital Health*, 3.
19. 引用於 Attili, S. (2014). 'Data is the New Natural Resource'. *Fortune*, 16 March.
20. Anon, 'Why Big Data is the New Natural Resource'. *Washington Post*.
21. Crooks, E. (2018). 'Drillers Turn to Big Data in the Hunt for More, Cheaper Oil'. *Financial Times*, 12 February.
22. Bernard, M. (2017). 'Why Space Data is the New Big Data'. *Fortune*, 19 October.
23. Dodson, S. (2014). 'Big Data, Big Hype?'. *Wired*.
24. Lugmayr, A., Stockleben, B., Scheib, C. and Mailaparampil, M. A. (2017). 'Cognitive Big Data: Survey and Review on Big Data Research and Its Implications. What is Really "New" in Big Data?'. *Journal of Knowledge Management*, 21(1): 197–212.
25. Anon (2017). 'Data is Giving Rise to a New Economy'. *The Economist*, 6 May.
26. Schlosser, A. (2018). 'You May Have Heard Data is the New Oil: It's Not'. *World Economic Forum*, 10 January.
27. Tarnoff, B. (2018). 'Big Data for the People: It's Time to Take it Back from Our Tech Overlords'. *The Guardian*, 14 March.
28. Higgs, E. (2001). 'The Rise of the Information State: The Development of Central State Surveillance of the Citizen in England, 1500–2000'. *Journal of Historical Sociology*, 14(2): 175–97.
29. Marglin, S. A. (1974). 'What Do Bosses Do? the Origins and Functions of Hierarchy in Capitalist Production'. *Review of Radical Political Eco-*

Britain. Atlantic Books.
2. Willis, J. (2016) '7 Ways Amazon Uses Big Data to Stalk You (AMZN)'. Investopedia.com, 7 September.
3. Shephard, A. (2017). 'Is Amazon Too Big to Tax?'. *New Republic*, 1 March.
4. Menzies, H. (1997). 'Telework, Shadow Work: The Privatization of Work in the New Digital Economy'. *Studies in Political Economy*, 53(1): 103–23.
5. Fullerton, J. (2018). 'Suicide at Chinese iphone Factory Reignites Concern Over Working Conditions'. *The Telegraph*, 7 January.
6. Merchant, B. (2017) 'Life and Death in Apple's Forbidden City'. *The Guardian*, 18 June.
7. 例子請見 Chu, J. S. and Davis, G. F. (2016). 'Who Killed the Inner Circle? The Decline of the American Corporate Interlock Network'. *American Journal of Sociology*, 122(3): 714–54; Houston, R. and Ferris, S. (2015). 'Does the Revolving Door Swing Both Ways? The Value of Political Connections to US Firms'. *Managerial Finance*, 41(10): 1002–31.
8. Fiss, P. (2016) 'A Short History of Golden Parachutes'. *Harvard Business Review*, 3 October.
9. Griffin, E. (2017). 'A Secret Job Board Opens to the Masses, Sort Of '. *Wired*, 14 September.
10. Davies, W. (2015). *The Happiness Industry: How the Government and Big Business Sold Us Well-being*. Verso Books.
11. Neff, G. and Nafus, D. (2016). *The Self-Tracking*. MIT Press: 37.
12. Moore, P. and Robinson, A. (2016). 'The Quantified Self: What Counts in the Neoliberal Workplace'. *New Media & Society*, 18(11): 2774–92.
13. Whitson, J. R. (2013). 'Gaming the Quantified Self '. *Surveillance & Society*, 11(1/2): 163.
14. 例子請見 Elias, A. S. and Gill, R. (2017). 'Beauty Surveillance: The Digital Self-monitoring Cultures of Neoliberalism'. *European Journal of Cultural Studies*, 21(1): 59–77; Sian, K. P. (2015). 'Spies, Surveillance and Stakeouts: Monitoring Muslim Moves in British State Schools'. *Race*

Critical Public Health, 21(2): 141–51; Trudeau, D. and Cope, M. (2003). 'Labor and Housing Markets As Public Spaces: "Personal Responsibility" and the Contradictions of Welfare-reform Policies'. *Environment and Planning A*, 35(5): 779–98; Fraser, N. (1993). 'Clintonism, Welfare, and the Antisocial Wage: The Emergence of a Neoliberal Political Imaginary'. *Rethinking Marxism*, 6(1): 9–23.

68. Bloom, P. (2016). *Authoritarian Capitalism in the Age of Globalization*. Edward Elgar Publishing.
69. Demmers, J., Fernandez E. J. A., and Hogenboom, B. (eds) (2004). *Good Governance in the Era of Global Neoliberalism: Conflict and Depolitisation in Latin America, Eastern Europe, Asia, and Africa*. Taylor and Francis.
70. Jamali, D. R., El Dirani, A. M. and Harwood, I. A. (2014). 'Exploring Human Resource Management Roles in Corporate Social Responsibility: The CSR-HRM Cocreation Model'. *Business Ethics: A European Review*, 24(2): 125–43; Haiven, M. (2014). *Cultures of Financialization: Fictitious Capital in Popular Culture and Everyday Life*. Palgrave Macmillan; Hawkins, D. E. (2006). *Corporate Social Responsibility: Balancing Tomorrow's Sustainability and Today's Profitability*. Palgrave Macmillan.
71. Feher, K. (2016). 'Digital Identity: the Transparency of the Self '. In *Applied Psychology: Proceedings of the 2015 Asian Congress of Applied Psychology*: 132.
72. Schawbel, D. (2009). *Me 2.0: Build a Powerful Brand to Achieve Career Success*. Kaplan Books; Khedher, M. (2014). 'Personal Branding Phenomenon'. *International Journal of Information, Business and Management*, 6(2): 29.

第❷章　數位控制的威脅日益擴增

1. Bloodsworth, J. (2018). *Hired: Six Months Undercover in Low Wage*

Marx's Theory of Crisis. Macmillan.
56. 尤其請見 Dore, R., Lazonick, W. and O'Sullivan, M. (1999). 'Varieties of Capitalism in the Twentieth Century'. *Oxford Review of Economic Policy*, 15(4): 102–20.
57. Bloom, P. and Rhodes, C. (2018). *The CEO Society: The Corporate Takeover of Everyday Life*. Zed Books.
58. 尤 其 請 見 Bonefeld, W. (1992). 'Social Constitution and the Form of the Capitalist State'. In W. Bonefeld, R. Gunn and K. Psychopedis (eds): *Open Marxism Vol. I. History and Dialictics*. Pluto.
59. Bell, P., and H. Cleaver. (1982). 'Marx's Crisis Theory as a Theory of Class Struggle'. Research.
60. Wolfe, A. (1977). *The Limits of Legitimacy: Political Contradictions of Contemporary Capitalism*. Free Press.
61. Bell, D. and Bell, D. (1976). *The Cultural Contradictions of Capitalism, Vol. 20*. Basic Books.
62. O'Connor, J. (1991). 'On the Two Contradictions of Capitalism'. *Capitalism Nature Socialism*, 2(3): 107–9. 歐康納特別提到「兩個矛盾」，第一個是更爲傳統的「剝削率」（rate of exploitation），第二個是消費的規模和價值，以及滿足這些需求的各種成本和社會外部性。這兩個矛盾都非常需要會計技術與社會問責的不斷發展和複雜形式。
63. Anderson, B. (1983). *Imagined Communities: Reflections on the Origins and Spread*. Verso.
64. Harvey, David. (2007). *A Brief History of Neoliberalism*. Oxford University.
65. 同上，36。
66. Hall, S. (2011). 'The March of the Neoliberals'. *The Guardian*, 12 September.
67. 尤 其 請 見 Ouellette, L. (2008). '"Take Responsibility for Yourself": Judge Judy and the Neoliberal Citizen'. *Feminist Television Criticism: A Reader*, 2: 139–53; Room, R. (2011). 'Addiction and Personal Responsibility As Solutions to the Contradictions of Neoliberal Consumerism'.

Policy & Politics, 39(4): 457–71.

46. Ong, A. (2007). 'Neoliberalism As a Mobile Technology'. *Transactions of the Institute of British Geographers*, 32(1): 3–8.
47. Giroux, H. A. (2018). *Terror of Neoliberalism: Authoritarianism and the Eclipse of Democracy*. Routledge.
48. Ball, K. (2017). 'All Consuming Surveillance: Surveillance As Marketplace Icon'. *Consumption Markets & Culture*, 20(2): 95–100.
49. Winsborough, D., Lovric, D. and Chamorro-Premuzic, T. (2016). 'Personality, Privacy and Our Digital Selves'. *The Guardian*, 18 July.
50. Hobbs, P. (2017). '"You Willingly Tie Yourself to These Leashes": Neoliberalism, Neoliberal Rationality, and the Corporate Workplace in Dave Eggers' *The Circle*'. *Dandelion: Postgraduate Arts Journal and Research Network*, 8(1): 1.
51. Baym, N. K. (2015). *Personal Connections in the Digital Age*. John Wiley and Sons.
52. Sjoberg, M., Chen, H. H., Floreen, P., Koskela, M., Kuikkaniemi, K., Lehtiniemi, T. and Peltonen, J. (2016). 'Digital Me: Controlling and Making Sense of My Digital Footprint'. In *International Workshop on Symbiotic Interaction*. Springer.
53. Haimson, O. L., Brubaker, J. R., Dombrowski, L. and Hayes, G. R. (2015). 'Disclosure, Stress, and Support During Gender Transition on Facebook'. In *Proceedings of the 18th ACM Conference on Computer Supported Cooperative Work & Social Computing*. ACM. 也可見 Haimson, O. L., Brubaker, J. R., Dombrowski, L. and Hayes, G. R. (2016). 'Digital Footprints and Changing Networks During Online Identity Transitions'. In *Proceedings of the 2016 CHI Conference on Human Factors in Computing Systems*. ACM.
54. Braidotti, R. (2011). *Nomadic Theory: The Portable Rosi Braidotti*. Columbia University Press.
55. 尤其請見 Yaffe, D. S. (1973). 'The Marxian Theory of Crisis, Capital and the State'. *Economy and Society*, 2(2): 186–232; Mattick, P. (1981). *Economic Crisis and Crisis Theory*. Merlin Press; Clarke, S. (1994).

34. Martey, R. M. and Consalvo, M. (2011). 'Performing the Lookingglass Self: Avatar Appearance and Group Identity in Second Life'. *Popular Communication*, 9(3): 165.
35. Carton, F., Brezillon, P. and Feller, J. (2016). 'Digital Selves and Decision-making Contexts: Towards a Research Agenda'. *Journal of Decision Systems*, 25(Sup. 1): 96.
36. Goffman, E. (1959). *The Presentation of Self in Everyday Life*. Anchor Books. 也可見 Kerrigan, F. and Hart, A. (2016). 'Theorising Digital Personhood: A Dramaturgical Approach'. *Journal of Marketing Management*, 32(17–18): 1701–21.
37. Hicks, T. (2010). 'Understanding and Creating Your Digital Self '. *Psychology Today*, 23 August.
38. Marvin, C. (1990). *When Old Technologies Were New: Thinking About Electric Communication in the Late Nineteenth Century*. Oxford University Press.
39. Boon, S. and Sinclair, C. (2009). 'A World I Don't Inhabit: Disquiet and Identity in Second Life and Facebook'. *Educational Media International*, 46(2): 99–110. Baym, N. K. (2015). *Personal Connections in the Digital Age*. John Wiley and Sons.
40. Trub, L. (2017). 'A Portrait of the Self in the Digital Age: Attachment, Splitting, and Self-concealment in Online and Offline Self-presentation'. *Psychoanalytic Psychology*, 34(1): 78.
41. Cheney-Lippold, J. (2017). *We Are Data: Algorithms and the Making of Our Digital Selves*. NYU Press.
42. Elwell, J. S. (2014). 'The Transmediated Self: Life Between the Digital and the Analog'. *Convergence*, 20(2): 233–49.
43. Ahn, S. J. G., Phua, J. and Shan, Y. (2017). 'Self-endorsing in Digital Advertisements: Using Virtual Selves to Persuade Physical Selves'. *Computers in Human Behavior*, 71: 110–21.
44. Barber, M. V. (2018). 'The Risk of Privately Owned Public Digital Place'. *Risk*, 11 April.
45. Bevir, M. (2011). 'Governance and Governmentality After Neoliberalism'.

24. Lin, Y. W. (2018). '#Deletefacebook is Still Feeding the Beast - But There Are Ways to Overcome Surveillance Capitalism'. *The Conversation*, 26 March.
25. Peper, E. and Harvey, R. (2018). 'Digital Addiction: Increased Loneliness, Anxiety, and Depression'. *NeuroRegulation*, 5(1): 3; Alrobai, A., McAlaney, J., Dogan, H., Phalp, K. and Ali, R. (2016). 'Exploring the Requirements and Design of Persuasive Intervention Technology to Combat Digital Addiction'. In Bogdan, C. et al. (eds): *Human-Centered and Error-Resilient Systems Development*. Springer.
26. Schneier, B. (2015). *Data and Goliath: The Hidden Battles to Collect Your Data and Control Your World*. W. W. Norton and Company: 238.
27. Lomborg, S. and Frandsen, K. (2016). 'Self-tracking As Communication'. *Information, Communication & Society*, 19(7): 1015.
28. Ganesh, S. (2016). 'Digital Age/Managing Surveillance: Surveillant Individualism in an Era of Relentless Visibility'. *International Journal of Communication*, 10 (14): 166.
29. Sharon, T. and Zandbergen, D. (2017). 'From Data Fetishism to Quantifying Selves: Self-tracking Practices and the Other Values of Data'. *New Media & Society*, 19(11): 1695–709.
30. Powell, J. A. (1996). 'The Multiple Self: Exploring Between and Beyond Modernity and Postmodernity'. *Minnesota Law Review*, 81: 1484.
31. Balsamo, A. (1995). 'Forms of Technological Embodiment: Reading the Body in Contemporary Culture'. *Body & Society*, 1(3–4): 215.
32. Kafai, Y. B., Fields, D. A. and Cook, M. S. (2010). 'Your Second Selves: Player-designed Avatars'. *Games and Culture*, 5(1): 23–42. 也可見 Fox, J. and Ahn, S. J. (2013). 'Avatars: Portraying, Exploring, and Changing Online and Offline Identities'. In Luppicini, R. (ed.): *Handbook of Research on Technoself: Identity in a Technological Society*. IGI Global.
33. Boellstorff, T. (2015). *Coming of Age in Second Life: An Anthropologist Explores the Virtually Human*. Princeton University Press: 57.

National Interest'. *Anthropology Today*, 34(3): 1–2.

11. Gross, M. (2018). 'Watching Two Billion People'. *Current Biology*, 9(7): 527–30.
12. Davies, W. (2018) 'Short Cuts'. *London Review of Books*, 40(7): 20.
13. Williamson, B. (2018). 'Why Education is Embracing Facebookstyle Personality Profiling for Schoolchildren'. *The Conversation*, 29 March 2018.
14. Baldwin-Philippi, J. (2017). 'The Myths of Data-driven Campaigning'. *Political Communication*, 34(4): 627–33.
15. Beer, D. (2018). 'Envisioning the Power of Data Analytics'. *Information, Communication & Society*, 21(3): 465–79.
16. Beer, D. (2017). 'Data-led Politics: Do Analytics Have the Power that we Are Led to Believe?'. *British Politics and Policy at LSE*, 3 March 2017.
17. Fuchs, C. and Sevignani, S. (2013). 'What is Digital Labour? What is Digital Work? What's their Difference? and Why Do These Questions Matter for Understanding Social Media?'. *Triple C*, 11(2): 288.
18. Lupton, D. (2016). 'The Diverse Domains of Quantified Selves: Self-tracking Modes and Dataveillance'. *Economy and Society*, 45(1): 101–22.
19. Zuboff, S. (2018). *Master or Slave? The Fight for the Soul of Our Information Civilisation*. Profile Books: back cover.
20. White House (2014). 'Big Data: Seizing Opportunities, Preserving Values'. Report for the President, Executive Office of the President, Washington, DC.
21. Cohen, J. E. (2015). 'The Surveillance-innovation Complex'. In Barney, D., Coleman, G., Ross, C., et al. (eds): *The Participatory Condition*. University of Minnesota Press.
22. Roberts, L. (2016). 'Deep Mapping and Spatial Anthropology'. *Open Access Humanities*, 5(1): 5.
23. Zuboff, S. (2015). 'Big Other: Surveillance Capitalism and the Prospects of an Information Civilization'. *Journal of Information Technology*, 30(1): 75.

注釋．NOTES

第❶章　監控主體，無須擔責的資本主義

1. Greenfield, P. (2018). 'The Cambridge Analytica Files: The Story So Far'. *The Guardian*, 26 March.
2. Devine, C., O'Sullivan, D. and Griffin, D. (2018). 'How Steve Bannon Used Cambridge Analytica to Further His Alt-right Vision for America'. CNN, 16 May.
3. Cadwalladr, C. and Graham-Harrison, E. (2018). 'How Cambridge Analytica Turned Facebook "Likes" into a Lucrative Political Tool'. *The Guardian*, 17 March.
4. Bartlett, J. (2018). 'Big Data is Watching You – and it Wants Your Vote'. *The Spectator*, 24 March.
5. Cadwalladr, C. (2017). 'The Great British Brexit Robbery: How Our Democracy Was Hijacked'. *The Guardian*, 7 May.
6. Irani, D. (2017). 'Why is Ex-adman Nigel Oakes Being Hailed As the "007" of Big Data?'. *Economic Times*, 29 March.
7. Persily, N. (2017). 'Can Democracy Survive the Internet?'. *Journal of Democracy*, 28(2): 63.
8. González, R. J. (2017). 'Hacking the Citizenry?: Personality Profiling, Big Data, and the Election of Donald Trump'. *Anthropology Today*, 33(3): 9–12.
9. Fuller, M. and Goffey, A. (2012). *Evil Media*. MIT Press: 5. 也可見 Grusin, R. A. (2017). 'Donald Trump's Evil *Mediation*'. *Theory and Event*, 20(1): 86–99.
10. Laterza, V. (2018). 'Cambridge Analytica, Independent Research and the

next 290

隱形牢籠：監控世代下，誰有隱私、誰又有不受控的自由？

作　者—彼德．布隆（Peter Bloom）
譯　者—王曉伯（序言至第二章）、鍾玉玦（第三章至第八章）
主　編—陳家仁
編　輯—黃凱怡
協力編輯—陳榆沁
企　劃—藍秋惠
封面設計—職日設計
內頁設計—李宜芝

總編輯—胡金倫
董事長—趙政岷
出版者—時報文化出版企業股份有限公司
108019 台北市和平西路三段 240 號 4 樓
發行專線—(02)2306-6842
讀者服務專線—0800-231-705・(02)2304-7103
讀者服務傳真—(02)2304-6858
郵撥—19344724 時報文化出版公司
信箱—10899 臺北華江橋郵局第 99 信箱
時報悅讀網—http://www.readingtimes.com.tw
法律顧問—理律法律事務所 陳長文律師、李念祖律師
印　刷—紘億印刷有限公司
初版一刷—二〇二一年四月十六日
定　價—新台幣四五〇元
（缺頁或破損的書，請寄回更換）

時報文化出版公司成立於一九七五年，
並於一九九九年股票上櫃公開發行，於二〇〇八年脫離中時集團非屬旺中，
以「尊重智慧與創意的文化事業」爲信念。

隱形牢籠 : 監控世代下 , 誰有隱私、誰又有不受控的自由 ?/ 彼德 . 布隆 (Peter Bloom) 作 ; 王曉伯 , 鍾玉玦譯 . -- 初版 . -- 臺北市 : 時報文化出版企業股份有限公司 , 2021.04
352 面 ;　14.8 x 21 公分 . -- (next ; 290)
譯自 : Monitored : business and surveillance in a time of big data.

ISBN 978-957-13-8710-9(平裝)

1. 經濟社會學　2. 商業倫理

550.1654　　110002519

ISBN 978-957-13-8710-9
Printed in Taiwan